世界システムとヨーロッパ

古城 利明 編著

中央大学出版部

装幀　道吉　剛

発刊の辞

　本シリーズは中央大学法学部政治学科開設50周年を記念して刊行される．
　中央大学法学部に政治学科が開設されたのは1954(昭和29)年4月1日のことである．それ以来2004(平成16)年4月で満50年を迎えるが，この間に政治学科を卒業した学生は29,000名を超え，また大学院法学研究科政治学専攻修士課程を修了した大学院生は320名を超える．開設50周年を迎えるにあたり，まずこの間の経緯を簡単にたどってみよう．
　中央大学法学部の政治学科の開設が，学生の要望から始まったことは意外と知られていない．1951年秋，法学部を中心とした学生の間から政治学科新設運動が起こった．当時の『中央大学新聞』によれば，法学部有志約20名が「政治学科設置委員会」を結成し，学科内容，教室使用状況，他大学との比較調査，学生の世論調査をふまえて，「升本法学部長，川原経済学部長，海野学務課長と交渉相談したところ，賛成の意を得たので」法学部学生に強く呼びかけ，積極的に活動することになった，と述べられている（1951年11月30日号）．その背景に当時の政治の激変，戦後社会科学の興隆があったことはいうまでもあるまい．そして，その約2年弱後の1953年9月30日に「中央大学法学部法律学科政治学科設置認可申請書」が文部大臣宛に提出され，先述のように翌年4月1日の開設となったのである．この間の経緯について，当時政治学科設置委員会の委員長であった長田繁氏は「政治学科の誕生は，学生の学問への情熱とその主張に対する，大学当局の理解と英断による結論でありました」と回顧している（『中央大学学員時報』2003年9月25日号）．
　こうして開設された政治学科50年の歴史を，ここでは便宜的に，(1)開設から1960年前後までの時期，(2)その後大学紛争までの時期，(3)紛争後多摩移転までの時期，(4)多摩移転後1990年前後までの時期，(5)それ以降現時点まで，の5つの時期に分けて，その経緯をたどってみたい．

まず，第1期である．1953年秋の開設決定以前にすでに法学部には助手も含めて3名の政治学専門の専任教員がいた．その後開設が決定されると，当時経済学部に所属していた政治学専門の教員が法学部に所属変更となり，政治学科は4名の専任教員でスタートすることとなる．出発時の学生定員は200名，受験倍率はほぼ5倍であった．こうして学科として自立したものの，当時のカリキュラムはなお法律色の強いものであったし，講義担当の多くを兼任講師に依存せざるをえず，その意味で揺籃期といいうる状況にあった．そのなかで1958年に日本行政学会を開催している．

　つづく第2期．この期に入って政治学科の受験生は増えつづけ，1965年には4,000人台，翌々年の67年からは5,000人台に突入した．この時期の学生定員は250名であるから20倍を超える競争率である．これに対応して政治学科の新任教員も60年代に9人増加し，専任教員数は前期に比して2倍強に拡充された．1967年に日本政治学会を開催することができたのも，こうした拡充が基盤となっている．またこの前後から社会科学概論，社会思想史などの科目新設，政治学と社会学を核とした研究所の検討といった研究・教育体制の改革が進み出した．だが，これらの改革も大学紛争によって中断されざるをえなかった．以上のような動向は総じて拡充期と呼ぶことができよう．

　第3期は大学紛争後，中央大学の多摩移転までの時期である．紛争後も政治学科の受験生は5,000人台を維持し，1970年には6,700人を記録する．しかし，1975年からは4,000人台となり，この傾向は多摩移転後もしばらくつづくことになる．また，専任教員の拡充もつづき，多摩移転前までにはさらに4人増え，20人前後の教育体制が整備された．こうした紛争の経験と教育体制をふまえて，1971年からカリキュラムの大幅な改正が着手された．その内容はこれまでの法律色の強いカリキュラムから政治学関連科目を基本としたそれへの移行というものであった．同時にこの時期には大学院法学研究科政治学専攻の改革も着手された．すでにこの時期の末までに政治学専攻の修士修了者は146名に達している．以上の諸点をふまえるとき，この時期を自立への離陸期とみることができよう．

つづく第4期の起点は多摩移転におくが,その影響はさしあたり4つある.1点目は研究体制の充実である.かねてからの研究所構想は中央大学研究・教育問題審議会における検討を経て,移転と同時に社会科学研究所として発足することとなった.これによって政治学科の専任・兼任の教員および大学院生を包含した研究体制は飛躍的に向上した.このことと関わって国際交流が研究,教育両面において活発化したことが2点目であり,その成果は1989年の「フランス革命シンポジュウム」,1993年から95年にかけて行われた「欧州統合に関する『国際共同研究』」などに示されている.3点目は新しい多摩キャンパスで1980年に日本国際政治学会,82年に,日本政治学会,90年には日本行政学会,95年に再び日本国際政治学会,と集中的に全国学会を開催したことである.そしてこれらの3点は大学院教育に多くの刺激を与えることとなった.以上の3点が前進面であるのに対して4点目は後退面であり,それは受験生の減少である.これは移転の影響のみとはいい難いが,18歳人口の減少とも連動して,4,000人前後を保っていた政治学科受験生の数が1983年からはっきりと3,000人台に移行した.こうした後退は学科運営に危機感をもたらし,85年から学科のあり方の検討が開始され,政治社会,公共行政,国際関係の3コース制を含むカリキュラム改正が行われる.このようにみてくると,この時期は自立の流れがひとつの結実をみせると同時に,後半にはそのかげりも現れた時期といえよう.

　第5期の起点を確定するのは難しい.1990年から93年にかけて4人の専任教員が退職ないし死亡し,ほぼ同じ時期に揺籃期からの約30年間を支えてこられた2人の名誉教授も亡くなられた.ある意味では専任教員の世代交代期だったのである.この時期に政府による研究・教育全般にわたる改革も打ち出されて,政治学科はさまざまな転換の位相を経験することになる.受験生はいまや2,000人台となった.それとともに90年代末には受験生の偏差値低下も起こった.幸いこの点は回復しているが,前期後半からのかげりの進展に対応する教育体制改革は緊急かつ自明のことであった.この事態への対応として,前期後半以来の改革の延長上に,法務研究科の開設,公共政策研究科の開設準備にと

もなう政治学科の位置づけ，その下でのカリキュラムの大改正という今日の転換の位相がある．まさに転換期なのである．この位相において政治学科は中央大学法学部の1学科であることを確認し，法務研究科開設に対応するための法律科目の充実，法政策，国際関係，政治コミュニケーションの3コース制への再編，導入演習など小人数教育の充実などの対策を講じ，将来への展望を切り開きつつあるのである．

中央大学法学部政治学科はこうした大きな転換の節目に50周年を迎える．

さて，以上のような経緯をふまえて，50周年を記念するための企画の検討が始まったのは，2001年度の政治学科担任者会議からであった．この検討のなかで出版計画については当初から合意があったが，記念論集4巻の刊行という構想がまとまったのは翌年の3月のことである．この構想をまとめる過程でもさまざまな案が検討されたが，基本的には現在の政治学の動向と専任教員の研究関心をにらみあわせたものに落ち着いた．それが「公共空間とデモクラシー」「都市政府とガバナンス」「世界システムとヨーロッパ」「グローバル化とアジアの現実」という4巻シリーズの構成である．以下，それぞれの巻の狙いと特徴について簡単に触れておこう．

まず，『公共空間とデモクラシー』の巻では，古典的民主主義から現代民主主義への移行のなかでの公共空間の変容が探られる．すなわち，その移行過程でハーバーマスのいう「政治的な公共空間」は民主主義的エリートである政治家の独占する「限られた空間」に完全に移行したものの，いままた，政治権力と経済権力によるシステムの支配を受けない生活世界を公共的なコミュニケーションの空間として位置づけようとする動きが生まれてきている．このような認識にもとづき，他者性，共和主義，公共哲学，ジェンダー，自己実現，環境，eデモクラシー，地球市民社会といった問題が考察されているのである．

つぎの『都市政府とガバナンス』の巻では，都市政府におけるガバナンスのあり方が論ぜられる．ガバナンス改革が市場志向と参加志向の改革であることをふまえて，分権改革，自治基本条例，ガバナンスの手法，コミュニティ・ガバナンス，都市内分権，自治体議会のあり方など制度に関する総論的検討が展開

される．ついで都市計画，環境，福祉，教育，コミュニティなどの個別事例が紹介され，最後に都市政府，とりわけ都道府県政府研究への視点が提示される．

さらに『世界システムとヨーロッパ』の巻では，世界システムの史的展開を念頭に置きながら，3つの角度からヨーロッパ政治の諸問題が論ぜられる．その第1は帝国，権威主義体制，近代同盟の歴史的意味であり，その第2はスウェーデン，フランスでの福祉国家の変容であり，その第3はニュー・リージョナリズム，人権保障，安全保障といった国際政治の新しいイッシューとヨーロッパとの関わりである．これらの検討を通じてヨーロッパ政治の特質に迫るのが狙いである．

最後に『グローバル化とアジアの現実』の巻では，グローバリゼーションを「ヒト・モノ・カネ・情報が以前の段階より，より速く，より大量に国境を越え移動しあうようになる過程」との暫定的な定義をふまえて，1990年前後の冷戦終結を一大契機として発生した現代グローバリゼーションがアジア諸国にいかなる影響を与えたかが明らかにされる．とりわけ安全保障・経済のあり方への影響，アジア地域の国際協力体制構築への動きとの関連に焦点があてられる．

本シリーズは以上のような内容をもって，中央大学法学部政治学科の「大きな節目」に刊行される．そしてその「内容」が本学科の力量の一端を示すものであれば，それはこの「大きな節目」を乗り切る活力をも予示するものであろう．だが，その判断は読者とこれからの本学科の未来に委ねるしかない．

なお，本シリーズの刊行にあたっては，本学出版部の平山勝基，星野晃志両氏のお世話になった．記して謝意を表したい．

2004年1月10日
中央大学法学部政治学科50周年記念論集編集委員会

委員長　古　城　利　明
　　　　星　野　　　智
　　　　武　智　秀　之
　　　　滝　田　賢　治

目　　次

発刊の辞

1章　ヨーロッパ
　　　──世界システム分析の視点から──……………古城利明　1
　1　ヨーロッパ分析の文脈　1
　2　アフロユーラシアとヨーロッパ　5
　3　近代世界システムとヨーロッパ　12
　4　世界システムとヨーロッパ統合　18

2章　イコノスタシスの政治文化
　　　──ロシア・バルカン型政治の基層──…………宮島直機　27
　1　はじめに　27
　2　イコノスタシスの神学的意味　30
　3　ヘシュカスモスの教義　34
　4　聖俗分離の意味　35
　5　ロシア・バルカン型政治とは何か　39
　6　おわりに　41

3章　「体制移行論」再考
　　　──スペイン・モデルによせて──……………若松　隆　51
　　序──問題の所在　51
　1　現代スペインの官僚制　52
　2　新旧官僚制とフランコ政治　57
　　結び──体制移行の深層構造　64

4章　近代同盟の本質
　　——国内要因と国際要因の政治循環と
　　　　ヨーロピアン・パースペクティヴ—— ………染木布充　69
　1　はじめに　69
　2　国際社会通念を変えた近代同盟メカニズムの特殊性　70
　3　近代同盟外交の国際紛争解決能力の限界とパースペクティヴ　82
　4　むすび　92

5章　未完の自由選択社会
　　——G. レーンとスウェーデンモデル——
　　　……………………………………………………宮本太郎　97
　　はじめに　97
　1　レーン・メイドナーモデル　98
　2　自由選択社会の構想　104
　3　自由選択社会の現在　110
　　おわりに　118

6章　フランスにおける福祉国家再編の「新しい政治」
　　　………………………………………………………中島康予　123
　1　「凍りついた」フランス　123
　2　福祉国家再編の「新しい政治」　124
　3　フランスにおける福祉国家再編の政治　130
　4　アイディア，イデオロギーの役割と党派政治の行方　143

7章　西ヨーロッパにおける政教関係の制度化とイスラーム
　　——フランスにおけるイスラームの制度化，「フランス・
　　　ムスリム評議会CFCM」の経験から——
　　　………………………………………………………浪岡新太郎　149
　　問題のありか　149
　1　西ヨーロッパにおけるフランス　152

2　CFCMの成立　159
　　3　新世代ムスリム結社連合とCFCM　164
　　むすび　169

8章　地域主義(リージョナリズム)の多様性………………グレン・D.フック　175
　　1　はじめに　175
　　2　国際システムにおける移行　177
　　3　地域主義(リージョナリズム)，地域化(リージョナリゼーション)，地域(リージョン)　179
　　4　さまざまなレベルの地域主義　182
　　5　多様な地域主義へアプローチする　186
　　6　新国際政治経済学　188
　　7　結論　190

9章　逆コンドル作戦
　　　──南米軍政期人権侵害訴追における欧州・南米の
　　　　協力ネットワークと国際人権レジーム──
　　　　　…………………………………………内田みどり　195
　　はじめに　195
　　1　欧州諸国における南米南部諸国軍政期人権侵害の訴追　196
　　2　第三国での拘禁・引渡しの実例　209
　　おわりに　212

10章　ヨーロッパとアメリカ
　　　──リベラリズムの夢と現実──　……………黒田俊郎　219
　　はじめに　219
　　1　ヨーロッパ：楽園での微睡み──ケーガンの議論　221
　　2　ヨーロッパ：楽園からの覚醒──トドロフの議論　227
　　3　リベラリズムの夢と現実──ホフマンの議論を媒介として　234

11章　イラク戦争と「安全保障」概念の基層
　　　　──「ヨーロッパ」再考── ………………………佐々木　寛　249
　　はじめに──「楽園と権力」?　249
　1　「リアリスト」たちによる反論──言論はなぜ分裂したか　252
　2　「ヨーロッパ」のアイデンティティと「安全保障」　256
　3　重層的安全保障──ヨーロッパのリアリズム　262
　　おわりに──権力と楽園　267

1章 ヨーロッパ
―― 世界システム分析の視点から ――

古 城 利 明

1 ヨーロッパ分析の文脈

　今日、ヨーロッパを論ずることにいかなる意味があるのか。そこにはいくつかの文脈がある。この文脈をたどることを通じて本稿の視点を提示したい。
　まず、もっともポピュラーな文脈は、ヨーロッパ統合の意味を問うそれであろう。この意味はこれまで、おおまかにいって3つの意味で語られてきた。
　最初の意味は「平和」である。この語られ方には理想主義的な流れとより現実主義的な流れがあり、前者は第一次世界大戦の、後者は第二次世界大戦の反省から、それぞれの大戦で戦場となったヨーロッパの「平和」を提唱した。だが、これらの流れは1940年代末には、さまざまな要因から結集力を失って行くことになる。
　だが、ほぼ同じ頃から第2の意味が浮上してくる。それが「経済統合」である。「ヨーロッパ石炭鉄鋼共同体」（ESCS）は、その出発点である。それがフランスや西ドイツの国家戦略を背景にしていたとはいえ、それらの共通了解のうえにつくられた「超国家（supra-national）の性格を備え」（宮本、2002：30）たからである。その後、この動向は幾度もの停滞や後退をはさみながらも、1967年の「ヨーロッパ共同体」（EC）の誕生、翌年の「関税同盟」締結、93年の「統合市場」の発足、99年の「通貨統合」の実現と着実に歩みを進め、それらをベースに「雇用・福祉政策」「共通外交・安保政策」といった「社会統合」「政治統合」が国家との「きしみ」をともないつつ進展している。

こうした統合の「深化」をふまえて，1980年代半ば頃から第3の意味が問われるようになってきた．それがグローバリゼーションとの関連である．それはヨーロッパ統合がこの頃から急速に進展したことと関係がある．1986年の「単一議定書」調印，92年の「マーストリヒト条約」調印，97年の「アムステルダム条約」調印，2001年の「ニース条約」調印，04年の拡大EUの発足と上記の統合を進める重要な合意形成がつづいた．この一連の動向は市場化，情報化を軸とするグローバリゼーションのなかで，統合ヨーロッパが「ヨーロッパ合衆国」として重要な位置を占めるようになったことを意味する．

だが，こうした文脈は「統合」という実験に目を奪われ，ヨーロッパの多様性を無視ないし軽視する恐れがある．2, 3節で歴史的に述べるが，ヨーロッパの実体は多様であるところにこそ特徴がある．この点についてトッド（E. Todd）は，「もしヨーロッパの同質化という方向でものを考えるなら，壁に突き当たるでしょう．もしヨーロッパとは明確に定義されていない，成長途上の実体であって，いくつかの共通の戦略的利害をもち，世界にかなり平和的なモデルを提唱しているけれども，依然として非常に多様性のある実体なのだという原則から出発するなら，その時それはうまく行くでしょう」（トッド, 2002: 67）と「多様性としてのヨーロッパ」への視点の回帰を促している．上述した「統合」のプロセスで，結集力の喪失，停滞や後退，国家との「きしみ」などが起こったのは，こうしたヨーロッパの多様性が「統合」の背景にうごめいていることを示している．それにしても，最近のイラク戦争をめぐるヨーロッパ諸国間の亀裂，諸国家と市民社会との亀裂は，この多様性をまざまざとみせつけた例といえるであろう．

第2の文脈は，ヨーロッパを近代社会のモデルとみなす文脈である．実のところ，この文脈はヨーロッパ統合論にも潜在しているように思う．

だが，この文脈を代表するのは近代化論であろう．もっとも近代化論によれば，その最先端にあるのはアメリカであり，ヨーロッパはそれに次ぐものと想定されている．しかしその場合も，歴史的な近代化の源流をヨーロッパにみるのが普通である．例えば，ブラック（C. E. Black）は，近代化の核をなす「知

的革命」の源流はヨーロッパにあり，「ヨーロッパ化」は「近代化」の重要な一部分である（Black, 1967＝1968：訳 9-21），としているし，ロストウ（W. W. Rostow）は，近代化の軸をなす「経済成長」への「離陸のための先行条件」は，「17世紀の終りから18世紀の初めにかけての西ヨーロッパにおいて明らかに特徴ある形で発展した」（Rostow, 1960＝1982：訳 10）と述べている．近代化論では，こうした源流はやがて欧米から発展途上地域に広がっていくものと考えられている．まさにそのことによってヨーロッパに端を発する「近代」は「普遍」へと飛翔することになるのである．

　こうした近代化論は従属理論によって真っ向から批判された．すなわち，フランク（A. G. Frank）やアミン（S. Amin）にとっては，ヨーロッパは世界資本主義の「衛星」ないし「周辺部」を収奪し，支配する「中枢」ないし「中心部」の主要な部分である．ここではヨーロッパはもはや目指すべき社会モデルではない．むしろ「衛星」ないし「周辺部」の「低開発」をもたらす元凶である．だから，後者は前者との関係から「離脱」せねばならない．だが，この「離脱」の戦略は充分展開できなかった．

　しかし，この近代化論批判の流れは世界システム分析に引き継がれた．ウォーラーステイン（I. Wallerstein）はいう．「ヨーロッパは当時存在した唯一の『世界経済』だったわけではない……他にも『世界経済』はいくつか存在した．ただ，ヨーロッパだけが資本主義的発展のコースへ踏み出し，その結果，他の『世界経済』を圧倒することができたのである」（Wallerstein, 1974＝1981：訳Ⅰ-21）と．ここではヨーロッパは資本主義世界経済＝近代世界システム誕生の地である．だが，それは普遍的な社会モデルではなく，他の「世界経済」との関係で相対化されている．それ故にサイード（E. W. Said）も，「見失われていた」「いわゆる歴史なき民を回復する試みのなかから……世界史学の基礎付け」を行った主要人物のひとりとして，ウォーラーステインを挙げているのである（Said, 1978＝1993：訳 下-319）．だが，当のウォーラーステイン自身の周辺から，かれを「ヨーロッパ中心主義」とする批判がでている．先に従属理論の代表者として挙げたフランクである（Frank, 1998＝2000：訳 91）そうだとすると，世

界システム分析にはヨーロッパ近代を相対化し，「特殊」とする視点が不充分だということになる．

では，ヨーロッパをどのような視点でとらえていったらよいのか．上述の2つの文脈への批判をふまえるならば，ヨーロッパの多様性，そのことを含めた特殊性により注目する視点が必要だということになろう．この視点はヨーロッパを特殊とするだけの「世界史学」的視点をもたねばなるまい．そうした視点をもつ研究もさまざまではあるが，ここでは世界システム分析の新たな展開のなかにそれを探り，本稿の視点に代えたい．

まず，フランクはウォーラーステインをどのように批判したのであろうか．かれはいう．「『西洋の勃興』は，世界経済／世界システムにおいて起こったこととして，輸入代替から輸出振興へという……戦略の遂行によって，アジア経済という巨人の肩に上っていった事例である」(ibid.: 訳550) と．いいかえれば，「当時存在した」他の「世界経済」あるいは「世界帝国」との関連を充分にふまえること，そのことによってヨーロッパにおける資本主義世界経済の誕生を相対化することが必要である，というのがフランクの批判なのである．

この批判はさらに山下範久の「新しい近世帝国」論に引き継がれる．かれの主張はおおよそ以下のようである．すなわち，15世紀後半から18世紀末までの「近世」には北ユーラシア，西アジア，南アジア，東アジアにおいては「帝国」が存在した，しかし環大西洋（ヨーロッパ）にはそれが実体として存在しなかった，だがそこには「理念的存在としての帝国」は存在したのである，そして，これらの諸帝国は1800年前後につぎつぎと解体して「グローバリティの句切れ（カエスラ）」が生じ，その空間的文脈の非決定状況での諸主体の選択からつぎの空間的秩序が形成されていった，というものである．ここではいくつかの補足が必要である．ひとつは「理念的存在としての帝国」である．これは「帝国」を「領土的実体によって定義されるものでなく，その行動のパターン，ふるまいによって定義される」と説明されている（山下, 2003: 65)．具体的に想定されているのは近世ヨーロッパの絶対王政国家であり，かれらは「自らが『世界』とみなす空間が，すべて自らの版図である状態を理想として行動し」（同: 66) ていたと

みるのである．もうひとつは「グローバリティの句切れ」であり，これは「転換の予兆をはらむ濃密な沈黙」と説明されている．これはまた「多様な志向性を潜在的かつ凝縮されたかたちで」備える「文脈の真空」（同：172-174）とも説明されている．説明が長くなったが，これによってかれが目指しているのは「ヨーロッパ中心主義」からの徹底した離脱なのである．その妥当性については行論のなかでふれるとして，ヨーロッパの相対化，その特殊性の追求はこうして試みられているのである．

 だが，ヨーロッパの特殊性への視点はこれに尽きるものではない．ここでもうひとつの補助線を引いておきたい．それはしばしばヨーロッパの特殊性とされてきた市民ないし市民社会およびキリスト教のもつ意味である．それは「多様性」に対する「統一性」であり，これまでみてきたヨーロッパ統合論や近代化論の背後にあってヨーロッパ文明の普遍性の論拠とされてきたものである．すでにみたように本稿ではヨーロッパを相対化し，その「多様性」を強調する視点を採用しているのであるから，その視点からこれらを適切に位置づけねばならない．この点にについては行論のなかで折にふれ留意することとしたい．

 さて，視点の設定はすんだので，以下特殊ヨーロッパの歴史を「ヨーロッパ覇権以前」と「以後」に分けて検討し，最後に，これらをふまえてヨーロッパ統合の意味について論じたいと思う．

2　アフロユーラシアとヨーロッパ

 前節で述べたヨーロッパの多様性と特殊性を明らかにする鍵は「ヨーロッパ覇権以前」（アブー＝ルゴド）にある．ここでの「覇権以前」とは，「13-14世紀以前」という歴史的な意味と同時に，すでにふれたヨーロッパ中心史観への批判が込められている．つまり，この「13-14世紀」の世界システムは「単一の覇権が生産と交易」を支配するシステムではなく，「複数の中核，半周縁，周縁」が共存するシステムであり，ヨーロッパの覇権はこのシステムを「再構成」することによって可能であったのであり（Abu-Lughod, 1989＝2001：訳 下-183-

185），当時のヨーロッパは「蠢動を始めたひとつの周縁」(ibid.: 訳 上-13) にすぎなかった，というのである

この13世紀のヨーロッパについてはまた後でふれるとして，それ以前のヨーロッパはどのようであったのか．だが，その全史を検討することは本稿の課題ではない．ここでは「ヨーロッパの多様性と特殊性」を探るためのポイントをいくつか指摘するにとどめる．

まず，ヨーロッパを相対化する前提として，ヨーロッパをそのうちに内包するアフロユーラシア（Afroeurasia）の概念にふれておこう．チェイス＝ダンとホール（C. Chase-Dunn and T. Hall）によれば，この概念は紀元前5世紀から14世紀にかけて中国からヨーロッパおよび北アフリカに広がった世界システムを指している．かれらは「アフロユーラシアの西端と東端で類似の変動パターン」があることに着目し，この空間がひとつのシステムであることを強調したのである．いうまでもなく，その西端はヨーロッパおよび北アフリカである．そして，その場合のシステムの意味は軍事的政治的ネットワークであり，こうした世界システム概念の使い方はウォーラーステインとは異なっている．だが，こうした相違点や対立点については拙稿を参照していただくとして（古城，1999），ここではこうした概念を提起することによって，かれらがウォーラーステインのヨーロッパ中心史観を相対化しようとしていることを指摘しておきたい．以下，このアフロユーラシアの歴史に沿いながら，「いくつかのポイント」にふれていきたい．

チェイス＝ダンとホールはこのシステムの歴史を3つの時期に区分している（Chase-Dunn & Hall, 1997: chap. 8）．

その第1の時期は，紀元前500年頃から紀元600年位までの古代シルクロード時代である．このシルクロード以前には，この空間は3つの主要な貢納制世界システムから成り立っていた．すなわち，中国，南アジア，西アジアである．ヨーロッパはまだ周辺部であった．その後地中海世界を土台にローマ帝国が誕生し，中国との貿易が開始されると，先の3つの世界システムはゆるやかに結びつき，アフロユーラシアのシステムが立ち上がっていくことになる．この結

びつきには中央アジアの遊牧民が果たした役割が大きく，その意味では南アジアは地理的にやや孤立していた．こうして地中海世界は周辺部から脱してアフロユーラシアのひとつの中心を占め，それ以東の諸世界システムとの複雑な相互交流をもつこととなる．だが，こうした相互交流はシステム内での病気の蔓延をももたらし，これによってこのシステムは一時的に不統合状態に陥ったとされる．第1期の終了である．

以上のことから，ヨーロッパは，ローマ帝国といえども，世界システムの中心ではなく，アフロユーラシアの「ひとつの中心」を占めるにすぎないことが了解されよう．そのうえで，このヨーロッパを他の諸世界システムと区別する特殊性は何であろうか．この時代でのこの問題に答える能力は筆者にはない．ただここで，のちに「ヨーロッパの特殊性」として問題となる市民ないし市民社会という「術語」(リーデル)がこの時代に成立し，新興のキリスト教との複雑な対抗関係を形成していたことについてのみ若干解説しておきたい．

いうまでもなく，この「術語」はアリストテレスにさかのぼる．そこでは市民は自由で平等なポリスの構成員であり，オイコスの支配者である．ローマ帝国の時代，この市民(キウィタス)の理念は「帝国に包括される諸国民と諸民族の連合(の理念)へと展開され，潜在的には(奴隷でなく自由人であるかぎりで！)《すべての人間》にまで拡張され」(Riedel, 1975＝1990：訳19)た．そして「こうした土壌のうえに，キリスト教が古代世界に浸透することになった」(ibid.：訳20)のである．この「浸透」の内実は両者の相克であった．市民ないし市民社会という「術語」は「神の国」のまえについえたかにみえた．だが，リーデル(M. Riedel)はいう．「教会の指導者たちは，コイノニア〔共同体〕論の古代的基礎を更新したのであって……新約聖書の福音も古典＝政治学的伝統をひく《市民社会》の理解を究極において打破することができなかったと判断出来る」(ibid.：訳21)と．このことの意味についてはのちにふれる．

第2の時期は，紀元7世紀から11世紀頃までの時期である．600年頃から貿易が回復し始め，こうした回復は「ユーラシアの広大な範囲に平穏をもたらした唐，アッバース，カロリングといった大きな帝国的国家と，定住地域間の交

易リンクを提供していた遊牧民の協力に，今度も依存していた」(Bentley, 1993：27) とされる．またこの時期には，インド洋を横断して東西を結ぶ新しい貿易ルート，海のシルクロードが開け，遊牧民の貿易ルートと競合することになった．そして，この新しい貿易ルートに乗って東南アジアとメラネシアがアフロユーラシアのシステムに編入されることになったのである．さらに，これらのルートに沿ってイスラムが広がり，それはイデオロギー的統合者としてこのシステムのネットワークを拡大し，その統合を強化するのに貢献した (Chase-Dunn & Hall, op. cit.：168)．こうした変化のなかでビザンチン帝国は停滞し，西ヨーロッパは再び周辺化し，孤立することになった．すなわち，南はイスラムによって，北と西は敵対的な非キリスト教社会と遊牧民の侵入に脅かされたからである．チェイス゠ダンとホールは「この孤立がヨーロッパ封建制発展の主要な要素である」(ibid.：172) という．

　この「孤立」のなかで何が起こっていたのか．マン (M. Mann) はそこに「複合的な無頭動物的連邦」という社会構造をみいだす．ここで「無頭動物的」とは頭や中心がないという意味である．この比喩を使ってかれがいいたかったことは何か．それは諸民族の移動，侵入後の中世ヨーロッパの多様性である．かれはいう．「そこでの経済的，軍事的，イデオロギー的な〈力〉を基盤とする相互作用ネットワークは地理的・社会的空間ごとに相異なっていて，本質的に一元的なものはひとつもなかったのである」(Mann, 1986＝2002：訳 408) と．だが，つづけてマンはもうひとつのことをいう．「これらの複合的な〈力〉のネットワーク同士の関係」は，主としてキリスト教という「拡大包括性」を内包する主体によって規制されていた，と (同)．いいかえれば，中世ヨーロッパは著しく分権化された「脆弱な封建制」であり，その多様性がキリスト教という「インフラストラクチュア」によってゆるやかに秩序化されていたということである．そして，市民身分の自治団体としての中世都市もその秩序下にあったのである．

　つづく第3の時期は11世紀から15世紀頃までの時期である．チェイス゠ダンとホールは，この時期には「ユーラシアでの大規模な変動は影を潜め」，「人口，

経済，生産および生産性が増加した」と，その安定と繁栄を強調している．そして，アブー゠ルゴドに拠って，その重要な要因として北西ヨーロッパの急激な成長が13世紀のユーラシア世界システムの興隆をもたらしたことを指摘している（Chase-Dunn & Hall, op. cit.: 175）．いいかえると，アブー゠ルゴドは，「孤立」していたヨーロッパがアフロユーラシアに再編入されることによって，13世紀に，ヨーロッパ，地中海，中央ユーラシア，ペルシャ湾，紅海，インド洋，東南アジア，中国という8つのサブシステムのゆるやかな結びつきからなる世界システム，「13世紀世界システム」が成立したと主張しているのである．そして，このシステムは後述する近代世界システムとは「かなり異なる原則に基づいて組織され」ていたと特徴づける．その原則とは，「単一の覇権」がなく，複数の「中核」勢力の対立と協力を通じて統合していたことである．したがって，「いかなる地理的統合も中核にはなら」ず，すでにふれたように「複数の中核，半周縁，周縁が」散在していたというのである（Abu-Lughod, op. cit.: 訳下-183）．だが，この「13世紀世界システム」の繁栄も長くはなく，14世紀には崩壊に向かう．アブー゠ルゴドに拠れば，システム変容は2つの面で起こった．ひとつは腺ペスト他の疫病による人口の著しい減少であり，このことは農業生産への人口吸収と都市化の鈍化を介して「交易，とくに遠距離交易の分野での全面的な低下」をもたらしたし，もうひとつの諸地域の政治的不統一は東西の交易ルートの有機的な連関を崩してしまった（ibid.: 訳 下-175-176）．こうして「13世紀世界システム」，ひいてはアフロユーラシアという世界システムは，その終焉を迎えたのである．

　では，この時期，ヨーロッパはどうだったのであろうか．アブー゠ルゴドはすでにふれたようにこれを「蠢動を始めたひとつの周縁」と位置づけている．すなわち，「孤立」のなかで多様に分化していたヨーロッパは，この時期ゆるやかに上昇し始め，13世紀半ばまでには東・中央フランス，フランドル，ジェノヴァとヴェネツィアという「3つの結節点」をもつサブシステムを形成するに至ったというのである．これらのサブシステムは，すでにふれた「13世紀世界システム」「興隆」の要因ともなった．だが，このシステムの終焉とともに，

封建制の「脆弱さ」が露呈し，領主制，国家，教会の連鎖的衰退が起こり，いわゆる中世の危機に直面することになったのである．このプロセスのなかで2つのことに留意しておきたいことがある．ひとつは秩序化の「インフラストラクチュア」であったキリスト教世界が，十字軍等を介してイスラム世界と接してその科学・技術，文化を摂取することにより，自らを相対化し始めたことであり，もうひとつは中世都市市民（ブルジョア）が登場したことである．この両者の関係は複雑であり，ここでは省略する．

　こうした諸地域の分断と世界システムの収縮は15世紀中頃から再び回復に向かう．ウォーラーステインはブローデルに拠って，ヨーロッパ史における1450年頃から1640年頃までの拡大期を「長期の16世紀」と呼んでいるが，山下はこれを「全ユーラシア的現象」としてとらえることを主張している（山下，前掲書：72）．その理由は，すでに1節でふれた「ヨーロッパ中心主義」からの徹底した離脱にある．そのうえでこの「拡大期」を前半期と後半期に分け，前者を「リスクに対して積極的」であった時期，後者を「リスクに対して管理的」であった時期と特徴づけている．この点は少しく説明を要する．まず，この「リスクに対して」というのは，人口や生産の拡大が交通の需要を高め，萎えていた交通路を「リスクを冒して」開拓する，という意味である．その開拓は前半期のヨーロッパでは「大航海時代」として現れた．だが，山下のいいたいことは，「この時代の交通路の開拓の主体をヨーロッパに限定する傾向」（同：76）の否定にある．「大航海時代」も開拓の「一部」だというのである．そして，つぎのようにいう．「この時代のヨーロッパの海外『発展』は」，「参入のためのミニマム・チャージとしての銀を新大陸」からもちだし，「すでにあるアジアの交易圏……に遅れて参入したにすぎない」（同：77）と．これに対して後半期は「交通の回路の制度化の時代」と要約される．「管理的」とは権力による交通回路の管理である．そのうえで重要なことは「このような管理の強化」が「地域的な求心性の形成」という帰結をもたらした，という主張である．その帰結こそ1節でふれた諸「近世帝国」の形成である．ヨーロッパの場合，その「帝国」は実体としてでなく「理念」として存在した．具体的には，それは

ハプスブルグ帝国の歴史であり，フランス・ヴァロア家と覇権を争ったハプスブルグ家が，カール5世の時期にはネーデルランドを拠点とした新たな帝国を目指したが，その譲位後ハプスブルグ帝国は2分され，後継者と目されたフェリペ2世が「スペインの囚人」となり，1559年フランスとの間にカトー・カンブレジの和約を結ぶことで実体としての「帝国」はついえた，とされる．ウォーラーステインは，この挫折の「空白」に資本主義世界＝経済の離陸の「偶然性」をみるのだが，山下はそこになお「ヨーロッパ中心主義」を嗅ぎ取る．そして，諸帝国間に偏差はあるが，「重要なことは……近世的な地域的求心性の構造が，ひとつの型として，グローバルに共有されている」(同: 87)ことを強調するのである．この点の評価は今後の論議の発展に委ねたいが，ただひとつ，筆者としては「ヨーロッパ中心主義」の相対化を評価しつつも，「偏差」の説明が必要であることを指摘しておきたい．その視点からすると，これまでふれてきたヨーロッパの特殊性，すなわち地理的多様性を前提とする社会・文化的な多様性，それをゆるやかに包摂するキリスト教世界による秩序化，その根底に潜む市民社会，これらの相関に留意することが重要となる．なぜならば，このことがヨーロッパ的偏差である「地域的な求心性」の低さを説明する鍵になると思われるからである．

　そして，その関連でいえば，この時期の宗教改革の評価が重要であろう．この点について，ウォーラーステインはつぎのように述べている．「つまり，北西ヨーロッパが，より『先進的』なキリスト教徒支配下の地中海世界と経済的摩擦を惹き起こしたのが宗教改革だというべきであろう」(Wallerstein, 1974＝1981: 訳 222)と．資本主義発展の地域的差異がキリスト教世界の分裂をもたらし，都市市民(ブルジョアジー)の活性化を惹き起こしたのである．そこにヨーロッパにおける「帝国」挫折の裏面をみる思いがするが，ここではこの問題にこれ以上立ち入らない．時代を進めよう．

3　近代世界システムとヨーロッパ

　山下によれば，近世帝国の時代は18世紀までつづいたとされるが，この「長期の16世紀」後から18世紀末までのヨーロッパは，別ないい方をすれば絶対主義体制の時代であり，近代国家形成の時代であった．したがって，そこには「理念」としての帝国の残像は残るにせよ，多様な近代国家への分割が進行していたのである．そして，この「分割」の動向は，これまでのヨーロッパの多様性をふまえ，またそれを塗り込めてしまうものであった．そこでまず，これまでの多様性と新たな「分割」の関連を，ロッカン（S. Rokkan）の歴史政治学の成果を借りてみておこう．

　いうまでもなく，ロッカンが明らかにしようとしたことは，ローマ帝国崩壊後のヨーロッパにおける中心－周辺の諸構造（Centre-Periphery Structures）である．すなわち，帝国崩壊後，その版図内にあったテリトリーはどのように離合集散しながら今日の中心－周辺の諸構造を形成したかを考察したのである．その主要な考察結果は以下の如くである（Rokkan, 1987: 58-63）．

　(1)　地中海からアルプスの東西を北上してライン川，ドナウ川流域に伸びる「中央交易地帯（central trade belt）」は，「西ローマ帝国の心臓部」であり，そこには諸都市が点在し，同時にローマ・カソリック教会の拠点でもあった．この地帯では諸都市は都市国家を形成したりして競合したため地帯内の中心がなく，したがってまた近代の国家形成も遅れることとなった．そのため近代の初めには半周辺の位置にあったが，ナポレオンの侵略でイタリア，ドイツで統一国家が形成され，ヨーロッパの中心となるに至った．ここでつぎのことに留意しておこう．それはこの地帯自体が多様な顔を内包していることである．現在は諸国民国家で覆い尽くされているが，その基層は多様だということである．

　(2)　中央交易地帯の両端の地域では諸都市間の競合も少なく，また域内資源を支配するのが容易なため，比較的強力な中央集権国家が誕生した．フランスから西のイギリスへ，北のスカンジナヴィアへ，そして遅れてスペインにこの

動きは広まった．この動きの第2波はドイツの形成である．それらは16世紀に軍事的，文化的国境を凍結したまま，海上長距離貿易のため国境を開き，それに成功し，のちにそれらの間のヘゲモニー争いに敗れた国が周辺化したことを示している．ここで2つのことに留意しておこう．ひとつは，スペインとハプスブルグでは対イスラムからカソリック国家が，ローマ帝国から外れたスカンジナヴィアではプロテスタント国家が形成されたことであり，もうひとつは，こうした中央集権国家の形成の過程で，多くの少数民族，少数言語集団など多様なヨーロッパの顔がみえなくなっていることである．しかしそれはなくなったのではない．つぎの(3)にもみられるように，それぞれの国家の基層で生きつづけ，ときにこの中央集権国家を揺るがしている．

(3) 国家の形成は周辺を従属させていったが，なお完全に統合できなかった「境界域テリトリー (interface territory)」を生みだした．そうしたものとしてロッカンは，フランドル・ワローニア，ルクセンブルグ，アルザス・ロレーヌ，ベルンのジェラ，サヴォイ，ヴァル・ダオスタ，ニースを挙げている．さらにそのヴァリエーションとして，「失敗した中心としての周辺」（例えば，オクシタニー），「飛び地的周辺」（例えば，フリウリ・ジューリア），「外部的周辺」（例えば，南西フィンランド）を挙げている．これらは基層で生き残っている多様な顔そのものである．

このようにみてくると，ヨーロッパというのは多様な地域を基層にもち，それらが時代とともに中心‐周辺関係をさまざまに変容させ，いわば重層化した中心‐周辺の諸構造をつくりあげていることがわかる．

さて，ここで時代的文脈に戻ろう．「長期の16世紀」ののちにヨーロッパの経済は収縮期に入った．ウォーラーステインはこの「収縮の17世紀は，世界システムにとっては危機でも何でもなかった．むしろ逆に，それは凝集 (consolidation) の期間であった」(Wallerstein, 1980 = 1993: 訳 34) という．その意味は，「革命的な構造転換の時代」であった「長期の16世紀」に比して「沈静化の時代」であり，「システムの強化」の時代であった，ということである．そのためには「国家機構の強化」が必要であり，それによる重商主義が実践された．

ウォーラーステインによれば，重商政策とは「『経済上の国民主義（economic nationalism）』ともいうべき国家の政策を含むものであり」，また「商品流通への関心を中心に展開したもの」であるという（ibid.: 訳 44）．前者の目的は「生産部門において全般的に効率を高める」ことであり，後者は世界市場への進出を意味した．そして，こうした重商主義の激烈な競合のなかから資本主義世界経済最初の「ヘゲモニー国家」が出現したという．ネーデルランド連邦，すなわちオランダである．それは軍事大国ではないが，先の重商主義の2つの側面で優位に立ったヘゲモニー国家だというのである．

ここで問題は，こうしたウォーラーステインの17世紀像を，「ヨーロッパ中心主義」批判の視点からどのように相対化するのかである．フランクは，「世界経済およびアジアの観点からすると」この期のヨーロッパ経済の収縮は局地的で短期的なものにすぎない，と述べている（Frank, op. cit.: 訳 402）．それは基本的な相対化の視点である．だが，そこではウォーラーステインのいう「凝集」にまで踏み込んだ説明はない．したがってここでは，以上の事柄を前提にその意味を考える以外にないのだが，あえていえば，「地域的な求心性」が低いという条件のなかで，アジアの諸近世帝国のニッチに潜り込む力量を強化する，といったことを意味するのではあるまいか．その「潜り込み」は「求心性」の低いヨーロッパでは多様であり，激烈な大国間の競争という形態をとることになるが，ヨーロッパ全体としては「システムの強化」という表現もできるであろう．

そのなかでまず「ヘゲモニー」を握ったのがオランダなのである．すでにふれたように，ウォーラーステインは1625年から1675年にかけてオランダは「生産・商業・金融の3次元すべてにおいて，あらゆる中核諸国に対して優位を保っているような状態」（Wallerstein, op. cit. [1980＝1993]: 訳 46, 傍点原文）にあったとし，これを「オランダのヘゲモニー」と呼んだのである．この点について山下は「オランダ植民地主義」の評価という側面から検討し，近世オランダ東インド会社による植民地貿易は近世帝国のニッチで展開したにすぎず，その意味で「すでにできあがった近世帝国の空間的分節に対して従属的ないし補完的

に対応したもの」(山下, 前掲書: 144) としてその「限界」を指摘している. つまり, この時期のオランダを近代世界システムのヘゲモニー国家とみる視点にも「ヨーロッパ中心主義」を嗅ぎ取り, これを批判しているのである.

ところで, ウォーラーステインによれば, 「オランダのヘゲモニーが (イギリスによる: 筆者挿入) 最初に挑戦をうけたのは, 1651年のことであった」(Wallerstein op. cit. [1980=1993]: 訳 92). この年イギリスは航海法を発布したが, そこでは「イギリスに輸入される商品は, イギリス船か, その商品の原産国――最初に積み出された港――と既定」されており, それは「オランダの中継貿易の打破」を目的としていた, というのである (同, 94). これを契機として両国間で戦争が起こり, これにフランスも参入したが, 1672年には抗争の中心は英仏間に移り, オランダは「第二義的な存在に転落」したという. こうして「オランダのヘゲモニー」はついえた. そして, 1689年には, イギリスとフランスはオランダよりも「強い国家」となったのである (ibid.: 訳 124). その後1689年から1763年までは「間断のない英仏抗争」が続くが, この「1763年という年は, いわゆる第二次英仏百年戦争が終わって, イギリスの勝利が決定した年」(ibid.: 訳 306) とされる. ヘゲモニーはイギリスが手中にしたのである. 産業革命はその前提のひとつであり, フランス革命はこの「ヘゲモニー争いの敗北」がもたらした帰結である. そして, この後者についてウォーラーステインが「『近代世界システム』史上初めて, 本格的な反システム (つまり反資本主義) 運動が勃興することになった」(Wallerstein, 1989=1997: 訳 106) と位置づけていることを付言しておきたい. つまり, そこにわれわれは「反ブルジョア」としての社会運動の萌芽をみいだすことができるのである. そしてこの動きは「ブルジョアジーとしての市民」から「シトワイアン/シヴィルとしての市民」への転換とも関わってくる.

さて, こうしてわれわれは, 山下のいう「1800年の世界」にたどり着いた. すでに1節でふれたように, 山下はこの1800年前後の時期を「グローバリティの句切れ」が生じた時期とし, 近世から近代への転換点としている. この転換は「質的な断絶」であった. その「断絶」について山下は3つの点を挙げる.

その第1は「国家体系の完結性」の単位が近世帝国からネイションに変化したことである．国家はネイションと一致することになる．その第2は「領土的な拡張主義の様式」が近世帝国的なそれ，つまり帝国としての求心性を保ちながら空白な外側を包摂する様式から，近代国民国家的な「植民地主義」へ転換したことである．そして第3は資本主義が「地理的な距離によって与えられている所与の差異を媒介とする」近世資本主義と「時間を先取りすることで創り出される差異を活用する」近代のそれとの「対照」である（山下，前掲書：148-154）．

この「質的な断絶」は「世界経済/世界システムにおけるアジアとヨーロッパの地位の『交替』」（Frank, op. cit.：訳 585）をもたらした．フランクによれば，18世紀後半までは「衰退するアジアと勃興するヨーロッパとの間で，政治経済的なパワーが競合し，『共有』されていた」が，いまや「新しい『ヘゲモニー』的秩序が打ち立てられ，ヨーロッパがその中心の座を占めたのである」（ibid.：訳 526）．ヨーロッパはアジアの近世諸帝国の衰退に助けられて，世界システムのヘゲモニーを握ることができたというのである．すでに「求心性」の低さから諸国民国家を形成していたヨーロッパでは，このヘゲモニーは英仏抗争に勝利したイギリスが担うことになり，その「領土的な拡張主義の様式」は「植民地主義」に転ずることになる．それを経済的に担う資本主義が時間的差異による収奪を事としたのはいうまでもない．1800年前後の「グローバリティの句切れ」をくぐり抜けて，イギリスはまさに世界システムのヘゲモニーを握ったのである．

イギリスのヘゲモニーは最初のグローバルなヘゲモニーであった．秋田茂は「ヘゲモニー国家イギリスの特徴」を3つ挙げる．その第1は「広大な公式帝国を保有していた点」である．ここで「公式帝国」とは従属植民地と自治領を指すから，イギリスの領土拡張様式は「植民地主義」に転じていたのである．その第2は「経済構造面での金融力」，すなわち「ジェントルマン資本主義論で強調されるシティの金融・サービス部門」の力であり，そして第3が海軍を軸とした「軍事力」である（秋田，2004：10）．これら3つの点は相互に密接に

関連してヘゲモニー国家イギリスの優位をもたらしたが,とりわけ「公式帝国」インドの果たした役割は「決定的に重要である」.アリギ (G. Arrighi) はいう.「19世紀のイギリスを中心とする世界資本主義システムは,最初から最後までインドからの貢納に依存していた」(G. Arrighi, 2000＝2002：訳 322) と.さらにここで,「公式帝国」と並んで,19世紀の中国,ラテンアメリカ諸国,オスマン帝国らの「非公式帝国」も重要であったとの指摘も付け加えておこう (秋田,前掲書：8).以上をふまえれば,イギリスのグローバルなヘゲモニーはすでに述べた近世帝国の衰退のうえに可能であったことは明らかであろう.

　では,ヨーロッパ内でのイギリスと他の諸国との関連はどうであったか.この点についてオブライエン (P. K. O'Brien) は「競争相手国は,対革命・ナポレオン戦争で打撃を受けて動揺した政治経済制度の再建を優先した」(O'Brien 2000＝2002：訳 100) として,具体的に以下のように述べている.「フランスは当面,帝国形成の野望を棄てた.スペインとポルトガルは,アメリカ大陸の植民地の多くを喪失し,政治的な不安定に悩まされた.イタリアとドイツは,国家形成・統一・ナショナルアイデンティティの内政問題に専念した.オーストリアは,ハプスブルグ王朝が統治する多様な民族集団の統合にとらわれた」(同) と.そしてイギリスはこれらの国々の「嫉妬を避けるために,ヨーロッパ権力政治への関与を最低限に抑える」(同：101) 戦略をとり,こうして求心性の低いヨーロッパ大陸での勢力均衡は不安定を内包しながらも保たれたのである.

　不安定は1871年の普仏戦争頃から現れ始めた.「ビスマルクの世界政策は,イギリス経済の卓越した地位,イギリス本国の安全保障,海外でのイギリス帝国の拡張に対する挑戦状を突きつけた」(同：121) のである.新たなヘゲモニーへの動きは「後発の」統一国家ドイツから現れた.この「挑戦」はヨーロッパ諸国の勢力均衡を崩し,対抗関係を昂進させることとなった.その帰結として第一次世界大戦が起こるが,インドでの反乱を抱えるイギリスには単独でこれを処理する力はなく,三国協商によってドイツに勝利した.この時すでにイギリスのヘゲモニーは失われていたのである.その後「戦間期」を経てドイツ

は再び「第三帝国」として台頭し，新たな世界的ヘゲモニーの獲得を目指した．周知のように，これに対抗したのがアメリカであり，第二次世界大戦を通じてドイツに勝利し，資本主義世界＝経済のヘゲモニーを握ることになった．そして，この時，このアメリカの勝利を助けたのが「反システム運動」の成果としての旧ソ連邦であった．

こうしてヨーロッパからヘゲモニー国家が失われた．ヨーロッパは依然として世界システムの中心部ではあったが，ヘゲモニーの中心ではなくなったのである．いいかえれば，ヨーロッパは東西のヘゲモニーの谷間におかれ，そのなかで自らの運命を切り開かねばならなくなったのである．この点が後述するECからEUへの展開につながっていくことはいうまでもない．

その後今日に至るまでアメリカのヘゲモニーは続いているが，ヨーロッパとの関連で無視できない出来事が2つある．そのひとつは，1968年革命である．ウォーラーステインはこの革命を，1848年革命に続く2度目の世界革命，すなわち世界システムを変える革命として非常に重視している．この評価の確定にはなお時日を要するように思うが，IMFガット体制の揺らぎ始めとも一致しており，アメリカのヘゲモニーに対する挑戦であったことは確かであろう．それはECの促進にもつながっていくことになる．もうひとつは，1989から91年にかけての東欧・ソ連の体制崩壊である．再びウォーラーステインによれば，それは1968年革命の継続であり，パックス・アメリカーナの終焉であるが(Wallerstein, op. cit. [1991＝1991]：23-24)，それは前の革命よりも直接にヨーロッパに甚大な影響を与えていることはいうまでもない．この点についても，のちにEC, EUとの関連で，再びふれることにしたい．

4　世界システムとヨーロッパ統合

最後に，以上をふまえて，現代的課題であるヨーロッパ統合の意味を，世界システム分析の視点から検討しておこう．

まず，その世界システムにおける位置づけについて，ウォーラーステインの

意見を聞いてみよう．かれは世界システム全体の展望という点からみると，ヨーロッパ統合にはひとつの巨大な否定面と，これに匹敵する3つの肯定面がある，という．すなわち，「否定面とは，……現存しないような相対的安定がつくりだされ，また世界システムにおける諸勢力の相対的均衡がもう一度つくりだされ，現存する資本主義世界経済に少なからぬ新たな生命が吹き込まれること」であり，3つの肯定面とは，第1には，国家間システムが再編成され，より安定した力のバランスが生みだされること，第2には，既存のイデオロギーに替わる知的革命が起こるであろうこと，そして第3には，そのような知的革命によって世界の反システム運動が袋小路から抜け出すかもしれないことである，と（Wallerstein, 1991a = 1991 : 111）．

　以下，このウォーラーステインの意見を手がかりに検討を進めたいと思うが，それに先だって2つの点に注意を促しておきたい．そのひとつは，このウォーラーステインの「否定面」と「肯定面」の対比が，前節でふれたジオポリティクスおよびジオカルチュア論をふまえていることである．すなわち，「現存する資本主義世界経済」の延命策に対して，それを乗り越える「国家間システムの再編成」「知的革命」「反システム運動」が対置されているからある．したがって，「否定面」と「肯定面」は一応分けて検討することができる．もうひとつは，このウォーラーステインの意見には，本稿で検討してきたヨーロッパの多様性および特殊性への視点はないということである．そこになおヨーロッパ中心主義の臭いを嗅ぐこともできるが，そのことはあまり重要ではない．むしろ，ヨーロッパの多様性および特殊性の視点をウォーラーステインの意見にどのように接合しうるかを考えることが必要であろう．

　そこで，まず，「巨大な否定面」から検討を進めよう．いうまでもなく，「現存する資本主義世界経済」を否定しようとするウォーラーステインにとっては，その「相対的安定」「相対的均衡」を創り出すヨーロッパ統合は「世界システム全体の展望」にとっての「否定面」を意味する．いいかえれば，この動向はヨーロッパが世界システムの中心部として「攻勢的に」生き残ろうとする運動だということである．しかもそれは東欧・ソ連の体制崩壊によって，肯定面の

第1点をも包摂しつつあるようである．

　では，この「世界経済」への「新たな生命」は誰によって，どのように「吹き込まれ」ているのであろうか．基本的には，それは多国籍企業を初めとする巨大資本の蓄積運動によってであろう．そして，この運動は，1980年代以降，アメリカおよび日本の巨大資本との厳しい競争を迫られるなかで，いっそう強化された．このことはすでに1節でふれた「統合」の第3の意味と関わっている．ドイツ統一と東欧革命はこの競争環境にブレーキをかけたが，基本的な動向に変わりはない（Gamble and Payne, 1996: 264）．そして，この「新たな生命」の拡延は，これも1節でふれたように，社会的，政治的領域にも「吹き込まれ」，それらは国家との「きしみ」をともないつつ進展しているのである．

　この「きしみ」という表現には重要な論点がはらまれている．この点を平田清明のヨーロッパ統合論を手がかりに検討してみよう．かれは，冷戦終結後，東側での「インターステイト・ユーラシアン・コミュニティ」の形成に対して，西側では「トランス・ナショナル・ユーロピアン・コミュニティ」が形成されているとして，以下のように述べている．すなわち，「西側におけるこの新展開は，単に資本の支配としての資本主義の拡延を意味するものではない．それは，資本主義的な経済システムがそれに先在する市民社会の現代的成熟とそれと共生してきたフォーデズム型福祉国家の発展によって調整される歴史的基調のうえに，諸国民国家間の覇権競争を制御する国際的合意機関の形成過程なのである」（平田，1993: 22）と．この論理を借りれば，「フォーデズム型福祉国家」と「諸国民国家間の覇権競争を制御する国際的合意機関」との間に「きしみ」が生じているのである．つまり，共通「雇用・福祉政策」や「共通外交・安保政策」を「合意」によって「深化」しようとすると，それが「国家」との間に「きしみ」を生ずるのである．このことはEUの「拡大」にともなってさらに深刻化する恐れがある．問題はこれをどのように説明するかである．行論の文脈でいえば，それはEUの実体が国家間連合（Confederation）であることと，その基盤がヨーロッパの特殊性，その多様性にあるからということになろう．平田の主張ではこれらの点が充分ふまえられていないように思う．そして，

さらにいえば，こうしたかれの論理には「トランス・ナショナル・ユーロピアン・コミュニティ」を相対化する視点がみられない．その意味ではウォーラーステインのいう「否定面」の含意はここにはないといえよう．

　ここで論点は2つに分かれた．ひとつはヨーロッパの統合とその特殊性・多様性との関連であり，もうひとつはヨーロッパ統合の相対化の問題である．この後者の論点はのちにふれるとして，まず，前者の論点をとりあげよう．この点については，1節でふれたトッドは「政治的構築物としてはヨーロッパは極めて多様で細分化されているがゆえに，ヨーロッパは外的圧力と恐怖によってしか（統合へ：筆者挿入）前進しない」（トッド，前掲インタビュー：54）と外在的契機を強調し，過去における「巨大なロシアへの恐怖」，最近でのアメリカ合衆国の「落ち着きを欠いた行動振り」を例に挙げている．そのうえでトッドは，内在的契機は考えない方がよいという．すでにみてきたように，筆者は，歴史をふまえることでヨーロッパの多様な基層の重要性を認めている．しかしながら，統合の契機を外在的なそれにのみ求める考えには疑問なしとしない．ヨーロッパの多様な歴史的基層を重視するならば，その多様性を組み上げ，統合を推進しているメカニズムにも留意しなければならない，と考えるからである．それはまさに外在的契機に対応する内在的契機なのである．

　では，その内在的契機とは何か．すでにみたように平田は，「市民社会」という同質性の「現代的成熟」が「フォーデズム型福祉国家」を支えるという「歴史的基調」に，これをみいだしているようである．だが，そこにはいくつかの問題が存在する．まず，その場合の「市民社会」とは何であろうか．氏の立場からすればそれは「シトワイアン／シヴィルの社会」であろう．とすれば，それが「歴史的基調」となるとはいかなる意味か．すでに2，3節で折にふれてみてきたように，この概念はキリスト教との緊張関係のなかで生き延び，18世紀にもうひとつの市民である「ブルジョアジー」との対抗関係のなかで新たな現代的意味を獲得してきたのである．したがって，それはのっぺりとした「同質性」ではなく，ダイナミックな時代の文脈のなかでヨーロッパの人びとを結びつけてきたものなのである．それ故にこそ，それは「多様な基層」との

関連をもつことができるのである．平田氏の視点にはこうしたヨーロッパ的特殊性との関連が欠けている．内在的契機はこうした特殊性をふまえた「歴史的基調」であらねばなるまい．こうした問題を解決し，こうした批判に応えることは現行のヨーロッパ統合とは異なるオルタナティヴを探ることとなる．とすれば，これらはウォーラーステインのいう「肯定面」との関連で検討するのが適切であろう．

すでにみたように「3つの肯定面」は新しいゲオポリテックスとゲオカルチュアを求めるものであった．すなわち，「国家間システムの再編成」はゲオポリテックスの，「知的革命」と「反システム運動」はゲオカルチュアの，それぞれ革新なのである．ではその意味は何か．まず，「国家間システムの再編成」．ウォーラーステインはこのことの意味を，「逆説的ながら，ヨーロッパは冷戦の中心舞台でなくなり」「核戦争の可能性が低下すること」に求めている（ウォーラーステイン, op. cit. [1991a＝1991]：112）．だが，冷戦体制が終結したいまでは，このことは既定の事実となっている．それ以上の意味はないのか．つまり，「否定面」の止揚につながる意味はないのか．例えば，リピエッツ（A. Lipietz）は「民主的で環境保護を重視するオルタナティヴの未来設計こそ，ヨーロッパの新しいフロンティアである」（Lipietz, 1989＝1990：217）と主張しているが，そうしたフロンティアにつながる意味はあるのだろうか．そうであれば，それは「否定面」にブレーキをかけるものであろう．だが，筆者の判断は現行の「国家間システムの再編成」ではまだ困難だというものである．

では，この「困難」をのりこえる方途はないのか．ウォーラーステインにとっては，それが「知的革命」であり，それに基づく「反システム運動」の新展開なのである．前者は既存のイデオロギーをのりこえるものであり，その根底にある知識の「ベーコン゠ニュートン」的段階をのりこえることであり，後者はこれにより「世界の反システム運動がその戦略的選択を真の意味で再検討する余地が生じることである」（Wallerstein, op. cit. [1991a＝1991：112]）．氏の『脱＝社会科学（Unthinking Social Science）』（1991b＝1993）や The Uncertainties of Knowledge, 2004 は，そうした「知的革命」の模索であろう．だが，その中味

はまだ未知数である．ヨーロッパはある意味では，世界システムのなかでこの「未知数」を拓く可能性をはらんでいるのかもしれない．だが，それは知的エリートに委ねられるものでもあるまい．そのための基盤は上記の「多様な基層」をもつ「市民社会」に求められねばなるまい．ひところこの展望に関連する議論として，「新しい中世」という考え方が流行した．要約していえば，それはグローバルな政治経済の出現のなかで，国家という政治的権威に替って，多様なアイデンティティや権威が複雑なネットワークを形成し，共存している状態である．いってみれば，それはヨーロッパの基層に戻ることである．もちろんそれは中世の再現ではない．基層を大事にした統合であり，新しいヨーロッパ像なのである．リージョンとしてのEUはこのような意味でも注目に値するのである．

参考文献

秋田茂，2004，「総論 パクスブリタニカとイギリス帝国」秋田茂編著『パクスブリタニカとイギリス帝国』ミネルヴァ書房．
アリギ，ジョバンニ，2002，秋田茂訳「近代世界システムの形成と変容におけるヘゲモニー国家の役割」松田武・秋田茂編『ヘゲモニー国家と世界システム：20世紀をふりかえって』山川出版社．
オブライエン，パトリック・カール，2002，秋田茂訳「パクス・ブリタニカと国際秩序 1688-1914」秋田茂編著『パクスブリタニカとイギリス帝国』ミネルヴァ書房．
トッド，エマニュエル，2002，「〈インタビュー〉多様性としてのヨーロッパ」『別冊環 ⑤ヨーロッパとは何か』藤原書店．
平田清明，1993，『市民社会とレギュラシオン』岩波書店．
古城利明，1999，「世界システムとヨーロッパおよびアジア」庄司興吉編著『世界社会と社会運動―現代社会と社会理論：総体性と個体性の媒介―』梓出版社．
宮本光雄，2002，『国民国家と国家連邦―欧州国際統合の将来』国際書院．
山下範久，2003，『世界システム論で読む日本』講談社選書メチエ．
Abu-Lughod, Janet L., 1989, Before European Hegemony: The World System A. D. 1250-1350, Oxford University Press（＝2001，佐藤次高・斯波義信・高山博・三浦徹訳『ヨーロッパ覇権以前（上）（下）』岩波書店）．
Bentley, Jerry H., 1993, Old World Encounters: Cross-Cultural Contacts and Exchanges in Pre-modern Times, Oxford University Press.

Black, Cyril Edwin, 1967, The Dynamics of Modernization: A Study in Comparative History, Harper & Row (=1968, 内山秀夫・石川一雄訳『近代化のダイナミックス―歴史の比較研究』, 慶応通信).

Chase-Dunn, Christopher and Thomas D. Hall, 1997, Rise and Demise: Comparing World-Systems, Westview Press.

Frank, Andre Gunter, 1998, ReORIENT, University of California Press (=2000, 山下範久訳『リオリエント』藤原書店).

Gamble, Andrew and Anthony Payne (eds.), 1996, Regionalism and World order, Macmillan.

Lipietz, Alain, 1989, Choisir L'audace: Une alternative pour le vingt et unième siècle, La Découverte (=1990, 若森章孝訳『勇気ある選択:モストフォーデズム・民主主義・エコロジー』藤原書店).

Mann, Michael, 1986, The Sources of Social Power Vol. 1: A History of Power from the Beginning to A. D. 1760, Cambridge University Press (=2002, 森本醇/君塚直隆訳『ソーシャルパワー:社会的な〈力〉の世界歴史Ⅰ 先史からヨーロッパ文明の形成へ』NTT出版).

Riedel, Manfred, 1979, Bürgerliche Gesellshaft "Geschichtliche Grundbegriffe" Bd. 2 (=1990, 河上倫逸/常俊宗三郎編訳『市民社会の概念史』以文社).

Rokkan, Stein et al., 1987, Centre-Periphery Structures in Europe: An ISSC Workbook in Comparative Analysis, Campus.

Rostow, Walt Whitman, 1960, The Stages of Economic Growth: a non-communist manifest, Cambridge University Press (=1982, 木村健康・久保まち子・村上泰亮訳『増補 経済成長の諸段階:一つの非共産党宣言』ダイヤモンド社).

Said, Edward W., 1978, Orientalism, Georges Borchardt Inc. (=1993, 板垣雄三・杉田英明監修 今沢紀子訳,『オリエンタリズム』平凡社).

Wallerstein, Immanuel, 1974, The Modern World-SystemⅠ: Capitalist Agriculture and the Origins of the European World-Economy in the Sixteenth Century, Academic Press (=1981, 川北 稔訳『近代世界システムⅠ-Ⅱ:農業資本主義と「ヨーロッパ世界経済」の成立』岩波書店).

Wallerstein, Immanuel, 1980, The Modern World-SystemⅡ: Mercantilism and the Consolidation of the European World-Economy, 1600-1750, Academic Press (=1993, 川北 稔訳『近代世界システム 1600〜1750:重商主義と「ヨーロッパ世界経済」の凝集』名古屋大学出版会).

Wallerstein, Immanuel, 1989, The Modern World-SystemⅢ: The Second Era of Great Expansion of the Capitalist World-Economy, 1730-1840s, Academic Press (=1997, 川北 稔訳『近代世界システム 1730〜1840s:大西洋革命の時代』名古屋大学出版

会).

Wallerstein, Immanuel, 1991a, Geopolitics and Geoculture: Essays on the changing world-system, Cambridge University Press(=1991, 丸山勝訳『ポスト・アメリカ：世界システムにおける地政学と地政文化』藤原書店).

Wallerstein, Immanuel, 1991b, Unthinking Social Science: The Limits of Nineteenth-Century Paradigms, Polity Press(=1993, 本多健吉・高橋章監修『脱＝社会科学：19世紀パラダイムの限界』藤原書店).

Wallerstein, Immanuel, 2004, The Uncertainties of Knowledge, Temple University Press.

2章 イコノスタシスの政治文化
—— ロシア・バルカン型政治の基層 ——

宮 島 直 機

1 はじめに

　東方正教会(「ギリシャ正教会」という呼び方もあるが，この呼び方には「ギリシャ語を教会用語としていた正教会」という意味と，「ギリシャの正教会」という2つの意味があって紛らわしいので，東方正教会という呼び方をする)を訪れたことがある者なら誰でも気が付くはずだが(東京在住の者なら，お茶の水駅近くにあるニコライ堂を訪れてみるとよい)，東方正教会はカトリック教会やプロテスタントの教会と違って，キリスト教徒にとって一番，重要な意味を持つ「聖体礼儀」(カトリック教会やプロテスタントの教会では「聖餐式」，あるいは「ミサ」．その意味については後述)が行われる祭壇(図4にある「宝座」)が，イコノスタシス(「イコン(エイコン$\varepsilon\iota\kappa o\nu$)」を「立ててある(スタシス$\sigma\tau\alpha\sigma\iota\sigma$)」障壁という意味で，「聖障」と訳されている)で隠され，信者からは見えない構造になっている．

　イコノスタシスが登場してくることになった理由については，後述するような仮説が提示されてはいるが，本当のところはよく判っていないのが現状のようである．ウスペンスキー(Л. Успенский)が説くようなロシア起源説は論外であり[1]，イコノスタシスがいつ，どのような過程をへて，ロシアやバルカン諸国で現在，見られるような形になったのか正確なことは判っておらず，今後の研究が待たれるところである[2]．

　キリスト教会の儀式は，もともとパンとブドウ酒をキリストが弟子たちに与えた「最後の晩餐」を再現することにあった[3]．そこで初期のキリスト教会で

イコノスタシスの正面図[4]

は、「最後の晩餐」を模して信者が食卓を囲んで食事をしていたが、やがて食事が省かれてパンとブドウ酒だけの儀式に変り、それとともに食卓は司教や司祭が儀式を執り行う際にパンとブドウ酒を置くための儀式用の食卓（「主の食卓」と呼ばれる）に変わっていった。さらに木の食卓は石の食卓に変り、囲いがつき、壇の上に上げられて天蓋がついて、祭壇に変わっていったのである[5]。

イコノスタシス研究の権威であるウォルター（C. Walter）によれば、まず腰までの高さの柵が登場し、さらに柱が建てられて上部に横木が渡されるようになり（イコノスタシスの前身ともいうべきこの構造物は「テンプロン $\tau\varepsilon\mu\pi\lambda o\nu$ 」と呼ばれる）、さらに柱と柱のあいだにイコンが飾られるようになってイコノスタシスが完成したという。このイコノスタシス登場に至る大きな流れについては、専門家のあいだで合意が成立しているとのことである[6]。

まず腰までの高さの柵が「至聖所」を取り囲み（「至聖所」については図4を参

照），さらに柱が建てられて上部に横木が渡されてテンプロンが出来上がる様子は，つぎの図1，図2で示すことができる[7]．図2で，さらに中央の柱と柱のあいだに扉を設け，ほかの柱と柱のあいだにイコンを飾れば，「至聖所」は信者から見えなくなる．たとえば，テッサロニキ（ギリシャ）にある聖デミトリオス教会のイコノスタシスは，図3のように中央の柱と柱のあいだに扉を設

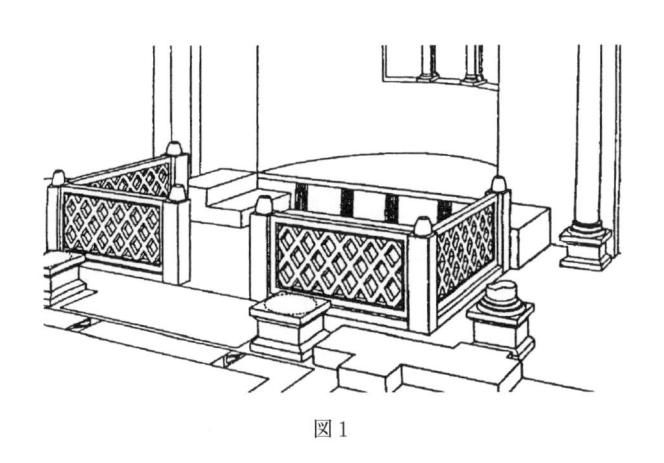

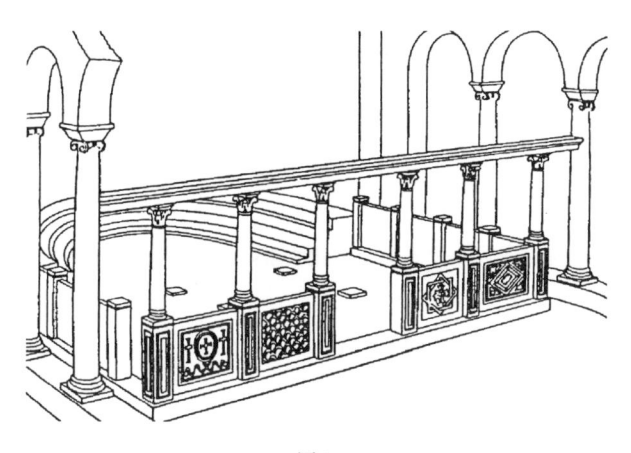

図1

図2

図3

け，ほかの柱と柱のあいだにイコンを嵌め込んだ形になっている[8]．それがロシアで14〜15世紀，冒頭で紹介した「イコノスタシスの正面図」のような，天井まで届く壮大なイコノスタシスに変化するのである[9]．

2　イコノスタシスの神学的意味

図4は，東方正教会の概略的な平面図である．この平面図によってイコノスタシスの神学的な意味を説明するが，ニコライ堂で司祭をしていた高橋保行の

2章 イコノスタシスの政治文化　31

解説が判りやすいので，以下，彼の解説による[10]．

　西側の入口から入ったところにある「啓蒙所」は，まだ洗礼を受けていない信者志願者のための場所で，洗礼を受けるまで1年から3年のあいだは「聖所」に入ることが許されず，また大罪（「最後の審判」で「永遠の命」を得られず，「業火によって永遠に苦しめられる罰」を覚悟しなければならないほど深刻な罪，たとえば殺人，姦通など）を犯して悔い改めを必要とする者も，ここに立つことが義務づけられたそうである．ただし，教会によっては仕切りがないところもあり，現在では「聖所」と区別されることは，とくにないそうである．

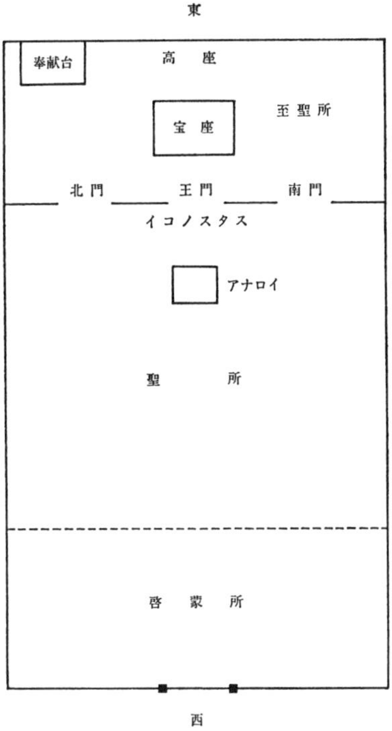

図4

　その先の「聖所」は信者のための場所で，カトリック教会と違うのは，そこに椅子がないことである．東方正教会では，信者は特別な理由がない限り立ったままでいる．立った姿勢が「復活」を意味するからだそうである（後述するように，東方正教会は「復活」を重視する）．また，「アナロイ」とは「書見台」を意味するギリシャ語「アナロゲイオン $αναλογειον$」に由来する言葉で，そこに飾られてあるイコンを見れば，その日が教会歴のどんな日であるかが判ることになっている（ちなみに東方正教会では，いまでもユリウス暦が使われている）．

　さて，イコノスタシスには3つの門がある．中央にあるのが「王門」で，これが信者の居場所である「聖所」（「地上の国」である現世を象徴する）と「聖体礼儀」が行われる場所である「至聖所」（天上にある「神の国」を象徴する）をつなぐ正式の通路であり，そこは聖職者しか出入りが許されていない．「王門」

の右にある「南門」は，聖職者を補助する俗人の補祭などが出入りする門である（ただし男性のみ）．また「北門」は，出口として使えない「王門」に代わる聖職者の出口である．

イコノスタシスのなかには「宝座」と「奉献台」があるが，前述したように「宝座」は「最後の晩餐」のときの食卓が原型になった祭壇に相当する場所で，そこで「聖体礼儀」が行われる．また「奉献台」は，「聖体礼儀」用のパンとブドウ酒を用意しておくところである．「聖体礼儀」は，まず香炉を炊いて煙で「至聖所」と「聖所」を清めることで開始される．ついで「宝座」の聖書が「北門」を通って「聖所」に運ばれ（神の言葉を記した聖書は神そのものであり，神が人間キリストとなって現世に生まれて来たことを意味するそうである），「王門」を通ってふたたび「至聖所」に帰る「小聖入」と呼ばれる儀式のあと（図5），「奉献台」で用意されたパンとブドウ酒が「北門」を通って「聖所」に一旦出たあと，「王門」を通って「宝座」に運ばれる．これが「大聖入」の儀式である（図5）．「宝座」で「聖体礼儀」が終わると（その儀式が信者に見えないことは，前述したとおりである），ブドウ酒を浸したパンが信者に与えられる．これが「領聖」（カトリック教会では「聖体拝領」）である（図5）．

イコノスタシス登場の理由がよく判っていないことは前述したとおりだが，信者が儀式の邪魔をしないようにということでイコノスタシスがまず造られ，その結果，「小聖入」や「大聖入」の儀式が始まったとする説もあれば[11]，もともとコンスタンチノープルでは，ユスチニアヌス帝が盛大な行列を組んでハギア・ソフィア教会（ユスチニアヌス帝が建てさせた教会で，いまもイスタンブールにある．各地のビザンツ教会は，これをモデルにしている）に入っていった儀式がビザンツ教会の儀式の始まりであり[12]，「小聖入」も元来は，聖書を掲げた司祭に先導されて信者が行列を組んで教会に入っていく儀式であって，「大聖入」も教会の外から助祭がパンとブドウ酒を教会に運んでくる儀式で，それが現在のように教会内部で行われるようになったのは，14世紀になって東方正教会で説教が行われなくなり，信者がイコノスタシスに掲げられたイコンに向かって一人で祈るようになった結果であるとする説もある．この説では，イコノスタ

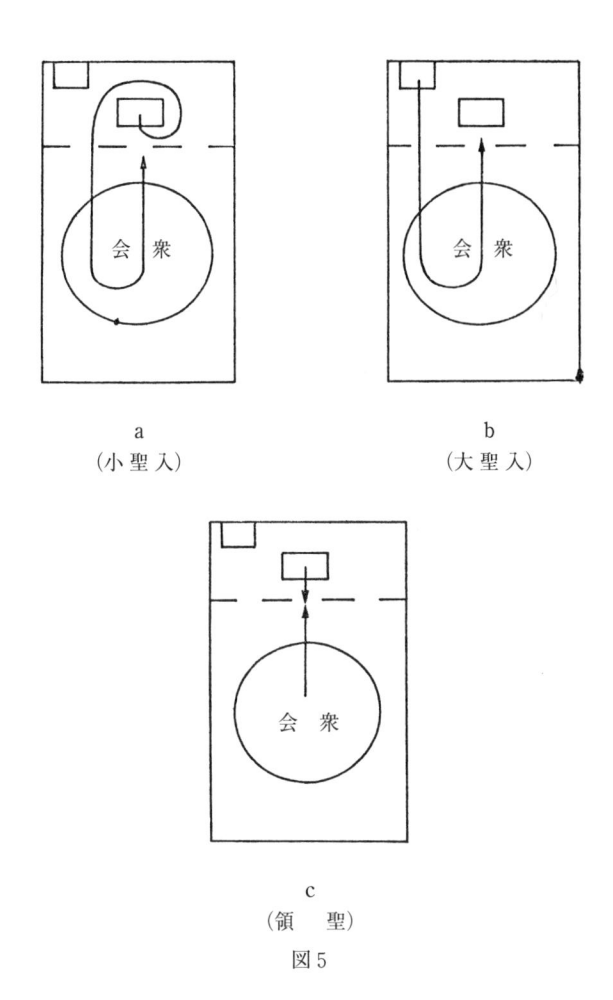

2章 イコノスタシスの政治文化　33

a
（小聖入）

b
（大聖入）

c
（領聖）

図 5

シスが登場してきた理由は司祭の説教台であった祭壇がその意味を失い，逆にイコンを飾ったイコノスタシスが重要な意味を持つようになったからだとされる[13]．

　説得力ということでは，後者の説明に分があるといわざるを得ない．カトリック教会では，信者は司祭とともに儀式に参加し，東方正教会では信者は儀式

に関係ない場に置かれているが，その理由はこれで説明できる．また，カトリック教会では司祭の説教が儀式において重要な意味を持つが，東方正教会では司祭は説教を行わない．その理由も，これで説明できる．

3　ヘシュカスモスの教義

「ヘシュカスモス」と呼ばれる教義が登場した時期とイコノスタシスが登場した時期は，ともに11世紀であったことがロシアの研究者リドフ（A. Лидов）によって指摘されている．また，1054年の教会大分裂が切掛けになって東方正教会は，「聖体礼儀（聖餐式）」の神秘性をことさら強調するようになったとのことである．なお，この教会大分裂のときに東方正教会で「ヘシュカスモス」の教義を擁護した神学者が，また同時に「聖体礼儀」を信者の目から隠すべきことを主張したことが確認できるとの指摘もリドフによってなされている[14]．

そもそも「ヘシュカスモス」の教義とは何か．「ヘシュキア $ησυχια$」は，「静けさ」や「心の平安」を意味するギリシャ語で，これを重視する考え方（「ヘシュカスモス」）自体は，ビザンツ教会の修道院に古くからあった[15]．人間がすべての欲望を捨て去って「心の平安」を得たとき，神と一体化できるとされていたのである．

この考え方が注目されるようになったのは，アトス（ギリシャのハルキディキ地方にある３つの半島のうちのひとつ．アクティ半島の先端にある山の名前で，ふつう東方正教会の修道院が集まるアクティ半島全体を指す）で行われていた修行の方法が，カトリック教会的な立場から批判されたことに始まる．アトスで修道士たちが顎と髭を胸につけ，臍を凝視しながら「主イエス・キリスト，神の子，罪人なる我を憐れみたまえ」という祈りの言葉を繰り返し唱えていると，神が光となって見えてくると主張していたことに対して，これを奇異で，いかがわしい異端の考え方とする批判がなされ，これに反論したパラマスの主張がビザンツ教会の正式な教義として認められることになったのである[16]．

パラマスは神を「本質（ウーシア $ουσια$）」と「働き（エネルゲイア $ενεργεια$）」

に分け,人間は神の「本質」を見ることは出来ないが,その「働き」は光として見ることが出来るとして,アトスの修道士たちを弁護した[17].その根拠は聖書の記述にあるが[18],注意していただきたいのは,「本質」ではないとしながらも,パラマスが現世において人間にも神が見えるとしている点である.イコノスタシスによって信者の目から隠された「至聖所」も,「神の国」につながる空間であった.そこに共通しているのは,「聖」と「俗」をつなげてしまう考え方である.

4 聖俗分離の意味

このような東方正教会の「聖」と「俗」をつなげてしまう考え方に対して,おなじキリスト教会でありながら12世紀にグレゴリウス改革(もしくは「教皇革命」)を経験したカトリック教会は,はっきりと「聖」と「俗」を分離するようになった[19].これがカトリック教会圏で「人間をコントロールするために」政治制度や法制度を「人間がつくらなければならない」という発想を可能にしたのである(逆に東方正教会圏には,この考え方がない).

なぜカトリック教会圏で「聖俗分離」が実現し,東方正教会圏で「聖俗分離」が実現しなかったということがまず問題になるが,これは「革新の12世紀」ということで説明できる[20].農業革命をはじめ,カトリック教会圏で大規模な変革を実現した「革新の12世紀」によって,カトリック教会圏の人々はアウグスチヌスの徹底した現世に対する悲観論(教会も含めて現世は腐敗しきっており,およそ価値の無い存在に過ぎない.望みは「最期の審判」のあとに登場してくることになっている「神の国」を待つだけ)に代えて,現世の「未来は明るい」と考えるようになったのである[21].現世に対する楽天主義を生み出した「革新の12世紀」が教会改革のエネルギーを生み出し(十字軍運動も,そんなエネルギーの成果である),それが世俗の支配者(皇帝や国王)から教会に対する支配権を奪い(「聖俗分離」は同時に「政教分離」も意味した),また各地に割拠する多くの領主を登場させて(農業革命による農業の飛躍的な生産性増大の成果である),武力を持

たない教会が世俗の支配者に対抗する上で不可欠な分権状態を生み出したのである．

　まず神学に大きな変化が現れた．「神の国」の到来を意味する「最期の審判」が間近に迫っていると考えられている間は，現世が関心の的になることは無かった．キリスト教徒の理想的な生き方は「現世を死に」，修道院に入って可能な限り罪を避ける生き方をしながら「最期の審判」を待つことであった（東方正教会では，いまでもこの考え方が生きている）．ところが「最期の審判」は一向に訪れず，さらに現世に対する楽天的な考え方が生まれてきて，カトリック教会圏では現世のあり方に関心が向けられることになった．

　この「現世主義」は，聖体論において象徴的に表れている．はたしてパンとブドウ酒は本当にキリストの体と血に変わるのか，変わるとしたらそれは何時かということは，キリスト教徒にとって大問題であった．どう見てもパンはパンのままであり，ブドウ酒はブドウ酒のままである．カトリック教会では，大論争の末に資格を認められた司祭が決められた言葉（「最後の晩餐」におけるキリストの言葉「これは私の体である」「これは私の血である」）を唱え，決められた奉献の動作をすれば，パンとブドウ酒は「変容 transubstantio」するとされた．パンとブドウ酒が本当にキリストの体と血に変わったかどうかは，もう人間が判断すべき問題ではないとしたのである．これは神の問題に対する人間の側からの判断停止であり，関心を現世に限定する態度表明である．それに対して東方正教会では，聖布を振って聖霊をパンとブドウ酒に呼び込み，見た目には何の変化もないパンとブドウ酒に神秘的な効果を持たせている[22]．

　こうした「現世主義」が「煉獄」の誕生を可能にした．告白を行った信者の魂が犯した罪に応じて，決められた期間「さしあたり」滞在する場所が「煉獄」である[23]．これは，もともとキリスト教には無かった考え方であった（東方正教会には，いまでも無い）．「最期の審判」で神がどんな判断を最終的に下すかは別にして，「さしあたり」司祭が信者の罪に応じて「煉獄」の滞在期間を決めることが出来ることになった．また司祭は，「さしあたり」信者が告白する罪に応じて罰を科し，「汝を許す」と宣告が出来るようになった．東方正教会の

司祭には，そんな恐れ多い権限はない．神の許しが得られるよう，信者と一緒に祈ってくれるだけである．

「現世主義」が「罪と罰」の問題に適用されると，現世で人間が犯す罪は現世で処理すべきであるとする考え方になる．どうなるか判らない「最期の審判」の「罪と罰」については，「さしあたり」判断を停止するのである．また，キリストの刑死はアダムの原罪を償うために必要であったが，個人が現世で犯す罪については，個人が自ら責任を負うべきであるとされるようになった．

こうした「新しい神学」はアンセルムス (1033-1109) に始まるが，またアンセルムスは，神が「慈悲 gratia」と称して個人の罪を勝手に軽減することに反対であった．それでは「正義 iustitia」が実現できなくなるからである．「正義」が行われなくなれば，それは「殺しのライセンス」ならぬ「悪のライセンス license to sin」を個人に認めることになり，秩序の維持が出来なくなるとアンセルムスは考えたのである[24]．

東方正教会では，キリストの刑死によって個人の罪も償われたとしており，関心の対象は死後の復活に向けられる．そこにアンセルムスのような「罪と罰」の「現世主義」はない．また現世で個人が犯す罪については，個人の責任を追及するという考え方も存在しない[25]．「罪を憎んで人は憎まず」である[26]．この考え方からは，現世において人間をコントロールするために政治制度や法制度をつくり，秩序を維持しなければならないという発想は生まれてこない．

この聖俗分離を完成させたのがルター (1483-1546) であった．すでにアンセルムスの同時代人であるアベラルドス（アベラール）(1079-1142) は，心に思っただけの「宗教的な罪 sin」と行為として目に見える形になった「犯罪 crime」を区別していた．なぜなら，人間の内心を窺い知ることが出来るのは神のみであり，人間は行為として現れたことしか知ることが出来ないからである．「宗教的な罪」を裁くのは，「最期の審判」において「神の法廷」で適用される「神の法」である．それとは別に，教会が組織として秩序を維持するために定めた「人の法」が教会にもあり，これについては「地上の法廷」である教会が裁きを下し，この場合は「宗教的な罪」と違って「罪の告白」は必要ないとさ

れた．ルターは，この考え方をさらに徹底させたのである．

11-12世紀の「教皇革命」で登場してきたのは，新しい「両剣論」であった．「両剣論」は教皇ゲラシウス1世（在位492-496）に始まるが，ゲラシウス1世が問題にしたのは，現世での生き方（皇帝の政権）と来世での運命（教皇の教権）の関係であった．ところが「教皇革命」後のカトリック教会は，現世における聖俗の関係を問題にしたのである（あくまで「現世主義」!）．カトリック教会は「聖なる剣（教会法によって来世での救済を左右する権限）」と「俗なる剣（教会法によって現世の問題を処理する権限）」の両方を，現世において持つとされるようになった[27]．ルターは，このカトリック教会の「両剣論」に代えて「両国論 two kingdoms theory」を主張したのである．

現世の教会は「地上の施設」に過ぎないというのがルターの考え方であった．来世における救済の有無は神が決めることであって，教会には来世での救済を左右する権限など無いとルターは主張したのである．「神の国」については，聖職者といえどもタッチすることは出来ないのである．聖職者も人間であり，「地上の国」の住人に過ぎないからである．また，「地上の国」で秩序維持を担当するのは教会ではなくて世俗の支配者であり，「地上の施設」に過ぎない教会も世俗の支配者に支配されるのである[28]．

徹底した人間性悪説を採るルターは，ある意味ではアウグスチヌスと似ており[29]，またルターの「両国論」は，ある意味でゲラシウスの「両剣論」を復活させたものと言える．ただルターがアウグスチヌスやゲラシウスと違っていたのは，あくまでも「地上の国」を問題にしたということである．「地上の国」を支配する世俗の支配者は，救いようのないほど堕落した人間を教会に代わって少しでも神の意思に沿わせるべく（神の意思は「十戒」に表明されていると考えた），法制度と政治制度を整え，支配を行うのである．

また，ルターはアベラルドスの「人間の内心を窺い知ることが出来るのは神のみである」という考え方を発展させて，「良心」を絶対化した．「人間の内心」は神と直結することになり，支配者といえども「人間の内心」に立ち入ることは許されず（信仰の自由，信条の自由，思想の自由），また「人間の内心」が交わ

した契約は神聖で絶対的なものとされ，契約の結果，発生してくる私的な所有権も神聖で絶対的なものとされることになった[30]．

5　ロシア・バルカン型政治とは何か

　2004年3月14日に実施された大統領選挙で，70パーセント以上の票を獲得してプーチンが圧勝した．プーチンに批判的なメディアが排除されたなかでの選挙で[31]，欧州安保協力機構の選挙監視団は公正な選挙ではなかったと批判している．また，選挙後の合同記者会見で対立候補たちは，票数の計算に誤魔化しがあったとか行政機関の露骨な妨害や圧力があったと批判しているが，プーチンがロシア人のあいだで高い支持を得ていることに変わりはない[32]．

　このことは，2003年12月7日に実施された議会選挙でも確認できる．このときの議会選挙では，政権党とされる「統一ロシア」が過半数を制し（プーチン自身は超党派的な態度を取っており，党員でない），これにプーチンを支持する「自由民主党」，「人民党」，「祖国」を加えると，議会でプーチン派は3分の2以上の多数派を形成することになって，現行の憲法で禁止されている3選に向けて憲法改正が可能になったとのことである．プーチンが2期目の終わる4年後に憲法改正をするかどうか興味を引くところだが，それはともかく，この議会選挙の結果がプーチンの人気ぶりを示していることに変わりはないであろう．

　2003年7月以来，問題になっていたホドルコフスキー事件の経過を見ても判るとおり，プーチンのやり方はソ連時代を思わせる強権的なものである[33]．しかし，それでプーチンの人気がさがっているわけではない．プーチンの強権体制も，また強権体制にも関わらず（あるいは強権体制ゆえに）プーチンが国民的な人気を博しているのも，「ロシア的（あるいは東方正教会的）」な現象と言える．

　エリツィン時代の混乱に乗じて不正利得を手に入れたのがホドルコフスキーであった[34]．エリツィン時代の混乱も「ロシア的（あるいは東方正教会的）」なら，このホドルコフスキーの不正利得も「ロシア的（あるいは東方正教会的）」

であり，またホドルコフスキーが政治的な野心を示して自分に対抗する勢力を形成しかねないと見るや，とたんに不正利得を口実に潰しにかかるプーチンのやり方も「ロシア的（あるいは東方正教会的）」である．

そもそも，エリツィンがプーチンを後継者に指名したのは「密室」においてであった．辞任を発表する 2 週間まえ，まず自宅でプーチンにそのことを伝え，さらにクレムリンの執務室で正式に権限委譲の手続きをして，プーチンは大統領代行に就任すると同時にエリツィンに刑事訴追免除などの特権を認める大統領令に署名したのである[35]．無名だったプーチンが大統領になれたのは，ひとえにエリツィンの引き立てがあったおかげである．首相に任命され，大統領代行に任命され，そのおかげで正式な大統領を選ぶ選挙にも勝利することが出来た．この「密室」の後継者指名も「ロシア的（あるいは，東方正教会的）」である．

東方正教会では，「聖体礼儀」が「至聖所」と呼ばれる「密室」で行われることは，すでに紹介したとおりである．カトリック教会と違って，信者は聖職者の行う大切な儀式を自分の目で確認することは出来ない．信者に見えないのを良いことに内部を掃除しないとか，儀式の最中に聖職者が私語を交わすことが問題になるそうだが[36]，来世の運命を決める大切な儀式のあり方を自分の目で確認することが出来ないことを当然視する者が，この「密室」での後継者指名に異議申し立てをしないのは当然であろう[37]．

エリツィン時代の混乱は，ロシア人の秩序感覚の無さからくると考えて良い．欧米型の資本主義体制は「自由」を前提にしているが[38]，この「自由」は決して無秩序を意味しない．秩序感覚ないしは秩序形成能力が前提になった上での「自由」である．ソ連が崩壊した後のロシアについて，さかんに「市民社会」の可能性が取り沙汰されたようだが[39]，欧米（あるいは，カトリック教会圏）に見られるように国家から自立し，国家に依存することなく秩序維持が出来る「市民社会」はロシアには存在しないと考えるべきであろう．「自由」がそのまま「無秩序」や「混乱」を意味するのが東方正教会圏なのである．ロシアに限らず，バルカン諸国でも同じ現象が指摘されている[40]．

したがってプーチンの強権体制は，エリツィン時代の混乱を収拾するために登場してきた当然の結果であったと考えるべきである．エリツィン時代の混乱を収拾するには，国家による上からの統制しか方法がないと言うべきである．つまり，プーチンの強権体制は一時的で例外的な現象ではなくて[41]，それしか選択肢がないということになる．秩序維持は，保安警察や軍による上からの統制しか方法がないのである[42]．今後のロシアでは，ソ連時代のような状況の再来が予想される[43]．また，すでにヨーロッパ連合に属しているギリシャをはじめ，これからヨーロッパ連合に加盟が予定されているバルカン諸国も東方正教会圏に属しており，おなじヨーロッパ連合に属するカトリック教会圏の国々と今後，様々な問題を引き起こすことが予想される．

6　おわりに

「教皇革命」で「聖俗分離（政教分離）」を実現したカトリック教会圏では，放置すれば何をしでかすか判らない性悪な人間（とくに注意を要するのが権力者である）をコントロールするために法制度や政治制度を整備し，秩序を維持することの必要性が認識されるようになった．現世から「聖なるもの」を排除した結果，現世の問題は現世で処理せざるをえなくなったのである．ところが「聖俗分離（政教分離）」がない東方正教会圏では，まず人間性悪説が生まれず，したがって人間をコントロールするために法制度や政治制度を整え，秩序を維持する必要性も認識されなかった．

　この東方正教会圏の問題は，じつは我々の問題でもあることを忘れてはいけない．我々がロシアを論じる場合，われわれはよく自分を欧米の立場に置いて議論するが[44]，これはロシアに関する情報が欧米経由だからであろう（バルカン諸国に至っては，そんな情報すら入ってこない）．しかし，「聖俗分離（政教分離）」が無いということでは，ロシアの方がカトリック教会圏より我々に近いということを忘れるべきではない．遠藤周作はカトリック教徒であることと日本人であることの矛盾に悩み，またそれをテーマに小説を書いてきた小説家だが，彼

が言うように，おなじキリスト教でもカトリック教会より東方正教会の方が「我々の感覚にまだしも合っているキリスト教」なのである[45]．

　しかし，それでも我々はキリスト教徒でなく彼らはキリスト教徒なのである．その違いは何を意味するのか．従来の日本論は，カトリック教会圏との比較で論じられてきた．その違いは「聖俗分離（政教分離）」の有無が原因なのか，それともキリスト教徒であるか否かが原因なのかが区別されないまま論じられてきた．この日欧比較論にもうひとつ，東方正教会圏を加えると違いの意味が明確になってくるはずである．「聖俗分離（政教分離）」がないということでは，我々はロシア人と同じであり，キリスト教徒であるということでは，ロシア人は欧米人とおなじである．では何が我々と欧米人に共通しているのか．欧米と日本の共通点として封建制度を挙げる者がいるが（しかも，その論拠にフランス人の歴史家であるマルク・ブロックを引用する！），これもバーマンは根拠のないこととして批判している[46]．もし欧米人と我々のあいだに何か共通点があるとすれば，それは何なのか．「聖俗分離（政教分離）」を知らないにも関わらず，「聖俗分離（政教分離）」を原則とする彼らと共通点を持つ理由は何なのか，そんな視点からなら，これまで見えなかったものが見えてくるはずである[47]．

1) イコノスタシスの正面図は，イコノスタシス関連の様々な文献に紹介されているが，ここでは旧版 *New Catholic Encyclopedia* に掲載されている項目 'ICON' の解説にある正面図を借用した（個々のイコンについて説明するために付された番号と記号は必要ないので省略した）．なお，この項目の解説はウスペンスキーが執筆しているが，イコノスタシスは，まずロシアに登場してきて，それがギリシャのアトス山を経由してバルカン諸国に広まっていったとするウスペンスキーの説明は，最近，根拠のないものとされている．イコノスタシスの起源はビザンツ教会にあって，ロシアはただ，それを発展させただけだというのである．また，バルカン諸国のイコノスタシスはロシアからの影響で造られるようになったのではなく，ビザンツ教会から影響を受けて独自の発展を遂げたものであるとされている．1996年にモスクワにある東方正教会文化研究センターで，アメリカとロシアの研究者によって開催された国際会議の報告を集めた，つぎの論文集を参照．Лидов, 2000: 23-26

2) 従来，利用されることがなかった史料の存在（たとえば，6～10世紀の教皇伝

Liber Pontificalis）がリドフによって指摘されている．Лидов, 2000 : 19-20.
3) イエスの「最後の晩餐」を模したこの儀式は，もともと「感謝の祭儀」を意味していた．イエスが「最後の晩餐」でパンとブドウ酒を使徒たちに与えたときに，まず神に「感謝」したことから，「感謝」を意味するギリシャ語の「エウカリスティア ευχαριστια」が各国語で儀式名として使われている．儀式の起源と意味については，Jungman, 1967＝1997 : 45-67 を参照．
4) 注 1 ）を参照．
5) Jungman, 1967＝1997 : 134-135．ただし東方正教会では，あいかわらず「木の食卓」が祭壇（東方正教会では「宝座」）として使われているようである（なお，「宝座」については「2　イコノスタシスの神学的意味」を参照）．高橋 1985 : 35.
6) Walter, 1995 : 95．ただし，細部の問題（たとえば，どのようなイコンがいつ，どこに飾られるようになったかといったこと）になると，研究者のあいだで意見の対立が見られるそうである．そのひとつが用語の意味をめぐるもので，この論文は用語の意味を確定するために書かれた．
7) この 2 つの図は，つぎの論文から借用した．いずれも発掘遺跡からの想像図である．Лазарев, 1967 : 168-169.
8) *Seven Seas*, 1997 : 29．なお，この形をしたイコノスタシスは聖デミトリオス教会に限られない．たまたま手元に写真があったので，これを例として挙げたまでである．
9) Лидов, 2000 : 23.
10) 高橋，1992 : 79-119 の第 3 章「場所の神学」と，高橋，1985 : 17-40 の第 1 章「ギリシャ正教の聖堂建築」によった．平面図は，高橋，1985 : 34 に掲載されている図を借用したが，おなじ図が高橋，1992 : 94 にも掲載されている．なお平面図では，「イコノスタシス」が「イコノスタス」となっているが，前者はギリシャ語表記（英語はギリシャ語表記に従っている），後者はロシア語表記である（ドイツ語やフランス語はロシア語表記に従っている）．この論文ではギリシャ語表記に従った．
11) Thon, 1986 : 202.
12) Taft, 1992 : 29．それまで儀式は，すべて教会の外で行われていたそうである．
13) Cheremeteff, 1990 : 113, Mathews, 1982 : 125-126.
14) Лидов, 2000 : 18-20.
15) モーゼが神から「十戒」を授かったシナイ山の麓に，それを記念して建てられた聖カテリーナ修道院があるが，そこで 4 世紀にこの考え方が根付いていたという（*Oxford Dictionary of Byzantium* : 923）．興味深いのは，その代表的な主張者ヨハンネス・クリマコスが書いた『天国への階段』がカトリック教会圏では読まれずに東方正教会圏で広く読まれ（Climacus : 1），それを絵画化したものが，この修道院

から東方正教会圏に広まっていったという事実である．とくにルーマニアのモルドバ地方にあるフレスコ画（ボロネッツ修道院）が有名だが，神が人間（キリスト）になって「この世」に降りてきたからには，どこかに階段があるはずで，それを使えば生きた人間も天国に行くことが出来るというわけである．なお，「天国への階段」というアイデアそのものは，『創世記』（28-12）に登場してくるヤコブの夢が根拠になっている．

16) 修行の方法については，大森 2000：6-7を参照．「カトリック教会的な立場」とは，「神は諸事物によってのみ知られる」とか「われわれは知性，理性を駆使することによって，十全に神を知る」とかいったバルラーム（Barlaam of Calabria）の言葉（大森，2000：22-23），あるいは「今でいう自然科学的知識の獲得」と大森が指摘しているバルラームの言葉を指す（大森，2000：298）．それが，なぜ「カトリック教会的」であるかについては，「4 聖俗分離の意味」を参照．

17) 大森，2000：20-21．なお，パラマスについては同書が詳しい．

18) キリストの弟子たちがタボル山で見たというキリストの光り輝く姿（マタイによる福音書：17-1，マルコによる福音書：9-3，ルカによる福音書：9-29）や詩篇103(104)-2の「外套のように光で身を包む方」という表現，あるいはモーゼがシナイ山で「十戒」を神から授かるときに見たという「燃える茨」（出エジプト記：3-2，3）．

19) 東方正教会とカトリック教会の違いは，「西の原罪説」と「東の性善説」を対比させた高橋の説明が判りやすい（高橋，1980：78-80）．これを，グレゴリウス改革によって聖俗分離を果たしたカトリック教会の教義と，グレゴリウス改革を経験せず，したがって聖俗分離を知らない東方正教会の教義の違いとして説明したのがBerman，1983である（彼はグレゴリウス改革を「教皇革命」と呼ぶ）．以下，「4 聖俗分離の意味」は，もっぱら同書（とくに，その第4章）に依拠している．なお，宮島による同書の紹介論文がある．参照されたい（宮島 2004）．

20) 堀米，1976．ただし，この本は副題で「西欧精神の探求」を唱いながら，「西欧精神」の根幹をなすはずのキリスト教の教義は無視したままである．

21) Berman，1983：112．バーマンは，'a new future'，'history as moving forward in stages, culminating in their own time' といった言葉を使っている．この楽天主義には，人間が「この世」のあり方を変えることが出来るという自信も含まれている．なお，バーマンは「革新の12世紀」について詳しい説明はしていない．サザーン（R. W. Southern）を引用して「いま経済学者が低開発国（underdeveloped countries）に期待してやまないような発展」がカトリック教会圏で11世紀末に始まったことを指摘しているだけである．Berman，1983：101．

22) Berman，1983：171-174．なお，アトスが世界遺産に指定されたことを記念して作成され，2003年2月8日に放映されたNHKスペシャル「ギリシャ正教：秘めら

れた聖地アトス」では，従来，信者の目から隠されていたイコノスタシスの内部で行われる「聖体礼儀」の様子が映像で紹介されている．

23) 煉獄誕生に至る歴史については，ジャック・ルゴフのつぎの著書が詳しい．Le Goff 1981＝1988．なお，ジャック・ルゴフは金利が禁止されていたキリスト教の教義を「避ける（あるいは，ごまかす）」ためということで「煉獄」誕生を説明しているが（Le Goff 1986＝1988），バーマンは教会法で「正当な金利 a lawful charge of for the loan of money」が禁止されていた事実はないとしている．Berman, 1983：249．
24) Berman, 1983：179．
25) 高橋保行は，これを「東の性善説」と呼ぶ．注19)を参照．
26) バーマンがモスクワの教会で司祭から聞いた言葉として紹介している．《We must hate the sin, but not the sinner》. Berman, 1993：360．
27) Berman, 1983：521．
28) Berman, 2003：6, 40．なお，『法と革命Ⅱ』と題されたこの本は，20年前に出版された『法と革命』の続編であり，「欧米の法制度に宗教改革が与えた影響」という副題が示すとおり，ルターがドイツ（および欧米）の法制度に及ぼした影響とカルバンがイギリス（および欧米）の法制度に及ぼした影響を詳しく論じている．
29) バーマンによれば，ルターの主張はアウグスチヌスに理解できたはずだということである．Berman, 2003：40．
30) Berman, 1983：30．自由は「私的な財産権」によって保障されるとするリチャード・パイプスは，しかしながら「私的な財産権」が絶対化されることになった理由を説明できないでいる．Pipes, 1999．
31) メディアのなかでも，とくに重要な意味を持つテレビは，2001年4月にNTV，2002年1月にTV-6，2003年6月にTVSと，独立系でプーチンに批判的なテレビ局がつぎつぎと国営化され，批判的な報道を停止した．
32) Pipes, 2004．ただし，この論説の根拠とされている世論調査機関のうち，すくなくとも国営の全ロシア世論調査センターは，チェチェン戦争が28パーセントの支持率しかないことを公表したあとプーチンの不興を買い，2003年8月にセンター長が更迭されてからは政府に都合の悪い調査結果を公表しなくなっている．2003年9月30日付け『ジャパン・タイムズ』紙に転載されている『ワシントン・ポスト』紙の記事を参照．
33) ホドルコフスキー事件について日本では，『ジャパン・タイムズ』が比較的，詳しく報じている．2003年7月5日と7月6日のホドルコフスキーの召喚と尋問を報じた『ワシントン・ポスト』の記事の転載に始まり，14日，16日，24日，25日のホドルコフスキーが社長をしていた石油会社ユーコスの強制捜査に関する記事，さらにホドルコフスキーの逮捕を報じた10月27日以降は，逮捕が意味することをめぐっ

て11月1日，3日，6日，7日，10日，13日，16日，24日，29日，30日，12月2日と，連日にわたって『ロサンジェルス・タイムズ』や『ワシントン・ポスト』などからの転載記事が掲載されている．12月5日に起訴状に関する記事が掲載されて以降は関心が12月7日の議会選挙に移ったようで，ホドルコフスキー問題は紙面に登場していない．なお，世界の国々の「自由度」を監視，報告しているNPOのFreedom Houseによれば，2000年3月に正式に大統領に選ばれて以来，プーチン政権は高官の25パーセント以上が保安警察や軍関係者によって占められているとのことである．Freedom in the World 2004 : Russia (http://www.freedomhouse.org/)

34) Goldman, 2003 = 2003 : 256-262.
35) Sakwa, 2004 : 23-24.
36) Успенский, 1963 : 225.
37) 辛辣な調子のつぎの論文を参照．Lilia Shevtsova, 'From Yeltsin to Putin : the Evolution of Presidential Power', Brown, Shevtsova, 2001 : 67-111．もっとも，近著で展開されている議論は，プーチンに対して相当に好意的である．まさか脅迫されて自己規制したので無いとは思うが……Shevtsova, 2004.
38) 「財産なくして自由なし」ということで，ロシアに自由がない理由を私有財産の不在に求め，イギリスにおける自由の登場を私有財産の存在に求めるのも一つのアイデアだが（Pipes, 1999），問題はロシアの皇帝に簡単に出来たことが，なぜスチュアート朝の絶対君主には出来なかったのかということである．歴史的な経験の違いだけで説明するのには無理がある．バーマンのように，宗教の違いに注目すべきであろう．注30)も参照．
39) たとえば，Marsh, Gvosdev, 2002.
40) Kaplan, 1993 = 1996．ただし，カプランはウイーン（あるいはオーストリア）とザグレブ（あるいはクロアチア）も「バルカン」に含めている．両国はカトリック教会圏に属しており，この問題をどう考えるべきか今のところ判らない．今後の課題である．また，ソ連型の社会主義体制がカトリック教会圏のポーランド，チェコスロバキア，ハンガリーや，プロテスタント教会圏の東独に受け入れられなかった理由，またギリシャ人がEUに属しながらソ連型の社会主義を好む理由を東方正教会に特有の平等主義に求めている論者もいる．Clark, 2004 : 186.
41) Barany, Moser, 2001, Marsh, Gvosdev, 2002に収録されている論文は，いずれもこの「一時的で例外的」という立場で議論しており，またSakwa, 2004も同じである．いずれも，宗教の違いを無視した議論と言わざるをえない．Petro, 1995に至っては，およそロシアと欧米の違いを無視した議論を展開している．たとえば，「動乱」期後に登場してきたロマノフ王朝の初代ツァーリであるミハイル・ロマノフと，その兄の総主教フィラレートの対立を，カトリック教会圏で「聖俗分離（政教分離）」を実現した「教皇革命」の立役者である教皇グレゴリウス7世と皇帝ハ

インリヒ4世の対立と同じであるとしているが（Petro, 1995: 64），バーマンの議論を知る者としては馬鹿馬鹿しいとしか言いようがない．宗教の違いということでは，David Bethea, 'Florensky and Dante : Revelation, Orthodoxy and Non- Euclidean Space' がダンテに見られるカトリック教会の三部構成の神学（天国，煉獄，地獄）をロシア正教会（つまりは，東方正教会）の二部構成の神学（天国と地獄の二者択一，善と悪の二者択一，自己犠牲の有無という二者択一）と対比させて論じている（Kornblatt, Gustafson, 1996: 119-120）．

42) 注31)で紹介したFreedom Houseによる報告を参照．
43) 内村，1980はソ連時代の話だが，その内容は表題どおり「ロシア無頼」である．
44) 白石，1997や米原，1996は，ロシア人の迷信や魔術を批判するが，我々も迷信や魔術を大切にしていることでは同じである．ただ我々はキリスト教徒でないので，それが違った形で現れているだけである．
45) 遠藤，1997: 125-126.
46) Berman, 1983: 541-543. バーマンは西欧の封建制度を日本とロシアの封建制度に対比させて，両者の違いに注目すべきだとしている．つまり，日本は西欧と似ているのではなくてロシアと似ているというのである．日本でマルク・ブロックがよく読まれ，バーマンが無視されてきた理由は，こんなところにあるのかもしれない．
47) 従来，研究テーマとして相応しくないということで無視されてきたのだろうが，たとえば排泄物に対する感覚の違いは，その良い例ではないか．トイレの清潔さということでは，我々はカトリック教会圏と共通しており，東方正教会圏とは違いが際立っている．その相似と差異の原因は何なのか．椎名，1987を参照．

参 考 文 献

内村剛介，1980，『ロシア無頼』高木書房．
遠藤周作，1997，『私にとって神とは』光文社．
大森正樹，2000，『エネルゲイアと光の神学―グレゴリオス・パラマス研究―』創文社．
椎名誠，1987，『ロシアにおけるニタリエフの便座について』新潮文庫．
白石治郎，1997，『ロシアの神々と民間信仰―ロシア宗教社会史序説―』彩流社．
高橋保行，1980，『ギリシャ正教』講談社学術文庫．
―――，1985，『教会建築』日本キリスト教団出版局．
―――，1992，『イコンのこころ』春秋社．
堀米庸三，1976，『西欧精神の探求―革新の十二世紀―』日本放送出版協会．
宮島直機，2004，「紹介．ハロルド・バーマン『法と革命：法制度における欧米的な伝統とは何か』」『法学新報』110（9/10）．
米原万里，1996，『魔女の1ダース―正義と常識に冷や水を浴びせる13章』新潮文庫．

Seven Seas, 1997年11月号「ギリシャ・ビザンチンの光耀」アルク.
Barany, Z., Moser, R. eds. 2001, *Russian Politics: Challenges of Democratization*, Cambridge U. P.
Berman, Harold, 1983, *Law and Revolution : The Formation of the Western Legal Tradition*, Harvard University Press.
―――, 1993, *Faith and Order : The Reconciliation of Law and Religion*, Scholars Press for Emory University.
―――, 2003, *Law and Revolution II : The Impact of the Protestant Reformations on the Western Legal Tradition*, Harvard U. P.
Brown, A., Shevtsova, L. eds. 2001, *Gorbachev, Yeltsin and Putin : Political Leadership in Russia's Transition*, Carnegie Endowment for International Peace.
Brzeziski, Z., Huntington, S., 1987, *Political Power : USA/USSR*, The Viking Press.
Cheremeteff, Maria, 1990, "The Transformation of the Russian Sanctuary Barrier and the Role of Theophanes the Greek", A. Leong ed., *The Millennium : Christianity and Russia (AD 988-1988)*, St Vladimir's Seminary Press.
Clark, Victoria, 2000, *Why Angels Fall : A Journey through Orthodox Europe from Byzantium to Kosovo*, Macmillan.
Climacus, John (Introduction by Kallistos Ware), 1982, *The Ladder of Divine Ascent*, Paulist Press.
Goldman, Marshall, 2003, *The Piratization of Russia : Russian Reform Gos Away*, Rout-Ledge（＝2003, 鈴木博信『強奪されたロシア経済』NHK出版).
Jungman, Josef, 1967, *Liturgie der Christlichen Früeit bis auf Gregor den Großen*, Universitätverlag Freiburg（＝1997, 石井祥裕『古代キリスト教典礼史』平凡社).
Kaplan, Robert, 1993, *Balkan Ghosts : A Journey through History*, St. Marin's Press（＝1996, 宮島直機, 門田美鈴『バルカンの亡霊たち』NTT出版).
Kornblatt, J., Gustafson, R., eds. 1996, *Russian Religious Thought*, The University of Wisconsin Press.
Le Goff, Jacques, 1981, *La naissance du purgatoire*, Gallimard（＝1988, 渡辺香根夫, 内田洋『煉獄の誕生』法政大学出版局).
―――, 1986, *La bourse et la vie : L'economie et la religion au Moyen Age*, Hachette（＝1989, 渡辺香根夫『中世の高利貸』法政大学出版局).
Marsh, Ch., Gvosdev, N. eds. 2002, *Civil Society and the Search for Justice in Russia*, Lexington Books.
Mathews, Thomas, 1982, " 'Private' Liturgy in Byzantine Architecture : Toward a Reappraisal", *Cahiers archélogiques*, 30 (1982).
New Catholic Encyclopedia, 1967, vol. 7, McGraw-Hill.

Oxford Dictionary of Byzantium, 1991, vol. 2, Oxford U. P.

Petro, Nikolai, 1995, *The Rebirth of Russian Democacy : An Interpretation of Political Culture*, Harvard U. P.

Pipes, Richard, 1999, *Property and Freedom : The Story of how through the Centuries Private Ownership has pomoted Liberty and the Rule of Law*, Alfred A. Knopf.

―――, 2004, "Flight from Freedom : What Russians Think and Want", *Foreign Affairs*, vol. 83, no. 3.

Sakwa, Richard, 2004, *Putin : Russia's Choice*, Routledge.

Shevtsova, Lilia, 2004, *Putin's Russia,* Carnegie Endowment for International Peace.

Taft, Robert. 1992, The *Byzantine Rite : A Short History*, The Liturgical Press.

Thon, Nikolaus, 1986, „Zur Entwicklungsgeschichte der Ikonostase und ihrer theologischen Fundierung", *Zeitschrift für ostkirchlichen Kunst*, Bd. 2.

Walter, Christopher, 1995, "The Byzantine Sanctuary―A Word List", *Литургия, архитектура и искусство византийскоо мира*, Санкт-Петербург.

Лазарев, В. Н., 1967, « Три фрагмента расписных эпистилиев и византийский темплон », *Виантийкий временник*, Т. 27.

Лидов, А. М., 2000, *Иконостас : Происхождение-Развитие-Симболика*, Прогрес-Тра-Дипия (Москва).

Успенский, Л. А., 1963, « Вопрос иконостаса », *Вестник Русского Западно-европеи-ского Патриаршего Экзархата*, Т. 44.

3章 「体制移行論」再考
―― スペイン・モデルによせて ――

若 松 隆

序――問題の所在

　1970年代以降に，南欧と南米に存在していた多くの軍事的独裁体制が民政移管したことは，独裁から自由民主主義への転換の過程として政治学的に注目された．シュミッター／オドンネル（Ph. Schmitter/G. O'Donnell）による「移行政治」（Transition Politics）の理論化を手始めに，その後，様々な移行モデルが提起されたが，これらの研究のほとんどは自由化・民主化を媒介とする体制移行の実現過程に焦点を当て，独裁から自由民主主義へ至る政治的断絶を強調するものであった．もちろん，独裁から自由民主主義への変革過程は歴史的に重要な意味をもち，政治学的な解明を要する研究対象であるが，反面，この「移行政治」の影に隠れがちになってしまう政治的継続性にも注意を払う必要があろう．したがって本稿では，体制間移行の断絶的側面に対比されたかたちで，その連続的側面に着目し，それを専ら官僚制，なかでも上級国家官僚の政治的あり方と，それが体制移行期において果した役割のなかに探ろうというのが，研究の中心課題となる．表面上の大きな政治的断絶にもかかわらず，なぜスペインにおいては比較的平穏の裡に体制移行が可能となったのかを，政治的継続性の存在のなかに見いだそうというのが本論文の主題となる．実際，ここで問題とするスペインの上級国家官僚に関していえば，体制移行の間，フランコ時代と同じ官僚群が大臣から局長などの上級ポストを多く占めていたことが知られている[1]．俗に「法から法へ」，つまりフランコ時代の法を利用することによ

って独裁体制を合法的に解体するという法的手法は夙に指摘されているが，法の執行主体である上級国家官僚群が同時にそれを実現する実体でもあったという事実は，意外と見落とされがちである．その意味では，フランコ体制内の有力な政治的＝行政的集団が体制移行の過程で政治的変革の主体となりつつも，新しい自由民主主義体制の下でも支配的集団としての地位を確保し，もって政治権力構造の大変動を防止することができたのだ，ということができる．フランコ死後の移行政治は，このように「体制内変革」としての面を多大に有していたのである．

ともかくも，このような視点から，スペインの移行政治を中心軸にして，スペイン現代政治における上級国家官僚層の特徴とその政治的機能に関して論述を進めることにしよう．

1 現代スペインの官僚制

現代スペインにおける官僚制の研究で有名なベルトラン (M. Beltrán) は，その著書のなかで，「わが国では行政と政治は極めて近接した二つの領域であり，両者の間には不断の人的交流が存在する．そしてそれは行政の表向きの非政治化と，政治的役職任命の対象となりうる上級官僚層の面々における実際上の政治化とを予想させる．すなわち，官僚制は政治家を調達するための格好の分野であり，かくして行政部は政治的エリート選抜のパイプとしての機能を果すことになるのであり，それは官僚が政府の政治的役職を占めることと，国会（コルテス）の議員を務めることとの両面からなっている」[2]と言っている．ここで言う政府の政治的役職とは，中央省庁の大臣，次官，局長，およびそれと同等の役職を指している．フランコ時代における官僚の政治的役職占有率を見てみると，ベルトランが明らかにしているように高い比率を示しており，たとえば1965年には約9割，71年には7割強の数値に達していた[3]．

他方，国会（コルテス）における状況に目を転じると，1966年における国会（コルテス）議員（Procuradores）のうち142名が中央省庁の文民官僚であり，議

員総数の24%を占めていた．このパーセンテージは以後，増加傾向をたどり，69年には162名（29%），71年には172名（33%）に達した[4]．もちろん，独裁体制下における国会（コルテス）には真の意味での立法機能が備わっていなかったが，体制支持勢力間の権力配置を一定程度表示する機能は果していたといえる．1966年に制定された国家組織法に基づき，各県から2名の家族代表議員が唯一直接選挙で選出されることになったが，その総定数は108名で全体の約20%を占めるにすぎず，組合代表議員の数が150名であることを考えれば，国会（コルテス）における国民の直接的代表権がいかに制限的であったかが分かる[5]．

また政府，国会（コルテス）と並んで政治制度の重要な一翼を担った機関として「国民運動」（Movimiento Nacional）の存在が挙げられるが，フランコ時代の合法的単一政党であったこの組織を統轄した全国評議会の構成員のうち，1973年9月の時点で14名が中央省庁の文官であり，これは全体の35%を意味していた[6]．フランコ体制のイデオロギー的教化部門と労働者統制部門とを支配してきた国民運動とその全国評議会は，フランコ時代後期に至り次第にその内実が失われ，官僚層の浸透と裏腹にイデオロギー的統制機能の後退に見まわれるのである．

そもそも現代スペインの官僚制は，専門・職能別の小集団（Cuerpos）が組織的基礎単位となり，各省庁は普通，複数の専門的小集団から構成されている．スペインでは，この専門小集団を超えて公行政全体を統轄する組織体が存在しないため，この専門小集団が半ば自治的な行動主体として組織的自己防衛を行ない，時には組織的権限の拡大を目指して，他の専門小集団と張り合うことにもなるのである．公行政の全体的利益に導かれるのではなく，専門小集団の自己利益追求を第一義的な行動規範とするこのスペインの官僚制度は，専門小集団間の競合と角逐によって，結果的には現状維持に行きつき，官僚制全体のある種の安定性を生みだすことになるのである[7]．複数の権力主体の分立と，その権力主体相互間の対立と協調とが体制安定の基底要因となっているフランコ体制とこの官僚制とは，不思議な符合を見せているのであるが，この事実が意

味するところは，行論の過程で次第に明らかになるであろう．

ところでベルトランによれば，上級官僚とは，まず，(1)上級機関 (cuerpo de titulación superior) に所属し，また，(2)任地がマドリードであるような官僚層を指しているという[8]．行政活動を4段階に分けた場合，(a)指令・研究・助言・指導，(b)協働・運用・中間管理，(c)補助的活動，(d)単純作業・現業職，に大別されうるが，上級官僚は当然，最初の活動領域を担当し，高等教育修了を必須の資格要件としている[9]．

そこで次に，1960年代のフランコ体制のなかで，このような上級官僚が中央省庁ごとに，どのように配置されているのかを見てみよう[10]．(表1, 参照)

しかし，この表からは官僚制のなかでの実際的な権力関係を読み取ることはできない．この権力関係を根底から規定しているのは専門小集団であり，なか

表1 中央省庁の人的構成

省　庁	専門集団 (cuerpo) 数	官僚実数
内　閣　府 (Presidencia del Gobierno)	6	3,239
外　務　省	2	493
法　務　省	10	4,390
大　蔵　省	14	2,613
内　務　省	8	1,289
公共事業省	3	1,795
文部科学省	14	6,515
労　働　省	3	540
産　業　省	3	881
農　務　省	3	782
商　務　省	3	245
情報観光省	4	129
住　宅　省	2	74
合　計	75	22,985

(A. Gutiérrez Reñón, Estructura de la burocracia española, en REOP, No. 3 (1966) pp. 17-20)

でもその機能の重要性により高い威信を有する特定の小集団群が官僚制全体に影響力を行使し，階統制的な権力構造を形成しているのである．バエナ・デル・アルカーサル（M. Baena del Alcázar）は，これら特権的専門小集団の具体例として，行政専門官（Técnicos de Administración Civil）〔現在，上級行政官（Administradores Superiores）〕，外交官，裁判官，大蔵省諸監査官，国政弁護人（Abogados del Estado），道路・運河・湾港設計技官，大学教授，労働監査官，産業設計技官，鉱山開発技官，国家通商専門官〔現在，国家経済通商専門官〕などを挙げている[11]．かれはこれらをエリート専門小集団と規定し，他の専門小集団とは判然と区別されうる存在であると述べている[12]．そして，これら特権的な専門小集団の権能がその自律的意思決定力によって計測されうるのだとすれば，その頂点に立つのは大蔵省下の専門小集団であるといわれている[13]．

　加えてここで注目すべきは，スペインのエリート官僚の65％が上層階級の出身であり，わずか6％のみが下層（modesto）階級出身であるという事実である．ベルトランは，イタリアにおいては，その比率がそれぞれ約25％と約45％であると述べ，イタリアと比べた場合，スペインの官僚制がよりエリート主義的で閉鎖的な性格を有していると主張している[14]．またスペイン・エリート官僚の宗教心の強さが指摘されている点も重要である[15]．

　他方，これらのエリート官僚層を頂点とし階統制的ピラミッド構造をなしている国家行政官僚制度に対して，軍人およびファランヘ党員（党のシンボルカラーから「青」と俗称される）からなる別種の官僚制度が，有力な政治主体として拮抗しているのがフランコ体制の特徴であった．一般に全体主義国家においては，政治権力は単一の政党によって独占され，党と国家機関の並存関係が出現する．党はその支配権を国家全体に及ぼそうとして，国家機関を自己の膝下に組み敷こうとするのである．全体主義の典型例であるナチス支配の場合，既存の官僚制と並立するかたちで党の官僚機構が形成され，互いに競合・対立する関係が生みだされた．フランコ体制が全体主義か，「権威主義」か，はたまたファシズムかはまず措くとして，1939年から75年まで続いたこの独裁体制下で，軍の官僚制と単一政党＝「国民運動」のそれとが独自の役割を果したことは，

周知の事実である．

　まず軍官僚制自体はフランコ体制成立以前から存在した伝統的国家内機関であり，文民官僚制との間に截然たる組織的・機能的区別を有していたが，フランコ時代に一定数の軍人が軍本来の専管領域を超えて文民官僚の守備範囲に侵入する事態が生じた．その具体的な事例を挙げれば，ムニョス・グランデス国民運動事務局長（1939-40年），アラルコン産業通商相（1939-40年），ガラルサ・モランテ内相（1941-42年），ベイグベデール外相（1939-40年），ゴメス・ホルダーナ外相（1942-44年），スアンセス産業相（1945-51年に数回），プラネール産業相（1951-62年），ビゴン公共事業相（1957-65年），それにムニョス・グランデス副首相（1962-67年），カレーロ・ブランコ副首相（1967-73年），同首相（1973年）などが加わる（以上，陸・海・空3軍の大臣を除く）．また大臣の輩出を軍隊の部門別に見ると，歩兵部隊17人，砲兵部隊4人，騎兵部隊2人，工兵部隊2人，海軍7人，海軍技術将校1人となっている[16]．スペイン軍の将校に技術官僚的能力を求める伝統がなかったことを考えると，政治色の強い人事であったといえよう．とはいえ，軍官僚制と文民官僚制の制度的分割は永い歴史のなかで既に確定されており，軍人が個別に文民官僚制内に入り込んだとしても，それはあくまでも例外的事例として認知されていたのである[17]．

　むしろ問題なのはフランコ独裁下で単一政党となった「国民運動」なのであり，なかでもその実質的支配権を握ったファランヘ党の動きであった．内戦中，フランコ反乱軍陣営を支える重要な民間政治勢力であったファランヘ党はナチスの思想的影響を強く受け，1945年にドイツの敗戦によってナチス体制が崩壊した後も，フランコ体制の延命によりファシスト的性格を維持した．具体的には，「国民運動」組織と「垂直組合」(Sindicato Vertical) を拠点として，ファランヘ党のイデオロギーに則った新国家を建設しようとしたのである．しかし，限定されてはいたが複数の権力構成集団からなるフランコ独裁体制は，特定の体系的な統一イデオロギーを保有しておらず，ある一集団の教義が支配権を振るおうとするときには，他の集団が強く反発したのである[18]．したがって，フランコ体制においては，イデオロギーの競合と角逐が必然的に生みだす政治

化とそれによる体制の動揺を極度に忌避しようとする傾向が強く，体制支持勢力のなかでもっとも「革新」的であったファランヘ党は，体制内で警戒の対象となり，影響力を拡大しようという試みは常に蹉跌せざるをえなかったのである[19]．フランコ体制の一面を画す「政治」に対するこのような嫌悪感は，「専門家，官僚，技術者のような，人民から信任されてもいないのに，自己に課せられた手段としての機能を果すにとどまらず，政治家個有の地位を占める人たちによって埋められてしまうことになる空間を作りだした」[20]のである．言いかえれば，フランコ時代の政府の基本的性格は官僚＝大臣として定義することができ，政治の場に官僚的メンタリティとスタイルを持ち込むことになったのである．また官僚＝大臣は，外部からの影響を受けずに，定められた政策目標を確実に達成することができるので，その意味では効率的である，との評価もされている[21]．

2　新旧官僚制とフランコ政治

　このような観点からフランコ体制の発展を後づけてみると，内戦終了後，10年以上たった1950年代から，体制の法制度的な整備が一段と進展し始めた事実に目が止まる．まず官僚制のみならず行政活動一般に関しては，1956年に行政権限法（Ley de la Jurisdicción Contencioso-Administrativa）が制定され，その後60年代の法制度改革を先導することになった．この法制度改革を通してフランコ時代の行政改革を推進する主体となったのは，マドリード大学法学部行政法の教授，L. ロペス・ロドーであった．彼を中心とするカトリック系世俗団体「オプス・デイ」（Opus Dei）のメンバーは，1957年2月の大幅な内閣改造によって初めて参閣したが，以後，ファランヘ党支持勢力と反ファランヘ党勢力との間の政治的対立のなかで，前者の「政治色」を嫌う後者によって協力相手と見なされ，急速にその政治的影響力を強めていった．そもそもオプス・デイという組織は各界のエリート層を集めた半閉鎖的な団体であり，組織形成者J. M.ªエスクリバー神父の教理は非政治的な経済発展至上主義に貫かれていた．オプ

ス・デイのメンバーのなかで高い専門知識と技術を身につけた者たちは，単なる行政官僚ではなく専門性によって特徴づけられた「技術官僚」（テクノクラート）として，政策立案，政策運営・執行に携わることになったのである．つまりここに，非政治主義を標榜してはいるが実際上は政治的行動主体であるオプス・デイと，建前上は非政治主義を唱えながらも容易に政治化する傾向をもつ上級官僚とが，相互に浸透していく構図が見てとれるのである．もちろん，このような「官僚主導体制」に対してファランヘ党は強く反発し，たとえばロペス・ロドーが中心となって策定した経済発展計画に対して，「政府の一部局の純粋にテクノクラート的な意思を表わす」ものであり，「啓蒙専制主義」に陥りかねないと批判した[22]．

オプス・デイの官僚的エリート主義に対してファランヘ党は民衆的立場を強調したのであるが，ファランヘ党自体も国民運動や労働組合組織（Organización Sindical）などの国家機関を通して，民衆を統制する官僚組織に他ならなかった．バルフォア（S. Balfour）はファランヘ党支配下の労働組合組織の歴史的発展を，①ナショナル・サンディカリスト期（1939-41年），②コーポラティスト・官僚化期（1941-57年），③大衆迎合政治（populist）期（1957-69年），④縮小・改革期（1970-76年）の4期に分けているが[23]，第2期と第3期の境目である1957年にオプス・デイの2名が初めて政権に参加したという事実は象徴的な意味をもつ．それはまさに国家機関として官僚制化した国民運動＝労働組合組織が同一の平面で既存の官僚組織と競合し，共存せざるをえなくなったことに他ならないのであり，ファランヘ党の政治的力量が問われることになったのである．

1950年代半ばすぎから勢力拡張を目論み，国家改造案を提起したファランヘ党に対して，軍隊，王制派，カトリック教会はその動きを阻止しようとした．これらの対抗勢力を前にして，ファランヘ党は自らの力の限界を自覚せざるをえず，労働者階級を含めた「民衆」にその存立の正統性を求めたのである．バルフォアのいう第3期は，それ故，「民衆」というシンボルに依拠して批判勢力に立ち向かおうとするファランヘ党の窮状が表現されている．新興の官僚組織である国民運動＝労働組合組織は，既存の国家文民官僚組織を自己の影響下

に取り込むだけの力量に欠け，軍隊・王制派・カトリック教会などが官僚機構内で有する潜勢力に抗しきれず，結局，その政治的発言力を低下させていくことになったのである（表2，参照）．

　1967年に施行された国家組織法では，労働組合組織を具体的に形づくる「垂直組合」は重要性を失い，1958年に制定された労働契約法と相俟って，その組織的実体に変化が生じるに至った．すなわち，バルフォアがいうように，1960年代に入ってから垂直組合指導層の階層変化が発生し，新たな指導層のなかにかつてのアナルコ・サンディカリスト系労働組合 CNT（全国労働連合）のメンバーがかなり混入したのである[24]．また地域によっては，この CNT のみならず共産党系組織と提携する例も存在したという[25]．実際，1966年に実施された官製組合内の組合選挙では反体制派が大量に進出し，彼らは組合官僚・官憲による弾圧強化にもかかわらず，垂直組合の組織的内実を掘りくずしていくのである．翌67年にはファランヘ党の A. ムニョス・グランデス将軍がオプス・デイと連携する L. カレーロ・ブランコにより副首相の座を奪われ，2年後の69年には政治スキャンダル事件に端を発する政争で，同じくファランヘ党の J. ソリスが閣外に去るなど，ファランヘ党とその影響下にある垂直組合の政治的退潮は明らかとなった．これはファランヘ党によって主導された新興の国家官僚組織が，オプス・デイに代表されるエリート主義的既成国家官僚制の前に屈従したことを意味し，以後ファランヘ党と垂直組合はバルフォアのいう，第4の縮小・改革期に入るのである．

　バルフォアが規定するこの第4期において，ファランヘ党の政治的地位はさらに低下し，傘下の垂直組合も政府の様々な立法措置により，フランコ死後の制度的解体を待たずして機能的空洞化の状況に陥ったのである．

　1960年代を通じて変貌を遂げてきた官製労働組合組織は，71年2月の労働組合法の制定をもって，さらに一層変質することになった．法案を説明した所管大臣 E. ガルシア・ラマルによれば，労働組合の統一性とはその内部に多様性と差異を許容するものであり，それはもしそうでなかった場合，画一主義（uniformidad）と全体主義に堕してしまうであろうし，スペインが迎えようと

表2 フランコ時代における閣僚の出身職業

職　業	閣僚数	担 当 省 庁
軍人		
歩兵部隊	17	〔空軍に移籍2〕陸軍（8），空軍（2）， 内務（2），国防（1），国民運動（1），首相（1）
砲兵部隊	4	公共事業（2），産業（2）
騎兵部隊	2	〔空軍に移籍2〕空軍（2）
工兵部隊	2	空軍（1），陸軍（1）
海軍	7	海軍（6），内閣府（1），首相（1）
海軍技術将校	1	産業通商（1）
法律家・行政官僚		
弁護士	4	法務（2），労働（1），外務（1）
最高検察庁検事	2	国民運動（1），住宅（1）
最高裁判所判事	1	法務（1）
軍司法部（Cuerpo Jurídico Militar）	3	内務（1），国民運動（1），労働（1），情報（1）
公証法務部（Cuerpo Jurídico y Notario）	1	農務（1），法務（1），国民運動（1）
国家評議会法務担当部（Cuerpo Jurídico y Letrados del Consejo Estado）	1	大蔵（1）
国家評議会法務担当官 　（Letrados del Consejo de Estado）	4	外務（1），労働（1），公共事業（1）， 無任所（1）
同上（TAE）	1	内閣府（1）
国家評議会法務担当官，兼 　国政弁護人	1	公共事業（1）
国政弁護人	11	大蔵（4），労働（2），内務（1），商務（1）， 農務（1）外務（1），法務（1）
国政弁護人,兼国会法務担当官	1	経済発展計画庁（1），文部（1）
公証人	1	法務（1）
登録・公証局法務担当官 　（Ldo. Dirección Gral. del Reg. y Notariado）	1	文化（1），内閣府（1），法務（1）， 情報（1）
同・監査官(Fiscal, Ldo. Direc. Gral. del Reg. y Natariado)	1	内務（1），首相（1）
国家行政専門官 　（Técnico de la Adm. del Estado）	2	内閣府（1），情報（1）
外交官	3	商務（1），経済発展計画庁（1），公共事業（1）
労働監査官	1	住宅（1）
財務監査官	2	大蔵（2）

経済専門家		
国家経済分析官(Economistas del Estado)	1	大蔵（1）
経済専門家	2	商務（1），産業（1）
対外信用銀行行員	1	商務（1）
スペイン銀行行員	1	商務（1）
専門技術者		
土木技師	4	公共事業（1），産業（1），住宅（1），Ac. Sindical（1）
農業技師	3	農務（3）
鉱山技師	2	農務・労働（1），大蔵（1），産業（1）
工業技師	1	組合関係（1），無任所（1）
造船技師	1	産業（1），外務（1）
建築技師	1	国民運動（1），住宅（1）
軍人兼建築技師	1	陸軍（1）
教員		
中等学校正教授	1	文部（1）
商業高校正教授	1	無任所（1）
大学正教授	9	文部（4），外務（2），労働（1），商務（1），国民運動（1），無任所（1）
高等専門学校正教授	1	公共事業（1）
大学正教授，兼国家経済分析官，兼国家商業専門官	1	商務（1）
大学正教授，兼国会法務担当官	1	文部（1）
大学正教授，兼国家評議会法務担当官，兼 I. Prev. 法務担当	1	文部（1）
大学正教授，兼外交官	1	外務（1）
大学正教授，兼軍人	1	公共事業（1）
大学正教授，兼軍事法務部	1	内務（1）
企業経営		
農業経営者，兼弁護士	2	農務（2）
商業経営者，兼弁護士	1	商務（1）
多業種企業経営者	1	法務（1）
その他		
著作家，兼弁護士	1	無任所（1）
職業政治家，兼弁護士	3	情報（1），労働（1），住宅（1），国民運動（1）

(J. M. Cuenca y S. Miranda, *El Poder y sus Hombres*, pp. 188-189 Tabla 5.4)

している多元的社会のなかでは画一主義も全体主義も不可能だからである，とした[26]．続けてかれは，組合代表は各企業から国家の最高意思決定機関のひとつである王国顧問会議（枢密院）へと上向するものだとし，当会議には2名の組合代表が，国会（コルテス）には150名の組合代表議員が，経済発展計画委員会には1300名以上の組合代表が，そして市町村議会には組合から選出された1万7710名の議員が存在していると述べた[27]．そして次のように主張した．「経済的・社会的利害は同等ではなく，したがって企業家と労働者それぞれの組合（Uniones）が生まれる．この2つの利害は調整可能ではあるが，ここに仲裁機関が必要とされるのであり，社会的・経済的に同数の代表からなる組織が要請されるのである」と[28]．ロペス・ロドーは，この仲裁機関が第2共和制時に社会労働党によって創設された労使混成委員会（Jurados Mixtos）に類似していることに驚いている[29]．つまり，労使強制加入で上意下達を本旨としたファランヘ党の労働組合組織は，完全に骨抜きにされてしまったのである．

　以上述べてきたように，軍とファランヘ党の政権内における比重が低下し，カレーロ・ブランコを中核とする体制継続派と，オプス・デイと結びついた国家官僚制とが政治的主導権を確固としたものにしたのは，フランコ時代も末期の1970年代に入ってからであった．そしてこの時期，政治の舞台で重要な役割を演じ始めるのが，「タシト」（Tácito）グループと呼ばれる集団であった．同グループはカトリック系団体の「カトリック全国布教者団」（ACNP）の肝煎りで作られたものであったが，1974年半ばにはその影響下から脱けだしていたという[30]．その構成員のほとんどは，内戦勃発直前かそれ以降に生まれ，当時，30代から40代初めにかけてであった．またそのほとんどが大学（多くが法学部）卒で，しかもそのうちの何人かは当時としては珍しい外国留学経験者であった．職業的には高収入で社会的評価の高い職種につき，フランコ体制と何らかのつながりをもっていた[31]．実際，「タシト」グループのなかにはM. オレーハ，R. アリアス・サルガードのような外交官をはじめ，国家枢要の地位についた者が多かった．グループ内は一枚岩とはいえなかったが，その主流は穏健な政治改革路線を志向し，フランコが死ぬ少し前の1975年2月から4月にかけて，

社会労働党，カトリック民主主義勢力，社会民主主義勢力，バスク・カタルーニャ民族主義勢力から共産党に至る反体制派と接触を開始するほどであった[32]．しかし反面，フランコ死後1カ月後に組閣された第2次アリアス・ナバーロ政権において，L. カルボ・ソテーロが公共事業相，M. オレーハが外相補佐，J. M. オテーロ・ノバスが内相顧問に就任するなど，体制側の一翼を構成したりもし，体制－反体制の2つの陣営を横断する勢力として立ち現われた．さらに翌76年7月，民主化を徹底できぬアリアス・ナバーロ内閣が崩壊しA. スアレスが新政府を組織したとき，20の閣僚ポストのうち7つを「タシト」のメンバーが押さえるに至った[33]．加えて，同年11月，国会（コルテス）で成立し，民主化推進のための法的根拠となった政治改革法の法文作成に際しては，同グループのL. ラビーリャ法相が主要な任に当っている．

いずれにせよ，民主化を主導することになったA. スアレス首相の下で，「タシト」グループはオプス・デイに代わるテクノクラート集団として機能し，官僚制的支配構造の継続を可能にしたのである[34]．独裁終了後，初の自由選挙となった1977年6月総選挙で，下院総議席350のうち前「タシト」メンバーは12の議席を獲得し，うちアルバレス・ミランダは下院議長に，他方，上院ではL. ラビーリャ，M. オレーハ，A. オソリオの前メンバーが勅選議員に選任された．続いて第2回目の79年総選挙では25名の前「タシト」メンバーが下院議員に選出されており，体制の「継続」がかなりの程度まで人的に担保されていたことが窺えるのである[35]．

オプス・デイ，タシトといったエリート的なカトリック系民間団体の構成員が政治的任命によって中央官庁の枢要の地位につき，政治的影響力を行使してきたことを見てきたが，このような特定の集団に所属するか否かを問わず，上級官僚および「官僚化」された専門技術者が政治の中枢を担ってきたことが，フランコ時代とフランコ以後の民主化期とを共に特徴づける政治的特質だったのである[36]．

このような理論的前提の上に立って，初めてフランコ体制の自己解体と，自由民主主義体制へのその後の移行との間の内的論理構造が明らかとなるのであ

る．その鍵を与えてくれるのが「法から法へ」("De la ley a la ley")という言葉によって表現された合法的体制転換戦略であり，法の読みかえによる制度の機能変換であった．

結び——体制移行の深層構造

　この間の歴史的事実の委細に関しては，政治的移行期における要め的人物，トルクァート・フェルナンデス・ミランダが果した役割を詳細に論じた著作を参照することによって考察してみよう[37]．当該の著書は，フランコ没後，ちょうど20年たった1995年，フェルナンデス・ミランダの息女と甥がかれの残した未公刊資料を整理・調査して，フランコ時代末期から体制移行期にかけての政治的舞台裏を生々しく活写したものである．当時，国会議長と王国顧問会議議長を兼任していたかれは，政治的民主化を迅速に推進しようとしていた国王フアン・カルロス一世の参謀役として，その実現に向け種々の方策を講じていた．そしてかれの民主化戦略の中で重要な転換点を画すべきものが，フランコ時代から政権を維持してきたカルロス・アリアス・ナバーロ首相の更迭であり，民主化過程を実際に主導すべき新首相の選任であった．フェルナンデス・ミランダは，新首相たるべき人物の条件として，①国王の民主化計画に対する明白な忠誠心，②独自の民主化計画を保持していないこと，③対話（交渉）能力，ひいては人を惹きつける大いなる能力を有していること(すなわち統合能力)，の3点を挙げている[38]．これを言いかえれば，①手段としての合法性の尊重，②個人的な確信，強烈な個性，堅固な意思を否定するものではないが，あくまでも国王の意思に従属する気構えのある人物を首相候補者とすべきこと，③フランコ体制を支持してきた社会層を抵抗なく民主主義体制に向かわせ，加えて左翼勢力を国王中心の新体制に包摂すること，またそれにより「民主的君主制」を確立すること，の3点が重視されたのである[39]．

　国王とフェルナンデス・ミランダの合議によって決定されたこのような規準に基づいて，7人の候補者が秘密裡に選定され，最終的には「御しやすさ」

(disponibilidad) と国王の民主化計画に対する完全な忠誠心の2点を主要な眼目として，新首相の選衡が行なわれたのである[40]．上位者に対する服従と，与えられた目標を忠実に履行するというこの2点は，まさしく官僚に期待される行動規範そのものであり，またこの官僚的人間類型がこの特殊な状況下での新首相の資質として必要とされたのである．

　国王とフェルナンデス・ミランダの2人によって白羽の矢が立てられ，首相に選任されたアドルフォ・スアレスは，その後，合法性に則りフランコ体制の自己解体を推し進め，下からの改革（ないし革命）運動に対抗して上からの改革を組織し，自由民主主義体制へと君主制を軟着陸させた．すなわち，合法性の尊重という「官僚的」な手法を用い，上からの改革という「官製的」流儀に従い，アドルフォ・スアレスという「官僚的」役割を担った政治家によって媒介され，フランコ時代の社会・経済構造の大部分を残存させたまま，フランコ独裁体制から自由民主主義体制への政治的転換がなし遂げられたのであった．

　スペインの政治的民主化は多くの政治学者によって理想的なモデル・ケースとして分析，紹介，称揚されてきたが，政治的な「成功」の反面，独裁時代から多くのものを引き継いでしまったことも事実なのである．体制移行の立て役者アドルフォ・スアレスと振付け師フェルナンデス・ミランダが，その後，国王によって共に公爵に叙せられたという事実に，その一端を垣間見ることができるであろう[41]．

1) L. Román Masado, *Funcionarios y función pública en la transición española*, p. 36.
2) M. Beltrán, *La Élite Burocrática Española*, p. 51.
3) *Ibid.*, pp. 51-53.
4) *Ibid.*, p. 54.
5) Ch. T. Powell, The 'Tácito' Group and the Transition to Democracy, 1973-1977, in F. Lannon and P. Preston (eds.), *Élites and Power in Twentieth-Century Spain*, p. 256 n. 11 も参照．
6) M. Beltrán, *op. cit.*, pp. 55-56.
7) *Ibid.*, pp. 99-100, 142．なお専門小集団（Cuerpos）に関しては，M. Álvarez Rico y V. M.ª González-Haba Guisado, *Administración y Función Pública en España*, pp.

401-406 を参照.
8) M. Beltrán, *op. cit.*, p. 62.
9) *Ibid.*, p. 63.
10) *Ibid.*, p. 65. Cuadro 1. ただし文官のみ. その他, 例外, 抜け落ちあり. ベルトランは, マドリード勤務の上級官僚 (約2万3000人中の5090人) の内, 855人を調査対象とし, 843人に面接調査を行なった (*Ibid.*, p. 66).
11) M. Baena del Alcázar, *Élites y conjuntos de poder en España (1939-1992)*, pp. 173-174.
12) *Ibid.*, p. 174.
13) M. Beltrán, *op. cit.*, p. 111.
14) *Ibid.*, pp. 83-88, 178.
15) *Ibid.*, pp. 221-228.
16) J. M. Cuenca y S. Miranda, *El Poder y sus Hombres*, p. 188. Tabla 5. 4.
17) M. Baena del Alcázar, *op. cit.*, pp. 183-186.
18) L. López Rodó, *Memorias*, Vol. Ⅲ, p. 501. トルクァート・フェルナンデス・ミランダの発言に注目されたい.「われわれの体制は, 単一政党も複数政党制も等しく拒否する」と彼は主張しているが, この発言が行なわれた1973年の時代状況をよく反映した保守派的見解といえる.
19) *Ibid.*, Vol. Ⅲ, pp. 309-310. 1972年9月8日, カレーロ・ブランコ副首相に読んで聞かせた11枚の政治メモのなかで, ロペス・ロドーは, フランコ陣営内における度重なるファランヘ党の騒乱を批判し, 体制に従順な部分を除いてファランヘ党内の熱狂分子を排除すべきであると主張している (*Ibid.*).
20) J. M. Cuenca y S. Miranda, *op. cit.*, p. 191. n. 29.
21) *Ibid.* フランコ時代における官僚=大臣の一事例として, 体制移行期最初の首相となったC. アリアス・ナバーロの官僚から政治家への転身を, 下記の著書において詳しく知ることができる. J. Tusell y G. G. Queipo de Llano, *Tiempo de Incertidumbre*, pp. 39-49.
22) L. López Rodó, *Memorias*, Vol. Ⅱ, 2ª. ed. pp. 93-94.
23) S. Balfour, From Warriors to Functionaries : The Falangist Syndical Élite, 1939-1976, in F. Lannon and P. Preston (eds.), *op. cit.*, p. 230.
24) *Ibid.*, p. 240.
25) *Ibid.*, p. 241.
26) L. López Rodó, *Memorias*, Vol. Ⅲ, p. 154.
27) *Ibid.*
28) *Ibid.*, p. 155.
29) *Ibid.*, p. 155. n. (1).

30) Ch. T. Powell, *op. cit.*, p. 250.
31) *Ibid.*, pp. 250-251.
32) *Ibid.*, p. 262.
33) *Ibid.*, p. 265. n. 25.
34) ロペス・ロドーは，オプス・デイと（タシトの母体である）布教者団が同一視されることに異を唱え，オプス・デイの方は集団として統一的な政治的目標を掲げることはないとし，共通の精神的信条に基づく団体であることを強調している（L. López Rodó, *Memorias*, Vol. Ⅲ, pp. 210-211）．しかし客観的事実を踏まえるならば，オプス・デイが一定の集団として政治的影響力を行使したことは否定しえないであろう．
35) Ch. T. Powell, *op. cit.*, p. 267. n. 28.
36) L. Román Masedo, *op. cit.*, p. 83. esp. Cuadro 4. 1 y p. 149.
37) Pilar y Alfonso Fernández-Miranda, *Lo que el Rey me ha pedido. Torcuato Fernández-Miranda y la reforma política*.
38) *Ibid.*, pp. 190-191.
39) *Ibid.* またこの③に関して言えば，君主制支持を国民の間に定着させることが焦眉の課題となっていた．体制移行の前後，君主制支持派が必ずしも国民の多数を占めていなかった事実は，現国王フアン・カルロス１世の側近として民主化の一翼を担った M. プリモ・デ・リベーラの回想録にも記されている（M. Primo de Rivera y Urquijo, *No a las dos Españas*, p. 149）．
40) P. y A. Fernández-Miranda, *op. cit.*, pp. 191-192.
41) *Ibid.*, pp. 256-257 の間にある図版（写真コピー）に，フェルナンデス・ミランダの叙爵に関する記述が載せられている．またフランコ期における授爵とその意味に関しては，C. Viver Pi-Sunyer, *El Personal Político de Franco (1936-1945)*, pp. 130-133 y Cuadro 16 (p. 124), Cuadro 17 (p. 125) を参照されたい．

4章　近代同盟の本質
―― 国内要因と国際要因の政治循環と
ヨーロピアン・パースペクティヴ ――

染　木　布　充

1　はじめに

　国内政治と国際政治が循環しているとの認識はひろくもたれている．しかし，この政治循環はある要因がある要因に作用するとある結果になるというほど単純なものではないし，数式化[1]できるものでもない．限定的なインパクトしかない宮廷・君主同盟とは異なり，外交政策としての近代同盟はそのメカニズムが作動すると国内政治には総力戦体制を要請し，国民を国家間の「力」の関係に巻き込む．そして，近代同盟のダイナミックスは近代同盟を締結する「国家意志」(la volonté nationale) を離れ，連鎖的に地球規模に拡散し，世界大戦をも引き起こしうる．20世紀初頭の近代同盟の結果が第一次世界大戦であり，ヴェルサイユ体制には近代の「力の外交」の原形をみることができよう．とはいえ，「国家意志」とは一体誰の意志なのかも，そのレジティミティ (légitimité) の合理的な根拠も示されることはない．世界が近代同盟外交の結果に翻弄され，近代同盟が「連帯」のメカニズムとして国内政治にも働きかけをするとき，戦争責任を追求される民衆はどのように外交に関与すべきなのであろうか．
　ところで，主要列強が駆使した近代同盟の国際紛争解決能力に目を向けると，近代同盟は戦争を拡大させはするが，平和構築に貢献することはない．イデオロギーやナショナリズムが近代同盟というメカニズムに息を吹き込み，幻影の勢力均衡が近代同盟締結の理論的根拠となる．危うい「力の均衡」というイメ

ージをベースに「現状維持（statut quo）」を確保しようとしたのが国際連盟・ヴェルサイユ体制であり，そのような「力の枠組み」の破綻を教訓に模索されたのが加盟国が自らに協力と結束を課し小異を退け「主権の融合化」の萌芽がみられるヨーロピアン・パースペクティヴである．しかし，このヨーロピアン・パースペクティヴは世界の平和確立への貢献という意味において，今日のアメリカ主導の「グローバリゼーション」に対抗しうるコンセプトとなり，21世紀型国家間関係の解となりうるのか．

　本稿では，勢力均衡の破綻からうまれながらも列強の秩序観と国家主権に拘束され続けた国際連盟の集団的安全保障に関わる本質的限界を見極め，今日のアメリカ主導の「グローバリゼーション」に対峙することを暗示するかのように「国家主権の融合」という未知の領域へ足を踏み入れたヨーロピアン・パースペクティヴを検証する．その際，「民衆」と「国民」の概念を区別しながら，国民と政権リーダーを構成する人々の曖昧な外交ビジョンを視界に入れ，近代同盟の象徴的概念である「力」とデモクラシーの構成要件である「対話」の概念を対立させることによって国内要因と国際要因の政治循環メカニズムを解明する手掛かりとしたい．

2　国際社会通念を変えた近代同盟メカニズムの特殊性

　20世紀初頭，国内諸勢力の対立を融合に転換させる触媒機能をもったナショナリズムが近代同盟メカニズムに息を吹きこみ，メカニズムが作動したことによって地域紛争が第一次世界大戦にまで発展した．極東アジア情勢も日本の外交方針も欧米列強が主導した近代同盟のメカニズムに翻弄されていたのである．しかも，近代同盟外交が内包する特殊性は世界ばかりか国内にも向けて作用する．つまり，近代同盟は世界には人種の矛盾を乗り越えた「連帯」のメカニズムを作動させ，国内には生活者である民衆を兵士か戦争経済の一単位，あるいは政治的存在の国民に変貌させ国家間関係に組み込んでいったのである．しかし，代議制が部分的にしか機能していなかった大正日本も擬制的な代議制

が機能不全に陥っている今日も，民衆の意志を反映せずに選出される政権リーダーが操る近代同盟外交にレジティミティ（légitimité）を見出すことは困難である．それは政権リーダーと民衆の間に「対話」がないからである．

2.1 人種感情と切り離される合理的な外交政策

20世紀の国家は近代同盟外交によって自らの外交目標を達成しようとした．たしかに，第一次世界大戦に臨むに当たり政権リーダーの外交目標が明確であったとは限らないが，各国が抱える弱点を同盟国の力でカバーできたり，仮想敵国を「味方」陣営に引き込むといった意味で近代同盟は合理的な外交政策ではあった．しかし，外交意志を近代同盟で表現しても締結後，近代同盟のメカニズムがいったん作動するとそのメカニズムを「国家意志」ではコントロールできなくなるばかりか，近代同盟の連鎖によって国際政治は変貌する．そのため，開戦前夜には予測できなかった事態が発生した．つまり，この大戦の長期化を予測できずに参戦国は充分な戦闘体制を整えないまま参戦し大戦を継続させたのである．その結果，地域紛争が第一次世界大戦にまで発展した．

日露戦争の実績をもつ大正日本は自覚することなく，極東地域で第一次世界大戦のメインアクターを演じる力量を備えだしていた．日露戦争が欧米列強に与えたインパクトは日本イメージを根底から変えるきっかけとなった．アジアの未知の国日本が急遽欧米の好奇心の的となり，特に軍事関係者の注目を集めた．装備も古く士気も上がらず農奴制の悪弊を抱えた「後進国」ロシアの弱体化した軍隊に較べると日本軍の士気は高く軍律が徹底しており近代兵器で武装しヨーロッパ流の合理的な戦略を立案し実行に移したうえ成功さえ収めた．

しかし，このイベントは軍事面に留まらず国際政治に2つのインパクトを与えた；

先ず第一に，日露戦争の外交史的意義である．20世紀初頭の欧米列強にとって，中国大陸以外の東アジアは経済的にも地政学的にもさほど重要な地域ではなかった．そこに突然パワーとして頭角を現した日本が部分的であれ白人キリスト教国家ロシアに勝利した．日露戦争はヨーロッパのマスコミも大々的に取

り上げていたため，大方の予想を覆した日本の勝利に欧米の政権リーダーも民衆も衝撃を受けた．当時の国力の象徴は軍事力である．脆弱な産業基盤しかもたない日本の日露戦争「勝利」がたとえ部分的であったとしても，結果的に日本の「実力」を遥かに凌駕した日本イメージができあがった．この戦争こそが，黄色人種は白色人種に較べると劣るという「国際常識」を修正せざるを得ない衝撃的イベントとなった．そして，黄禍論が席巻した当時の欧米で日本を熟知する政権リーダーが少なかったとしても，欧米列強に「黄色の列強」日本との協力的アジア分割の可能性を模索させるきっかけとなり，軍事力に凝縮される「国力」が大国から認められ，日本は「欧米列強クラブ」のゲストメンバーと看做されだした．軍事パートナー候補国に働きかけをする近代同盟の「連帯」のメカニズムが機能するうえで「人種の壁」は障害にならなくなったのである．

　次に日露戦争の人類史的意義である．つまり，アジア人が欧米人と対等な人間として立ち向かうことができることを日本が実証し，間接的にアジアの被非植民地の人々に人間としての尊厳を呼び覚まし勇気を与えたことである．1960年の植民地全廃宣言に先鞭をつけたことはいうまでもない．しかし，当の日本はアジアの同胞に同情こそすれ連帯感をもとうとはしなかった．逆に日本はアジアを白人支配から解放しようとは考えもせず，むしろ列強として君臨しだしたのである．近代体系への累卵の移行期の日本が情緒的に主張したにすぎない「アジア主義」には思想として普遍性も融和観もなく，政治的にも軍事協力観が欠落していた．「イデオロギー」としてナショナリズムの役割すら果たしえない「アジア主義」は国際政治力学上，小細工ほどの機能も発揮しなかったといえよう．

　このように，日本の日露戦争の「部分的勝利」がアジア情勢を変化させ，日本の国力の相対的評価を高めた．しかし，日本人はエゴイストで大局的なモノの考え方ができないといった偏見はなおもヨーロッパには根強く，日本は20世紀を通して「黄禍論」と対峙し続け，同じ列強でありながらも白人列強からの人種的偏見をかわさねばならなかった．柔軟な外交力を身に付けだした大正日

本は巧妙に既存の国際秩序の修正を求めだした．アジアの後発帝国主義であることを自覚していた大正日本は白人列強からなる先発帝国主義に対し危機感を抱きつつも，穏やかに異議申し立てをしようとしていたのである．

　20世紀初頭の欧米列強は一様に「膨張協調」路線を目指し，列強外交が防衛観と侵略的野心あるいは覇権を軸に回転していたのならば，このような主張は大正日本の外交ニーズの波長に合致していたといえよう．というのも，大正時代に活躍した人たちは明治生まれの人たちである．彼らは日露戦争が西欧列強に与えたインパクトを肌で感じ，防衛力と侵略力の大切さを再認識したが故に産業力と財政基盤の拡充を急いだ．つまり，軍事費の増大や軍需体制の拡張を急ぐ一方で，殖産興業に梃入れをし国際収支を改善し国際競争力をつけ相対的な国力の充実を図ろうとしたのである．欧米列強の覇権がアジアに押し寄せ日本をも危うくし，その危機感を政権リーダーと国民が共有する限り，日本のもう後戻りができない「アジア進出」からは「侵略観」を読み取ることは困難になっていた．結果的に日本は近代同盟を活用し白人列強と協力することによってアジアから白人列強の一角を占めていたドイツを締め出し，「列強パートナー」として極東に君臨することが可能になった．

　もちろん，世界に挑もうとした日本は日英同盟を踏み台にした．イギリスのような大国が黄色人種国家と手を結ぶことを内外に表明した日英同盟の特徴は，欧米に根深い有色人種蔑視感情と「国家の友情」を切り離して考えねばならないという冷徹な外交姿勢である．この外交姿勢こそがまさに日英同盟の国際政治史的意義であり，刻々と変化するアジア情勢にも敏感に反応する大胆かつ柔軟なイギリス外交の象徴的な政策であった．その柔軟なイギリス外交を逆手に取るように大正日本は徐々にイギリスの補完的役割から脱しようとしていたのである．第一次世界大戦当時の日英両国共通の覇権標的地域は中国大陸であり続けた．しかし，満州を足がかりに大陸に経済権益の拡大をしだした日本の膨張主義，いわゆる経済権益の拡張政策は同盟国イギリスの脅威ともなっていた．イギリスにとっては属国とまでは看做さなくともアジアで番犬の役割を果たせばよかった「同盟国」日本がイギリスの国益を侵しかねない存在となっ

ていたのである．アジア，中国大陸における投資ボリュームと軍事力の観点からみると，日本はもはや極東における「イギリスの番犬」の役割を離れ，イギリスの潜在的な最大のライバルとなりつつあった．それぞれが思惑をもって締結する近代同盟はパートナーを脅威国にも変貌しえたのである．

当面の日本の仮想敵はシベリア鉄道を橋頭堡に南下政策を目論むロシアであった．日露戦争後もロシアは日本に隣接する唯一の列強であったから日本は軍事上満州を対露政策の要衝と位置づけていた．日本の対露不安はロシアの単独講和の可能性と次なる露独同盟への展開そして対露独戦争であった．極東にあって独り日本が露独連合軍と戦う愚は避けねばならなかった．とくに日本陸軍のドイツ軍評価は高かった．もう一方，革命までは協商陣営の一角を占めていたロシアサイドとしては潜在的な対日不安要素を払拭したかった．ロシアは極東利権を日本に侵されることなく極東配備の兵力を欧州戦線に振り替え，不足する武器も日本から購入しようとした．近代同盟のダイナミックスは仮想敵国を同盟国に変貌させる可能性も充分あった．

さて，中国における列強の勢力拡大競争には，英・独・露の他にフランスの存在も見逃せない．フランスは仏領インドシナおよび「租借」した広州湾を手始めに雲南省，貴州省，広西省へとその勢力範囲を広げ，遂には日本の特殊権益があると考えられていた台湾海峡を挟んだ福建省にまで肉迫していた．この勢力圏をめぐる衝突の調整が日仏協商の重要な締結動機のひとつになったほどである．つまり，フランスサイドとしてはインドシナ領や中国大陸を含めたアジア利権を日本の脅威から効率的に守らねばならなかったのである．そんな背景があってフランスは日仏協商（Cordiale Entente）では安心できず日仏同盟（Alliance）構想を議論したのである．フランスは日本の軍事力，とりわけ僅か10日間前後の日数でインドシナに到着しこの海域を制圧できるほどの当時世界第5位の日本の海軍力に脅威を感じていた．アジアにおける日本の軍事的プレゼンスがフランスを大きく引き離していたからこそ日仏協約では不十分とみなしたフランスは日仏軍事同盟締結を目指し日本と協力の道を探ろうとしたともいえよう．このようにアジア利権を日本と争わねばならなかった大国フランス

は台頭する日本とは次第に対決姿勢を避けるようになっていた．フランスは同じ白色人種の隣国ドイツではなく「黄色の列強」日本を「国防」・「侵略」パートナーとして望んだのである．しかも，当時少なくともフランスにとっては日仏同盟はイギリス，アメリカとの外交関係を害するものではなかった．

　ところが，日仏同盟は成立せず構想は頓挫した．その大きな要因は日本サイドの思惑による．日本がフランスを仮想敵国と看做すことは仏露関係から不合理ではなかったが，日本外交にとって日仏同盟締結は死活問題ではなかったし，中国大陸での「野心」達成の障害になりうる脅威はフランスではなくロシア，アメリカ，イギリスであった．もちろん，手続き上日仏同盟締結にはイギリスの意向を無視することもできなかった．イギリスは日仏同盟によるフランスのアジア権益の躍進を危惧したし，日本は日英同盟に罅が入ることを恐れた．とはいえ，日仏同盟構想の外交史的意味合いは日本のアジア地域における覇権的存在としてのヨーロッパ列強による評価の定着である．その評価の対象は大正日本の軍事力に留まらず，フランスの軍事関係者からは軍需産業国家としても注目されていたのである．連合国の主要国であり当時の大国フランスが半世紀前まで西洋の武器を高額で求めていた日本にまで武器の供給要請をしたのである．この武器供給要請に応じた日本は銃5万丁と付属品および弾薬筒2000万個を供給した．

　ところで，戦闘状態の不利な状況から脱する有効な方策が友軍の援兵要請である．第一次世界大戦開戦当初，グレー外相やグリーン英大使の欧州出兵要請に対し加藤外相は援兵輸送という具体的な問題とは別に，日本軍の国防重視の外敵防御の性格を理由に日本艦隊の欧州派遣にも応じなかった．師団制の導入後大陸侵攻を念頭に置いた外征軍機能を備えていたのであるからこの説明は抗弁にすぎず，加藤は「国民の納得を得られない」という政治的根拠を示しながら欧州派兵に反対もしていた．つまり，国民が臣民であり，大多数の臣民が有権者資格をもたないとき国民の「納得」や「理解」といった抽象的な論理に依拠していたことにもなる．後述する国民の戦争責任に関わる極めて重要な問題でもある．

軍事支援とはそもそも同盟関係を前提とする．イギリスが先頭に立ち，ロシア，フランスが足並みを揃え日本に対し援軍要請をするのが最も効果的な対日アプローチであったのだが，先ずイギリスはフランスとロシアの日本への接近を好まず，日本への援兵要請には消極的であった．日英同盟を「薄める」可能性を嫌う加藤外相も基本的には日英同盟を帝国外交の枢軸とし，日英同盟「一辺倒主義」を貫こうとした．日英関係こそが日英仏露同盟を頓挫させたのである．もちろん，日本軍への援兵要請は連合軍の脆弱さを敵に披瀝することになりかねないといった危惧をフランスのカンボン（Paul CAMBON）駐英大使も指摘していた．しかし，日露戦争時の近代戦の合理性を追求した模範的な日本軍の姿が外国視察団に好印象を与えていたから，欧州の戦局の悪化をみてフランス軍は強靭な闘争心をもった日本兵の欧州前線への投入を改めて望んだ．この日本軍欧州派兵について考えられるフランスのコストは高くはなかった．つまり，日本が欧米列強と対等であることを認め，財政難に喘ぐ日本が容易にフランスで資金調達をできるような金融環境を用意し，日本をドイツ権益（青島と南洋諸島の保有と山東省における利権）を引き継ぐドイツの後継者となることを支持し，中国大陸における日本の自由な経済活動を容認すればよかった．

結局，40万人規模の大隈の欧州派兵案や加藤が一時的に考えた派兵部隊の編成案は実現しなかったが，グレー外相の要請に応じ石井外相はシンガポール方面に巡洋艦4隻と駆逐艦4隻を派遣し，1917年には本野外相が山東省と南洋諸島に関わる日本の要求をイギリスが支持する可能性に期待を寄せ巡洋艦1隻と駆逐艦8隻を地中海に派遣した．さらにはドイツの潜水艇の活動を抑えるため駆逐艦4隻の増派も決定した．杉田定一貴族院議員をはじめ地中海への日本艦隊派遣に反対する者も数多くいたが，日本艦隊の海外派遣が実現し段階的に日本は連合国軍に参入されていったのである．日本の参戦姿勢が徐々に変化したのは，講和後に連合国に日本の要求をスムーズに受け入れてもらうためには日本が多少の犠牲を払ったことを彼らに示すことによって彼らの反発を避け，日本の発言権を高めたいといった政権リーダーの思惑が働いたためである．このように，欧米列強も大正日本も近代同盟を柔軟に活用し，お互いに機能的な

「連帯」を求めることが可能となった．いいかえるならば，近代同盟は排他的ナショナリズムの論理と異人種間協力の矛盾を解消し，黄色人種と白色人種が人種の壁を乗り越えて共に命を賭すことを可能にしたのである．

2.2 「国家意思」と日本の特殊な政治文化

旧憲法下の天皇は文化的存在というよりも圧倒的に政治的存在の君主である．しかし，君主の意思を単純に「国家意思」と定義づけできないように，体制論からも大正日本の「国家意志」を天皇一人の意志と看做すことはできない．国際環境に適用しようとする大正日本の政権リーダーは官僚とともに臣民に君臨する支配体制を確立し，特殊な近代同盟を柔軟に活用できるような政治風土をつくり上げていたのである．近代同盟を操る大正の政権リーダーには先ず元老がいる．「元老」は憲法規定外の慣行上の制度ではあったが横断的に隠然たる権力を行使していた．「筆頭」元老の山縣をはじめとする諸元老の存在はこの時代の日本の政治文化の象徴的存在といえよう[2]．元老以外の政権リーダーには首相，国務大臣，衆貴両議院の中核メンバーがいた．戦争の「専門家」と看做されていた軍部官僚はサブ・リーダーと看做すべきであろうか．なお，超然内閣は天皇の輔弼機関として天皇にのみ責任を負い国民はおろか議会にさえ責任を負わないという性質の機関であり，今日の内閣とは連続性がない．また，皇族や有爵議員および有識者議員と多額納税者からなる貴族院は衆議院や政党とは異質であったとしても決して国民の意思を代弁することはなかった．ところで，有権資格者が徐々に増加したことは事実だが，納税額が10円以上の男子ということであれば3%にも満たない国民しか国政に参加していなかったことになり，衆議院が国民の声を代弁していなかったことには変わりはない．案件によっては元老と閣僚が対立したり[3]，陸軍と外務省が概ね妥協したりと，複数の政権リーダーたちが相互に牽制し合いながら決定に及んでいたのである．このように，政権リーダーは国民の戦争への関与と支持を強いるが，体制に従属すべき存在の国民のイニシアティブは求めない．外交行動の最終的な政策である戦争政策の決定プロセスに民衆の関与はほとんどなかったのである．

さて，統帥権の独立が保障され，陸海両大臣のほか参謀総長や軍令部総長が帷幄上奏権を行使できたという事実は，軍部が「霞ヶ関」の対抗勢力を成し，二元外交を可能にする制度的根拠が与えられていたといえよう．軍部は軍事力というその特殊性を背景に「霞ヶ関」を退け，外交の主導権を握る潜在能力すらあった．「力の外交」を肯定する政治文化がある場合，外交と「国防」の境界線が曖昧になり，軍部の独立した外交活動を容認する土壌ができあがるのである．軍部は政府が決定した「国防」という外交判断を遂行するのではなく，軍部自らが「国防」構想を練りサーベルを振りかざし，「外交」に介入するのである．例えば，関東都督府の存在そのものが対中国政策において「霞ヶ関外交」とは別に「軍人外交」が機能していることを明らかにした．軍事ニーズが近代同盟を推進したともいえよう．陸海両大臣の軍人資格は入閣拒否や辞職をちらつかせながら組閣妨害を可能にしたばかりか増師要求をしながら日本に軍拡の道を歩ませた．そもそも自らの存在理由を否定することはないから，軍拡願望は軍人の宿命である．

　軍部が「外交」に進出できた背景には，合理的な根拠があった．日清戦争で3億6000万円の賠償金や日露戦争でロシア勢力を満州から退かせ鉄道利権や樺太南半分を獲得するなど，国家に軍事上の占領を含めた具体的な「利益」をもたらした．日露戦後日比谷で50億円の賠償金要求を叫んだ民衆の心理にも膨張主義への疑問は働かなかったと解せよう．第一次世界大戦参戦も賠償金と領土の獲得という図式に合致していた．「戦争は買い，平和は売り」という考え方が日清・日露以降概ね民衆の生活信条となっていたし，「戦争＝国際的地位の向上」という図式は抵抗なく民衆に受け入れられていた．戦争を経済的社会的上昇のチャンスと受け止める感覚は生活体験に基づいていたのである．兵士は田畑を耕すように銃剣で戦場を耕すのであり，「耕すがごとく戦う」のである．政権リーダーの侵略動機に異を唱えなかった民衆は栄達の夢を戦争を通して実現しようとした．国家は「国家意志」に民衆を従属せしめようとしたが，民衆には民衆なりに何かしら戦争のメリットを嗅ぎ分ける臭覚が備わっている．「防衛」にしろ「侵略」にしろその理念が新天地獲得ならば，日本の大陸膨張

主義は「力」を背景にした近代同盟の論理に矛盾していなかった．

　ところで，日本で反権力の思想エネルギーが活発にならなかった根拠を怒りの表現が西欧人と異なる日本人の国民性に求めたボアソナードのような外国の観察者もいた．かれの目には日本の民衆は国家の論理に反逆する意志がなく，支配と従属の関係を運命のように受け止めているように写ったのである．弱者は強者に反抗するのではなく補完的役割を担っていた．それゆえに，営業税反対運動や米騒動，あるいは大正政変などは政権をも揺るがしたが革命に至ることは決してなかった．革命思想が欠落した感情の爆発が単発的におきただけである．ロシア革命は反面教師となり大正日本の政権リーダーも民衆もともに脆弱な軍隊や国家基盤を危うくしかねない革命勢力の伸張を危ぶんだ．明治43年の幸徳事件から大正12年の大杉事件に至る「危険思想」運動と労働運動に対する政治弾圧の浸透は民衆の目に民衆の権利の主張そのものがわが身に危険を及ぼすものと写るようになった．民衆は近代同盟外交が要請する総力戦体制の文脈で政治的には自らの明確な意思を持たず，主張もせず，我が身の安全に固執する傍観者にすぎなくなっていた．国家存亡に関わる軍事的危機説の主張は経済的閉塞感によって増幅した反面，軍部の外交は国民の生活を拘束した．近代同盟のメカニズムは次第に国民の犠牲を強いるのである．

　国家間関係が緊迫している状況では国内の社会階層を横断する「祖国防衛」論を否定するような行動をこのような民衆に期待することは困難であるが，政権リーダーは近代同盟のメカニズムが強制する総力戦に備えるために産業ばかりか社会全体を国防の論理に転用できるような国家総動員の体制作りを急いだ．そのためには民衆がナショナリズムの風潮に違和感をもたないことが重要であった．政権リーダーは民衆が国家目標に共鳴し自己の主張を「国益」と直結するようにイメージにすぎないナショナリズムを確信めいたものに作り上げようとした．ナショナリズムは自然発生的に生まれるのではなく，「教育」と弾圧なくしては国民の意識に醸成されることはない．一方では，青年団や在郷軍人会に国民統制組織として軍隊と国民の接点の役割を担わせた．国民的軍隊教育を通して若者たちに「国防」意識と侵略観を浸透させ，「良卒」すなわち

「良民」を育成しようとしたのである．ナショナリズムは一人一人の民衆が政治的存在である国民あるいは臣民としての尊厳を呼び起こす．ナショナリズムで国民の心を動かし，国民が兵営に到着すると規律と命令で兵士に変造した．社会的階層の存在を忘れさせる「祖国愛」を煽り，国民が抵抗なく自発的に国家の要請に協力するようなシステムを構築しようとした．もう一方では，政権リーダーは不満・反抗分子を隔離あるいは排除するため合法的な暴力を用い，「反抗」を罰するのである．新聞紙法で報道の規制を強化し，情報と言論の統制もした．民衆は国内事情とは異なる外交には精通していなかったし，精通するための術もなかった[4]．民衆は政権リーダーが決めた「友」である同盟国とともに幻影の「敵」と戦うのである．また，「敵国イメージ」の形成は兵士の闘争心を駆り立て，兵士を戦場で怒りをもって「敵」と対峙せしめ，殺戮行為を正当化させるうえで極めて重要であり，戦力の重要な要素のひとつである士気高揚に影響を及ぼす．戦争原因をつくったのは敵国であり，敵兵は残虐で人間性が欠落した性犯罪者として描かれる．政権リーダーが断定した敵が国民にとって想像上の敵であったとしても仕掛けが功を奏し一度も会話を交わしたことがなくともその敵は「実体としての敵」となる．ただし，排他的ナショナリズムほど国民を愛国心に満ちた「闘士」に仕上げるのだが，国家の論理で締結された近代同盟の締結国の国民との間には「友情」を芽生えさせるのである．

　このように，生活者としての民衆は政治に距離を置きながらも政治に関与するか関与させられ，自らが「政治化」する過程で実質的に政治的存在の国民や臣民となる．そして，近代同盟はナショナリズムというイデオロギーを活用して生活者としての民衆を政治的存在としての国民に変容させ，外交に関与させる．国内ではナショナリズムというイメージが人々を一体化する．しかし，ナショナリズムが存在するが故に反発する外国人同士が国境や人種的相違を克服し，共に命を賭けて戦う運命共同体の一員になるにはナショナリズムを連動させる「仕組み」を必要とした．それが近代同盟というメカニズムであった．移民の多いヨーロッパでは，ナショナリズムは国内では同じ国籍をもつ「異分子」の移民に対し人種差別を剥き出しにして国民を分裂させるが，「敵」に立ち向

かうためにはそのような「小異」を退け国民を団結させる．国家は「国家意思」を貫くためには「近代同盟」を媒介に異人種とさえも団結するのである．民衆は国家の論理に組み込まれ国民として行動するとき，犠牲を犠牲ではなくむしろ名誉と受け止めようとし，その犠牲のもとに総力戦体制を受け入れる．つまり，近代同盟メカニズムの循環機能が働くと近代同盟外交は内政を制約し，国民の積極的な犠牲を前提として成立する総力戦体制が敷かれるのである．

政権リーダーが主導し，民衆も共有した日本のナショナリズムには，停滞したアジアから解放され，一等国へ駆け上りたいとする強烈なエネルギーがあった．そして，その願望を実現したのが近代同盟外交であり，国民も政権リーダーも「防衛観」と「侵略観」が混在した「国防」の罠に積極的に囚われていった．いいかえるならば，ナショナリズムのうねりが人の心を動かし，一見精密な近代同盟メカニズムに息が吹き込まれ，メカニズムが作動したといえよう．ヴェルサイユ条約第231条の問いでもある国民の戦争責任は政治的存在である国民が外交の結果でもあり国際政治の現実でもある戦争の責任を負うという認識を示した．「防衛観」にしろ「侵略観」にしろ国民の戦争責任を「共に力を合わせて自らの利益と安全を得るために結合した人々の社会」という国家観に求めることができる．ここに，国民は政権リーダーの決断に対し傍観者を装うことはできないという論理が成立するのである．つまり，曖昧な「国家意志」に基づいた政権リーダーの暴走の黙認と追随こそが国民の戦争責任の根拠となり，国民の外交へのもっとも積極的な関与が国民の生命を左右する外交判断と戦争管理文化の枠組みの構築を推進する政権リーダーの選択となる．国民によるかれらの選択こそが国内政治と外交をリンクするのである．

第一次世界大戦では，たとえ民衆が無自覚に戦争行動を名誉，経済的利益といった個人的利益と結び付けたために国家の外交行動に反論しなかったとしても山縣ら親独派の意志を凌駕し，日本は結果的に戦勝国側についたから国民も戦争責任を追及されることはなかった．今日の日本には普選導入以前とは似て非なる状況がある．そして，少なくともフランスや他のヨーロッパ諸国とは異なる特筆すべき政治文化がある[5]．太平洋戦争後軍人崇拝感情は消滅し，「尚

武思想」も消滅した．しかも，自衛隊には侵略の実績はなく制服組が組閣運営に影響を及ぼす法的根拠もない．日本の代議制が知名度が最優先される人気投票にすぎず，選出過程が神聖化されたデモクラシーの擬制にすぎなくなっているという点が，まさに，今日の日本の政治文化の特殊性といえよう．「国家意志」のどの部分を反映しているかが不明であるとしても，「タレント」や「世襲」の起用は代議制や政党の信頼を高めはしないし，政権リーダーと国民の間の「対話」のクオリティも高めはしない．政治的に無責任な国民が無能な政権リーダーを選出するというシステムを温存するならば，そのような政権リーダーによって参戦が決断されたとしても国民は戦争責任を免れることはできない[6]．官僚制や代議制の欠陥を補塡するプレビサイト（PLEBISCITE）のようなシステムの充実が急がれるのはそのためでもある．

3　近代同盟外交の国際紛争解決能力の限界とパースペクティヴ

20世紀に列強が駆使した近代同盟外交は「破綻」の要素を内包しているし，支配国と従属国の間に「対話」がないように，「対話」の概念も欠落している．はたして近代同盟外交に耐久力はあるのであろうか．また，ヨーロッパ統合コンセプトのような前例のない戦争管理観がヨーロッパの精神文化的土壌に浸透したのは2度の世界大戦の惨劇があったからであるが，「EU統合」は近代同盟の連鎖を断ち切る外交コンセプトとなりうるのであろうか．本章では近代同盟に代わりうるヨーロピアン・パースペクティヴの潜在能力を展望する．

3.1　イメージをベースにした「勢力均衡」の破綻

「力の伝統」を背景にした西欧システムが機能していた20世紀初頭の国際社会は近代同盟外交によって繋がっていた．覇権国が主導する国際政治観こそが近代同盟外交を助長していたといえよう．しかし，新列強による旧秩序の破壊パワーは国際環境を変動させた．「国家意志」の変化がメイン・プレイヤーの勢力分布をシフトさせたのである．つまり，大国が望んだ伝統的な「現状維持」

的勢力分布は新興国家にとってはなんとしても破壊しなくてはならない障害であった．そうした流動的な国際環境の変化に対応するために大国も新興国家もそれぞれ近代同盟外交を駆使した．したがって，新興国家と大国の攻防を短絡的に「平和を侵した罪」と断罪はできないのである．

　日露戦争後の国際政治のメインないしサブ・プレイヤーはイギリス，アメリカ，フランス，ドイツ，イタリア，オーストリア゠ハンガリー，ロシア，日本の8カ国であろう．ロシアは日露戦の敗退でその後進性が疑われ，そのうえ革命が勃発したために「一等国」としての扱いが不透明になった．アメリカ，イギリス，フランスがメイン・プレイヤーであり，イタリア，日本がサブ・プレイヤーとして第一次世界大戦後の世界をリードしたが，その他依然ドイツが潜在的列強であったのは歴史が教えるところである．いいかえるならば，勢力圏の争奪戦といっても世界の趨勢をこの10カ国に満たない国々で決していた．そして，近代国際社会の中心である欧米が「日常的」に接していたのはアフリカや中近東まで含めた地球の西側である．混沌としていたとはいえ西側文化が世界の政治観を支配しており，極東アジアはこの世界政治観の死角に入っていたのである．

　さて，国家安全保障という「国益」を追求するに当たって，「自衛権」，「安全保障」といった概念は攻撃戦争と防衛戦争の境界線を曖昧にする．自力救済観念から解放されていない国際環境にあっては，緊急避難的な正当防衛のための武力行使も先制攻撃を含んだ聖戦論も本質的に消極平和に対する犯罪とは断定できない．自衛権を口実に侵略戦争や内政干渉戦争を仕掛けることが可能なように，戦争行動を自力救済に基づく国益擁護と捉えることによって正当化できるということである．脅威の解釈すら結局当事国に委ねざるを得ないということは自衛権の行使も当事国に委ねるということになる．ましてや外交政策である戦争を「正義」と「不正義」という観念的な基準で区分することはできない．対等な国家同士がお互いを裁くことはできないし，戦争の「正義」について判断をくだすこともできないのである．法の紛争解決能力が当事国，とくに列強の政治意志に馴染む範囲に限られるということであればなおさら法が参戦

の判断や戦争の結果を裁くのは困難である．勢力均衡概念の裏に潜む現実は国家間に「対話」がない以上，既存の勢力配分を誰（＝どの国家）が維持するのか，あるいは新たな勢力配分図は受け入れられるのかといった国際秩序をめぐる攻防なのである．

　総じて，近代同盟は国家から防衛と侵略のコントロールを奪い，「国家意志」に制約を加え，近代同盟の連鎖は報復を含めた戦争の拡大をまねく．大国は同盟を通して「現状維持」を意味する「均衡」の実現を欲し，後発新興列強は「均衡」の破壊を望み，そのために同盟が必要になると考えられるとしても，世界の勢力分布図を固定化しようとする現状維持政策，いわゆる勢力均衡概念の盲点は均衡が計算に馴染まないことにある．つまり，仮想敵国より勝る力をもつために実質的な軍事力増強を推進するということ以前に，敵国の経済力がどこまで軍事力に転化しうるかは厳密な測定に馴染まないばかりか政権リーダーたちの思惑も統制経済能力も作戦立案能力も兵士の士気もナショナリズムの高揚も国民の教育水準も計量化できないのである．往々にして敵国を過小評価し，自国の被害は楽観的に予測し，概ねイメージを実態と錯覚する．したがって，「均衡」はイメージの域を出ておらず，精密な計測に基づいた具体的な全体像の把握から導き出される結論ではない．そもそも，敵国のパワーの計算が可能ならば国が滅びうる「負けるケンカ」は極力避けるものである．

　しかも，計画通りに戦争を進行させることができないばかりか，前述したフランスの日本への武器供与要請や欧州派兵遣請が示す通り戦争の長期化を予測できなかったために充分な戦争準備をせずに戦争に突入することもあるし，同盟国でもないアメリカに参戦要請すらした．第一次世界大戦勃発以前にはドイツの敗北を誰も確信できなかった．ドイツと英仏の比較においてさえどちらの力が優るかは測定不可能であったし，イタリアの同盟離脱をどのように計算に入れたのかは不明である．1916年に至ってもドイツの勝利を危ぶみ日独単独講和，あるいは独露単独講和の可能性すら囁かれた．しかも，ロシア革命後の新政権の対独単独講和をどのように勢力の計算に入れ得たのか．おそらく，連合国サイドとしてはただ単にドイツを東方から脅かすことができなくなりドイ

ツが西部戦線に戦力を集中させ易くなったというような「計算」しかできなかったであろう．革命後のロシアの離脱がこの均衡の「計測」を一層複雑にしたのである．ドイツの他にもうひとつの得体の知れない「敵」ロシアが味方陣営から出現したわけである．その結果，革命勢力を恐れての干渉であったにせよ，日米関係の延長戦上で捉えるべきにせよ，あるいはその膨張欲を刺激されたからにせよ，日本はシベリアに出兵した．

　また，参戦行動が曖昧な外交意志の表現である場合もあり，戦争の最終目的がただ単に戦争終結ということにも変わりうる．例えばフランスのように第一次世界大戦への参戦行動を侵略の意志のない迎撃戦と規定できるのであるが，結局は，戦争目的が占領地域アルザス・ロレーヌの無条件復帰と戦争犯罪に対する制裁措置，そして一連の損害賠償請求となった．かりに，この戦争が民主政対専制君主政の対決であったなら同盟国の帝政ロシアの存在自体が「民主主義擁護」という論理に矛盾を内包していたことにもなる．何よりも戦争を終結させることが次第に優先課題となったことも見逃せない．「私は戦争を完遂する」といってクレマンソー内閣が発足しアメリカの協力を引き出し終戦を迎えることができた．ただし，この対米協力要請は戦況の閉塞状況を脱するために導きだされた必然の選択であり，戦後の勢力配分図を念頭に置いて導きだされた結論ではなかったはずである．結果的に大戦のコンセプトは防衛戦争から民主主義対覇権主義の対決，とくにロシアの離脱以降「民主主義陣営の防衛」へと変化させることができたのである．

　連合国に共通の一貫性のある戦争目的があったとすれば，それは大国にとって有利な勢力配分図の現状維持，もしくは発展的膨張であり，この秩序を乱す新興勢力ドイツに覇権主義を断念させることであった．その際，同じ新興勢力の日本が潜在的にイギリスとアメリカを脅かす存在になりつつあったとはいえ，その活動領域があくまでも極東に限定されていたから大国は日本を差し迫った脅威とは認識していなかったのである．ただし，欧米，アフリカ，中近東という西側ではなく，極東を含めたアジア権益をめぐりアメリカにとって日本は運命的な敵国になりつつあった．日米関係は南満洲鉄道問題と移民問題をめ

ぐり既に先鋭化していたのである．日本がもともと極東権益にはさほど野心的ではなかったドイツに宣戦布告し，日独関係だけが悪化してもアジア情勢を激変させることはなかった．日本が経済的にほとんど無価値のドイツ領南洋諸島に触手をのばすと軍事的にはフィリピンを威嚇し，鮮明になりだした日本の領土的覇権イメージがアメリカを刺激することになった．

さて，日本は近代同盟のメカニズムが作動したから世界大戦に参戦しただけであり，その参戦動機にはアジアにおける地歩を固めるほどの願望しかなく，欧米列強のような世界的規模の覇権の野心はなかった．ましてや「勢力均衡」を維持しようなどという外交思想があったわけでもない．つまり，日本は近代同盟の結果イギリス，フランス等の白人列強陣営に名を連ねかれらを支援することによって先ず巧みに彼らの反発をかわそうとした．ヨーロッパ戦線から遠く離れた日本が担った当面の役割は財政支援や武器の供給等の支援に留まらず，オーストラリア，ニュージーランドから出航する輸送船団の安全の確保をはじめとする太平洋地域の「警官」の役割であった．次に同じ白人列強であるドイツを敗北せしめアジアから追放した後，日本を中軸にした極東圏秩序の基盤を固めることを目指し，この地域でのヘゲモニーを追求した．この大正日本の柔軟な限定的覇権外交は西欧列強の関心が未だヨーロッパ政局，バルカン，中近東，アフリカに集中している間，優先順位が相対的に低い遠方のアジアに集中していない国際政治環の間隙を突く絶妙のタイミングで模索された．近代同盟は列強が勢力均衡を実現しようとして活用した外交戦術にとどまらず，大国の既存秩序維持政策あるいは大国のみの勢力拡張政策に対し新興列強がこの体制の破壊要求を掲げダイナミックに反発する好機をも提供したのである．したがって，勢力均衡に内在する勢力拡張願望や既存秩序の破壊願望を実現しうる近代同盟に紛争解決能力を求めることはできない．

3.2 国際紛争の管理方法をめぐるヨーロピアン・パースペクティヴ

大正日本は戦勝国に名を連ねたが，国土が第一次世界大戦の戦禍に晒されたわけではなく，国際紛争の惨劇を体験しなかったことから，国際紛争解決機構

に関わる議論の必要性もなかったし，際立った平和思想もうまれなかった．それに反しヨーロッパでは，この大戦を機に戦争を管理しようとする気運がうまれた．というのも，戦争の危険が遠のいたとしても，戦争の可能性は燻ぶり続け，ナショナリズムの強化が維持され，それをベースにした強力な国家分離パワーが働いていたことを実感できたからである．こうした危機を孕んだハンディキャップを抱えながらも協力のシンボルとして船出したのが国際連盟である．

国際紛争解決能力をめぐる国際連盟の挫折の教訓は国際機関が担うべき使命と期待される能力そしてその使命を果たすに当たり備うべき資源に関わる一連の疑問を投げかけた．何よりも先ず，国際連盟の国際紛争解決能力の構造的欠陥と限界とは，国際連盟は主要列強の国家エゴイズムを温存しながら列強の主権と「国益」に抵触しない範囲で紛争当事国間の協調的な妥協案を提示するということにとどまったということである．理事会にしろ総会にしろこのような姿勢でしか紛争に臨むことのできない国際連盟に国際紛争解決能力を期待できなかった．逆説的には，列強は問題の本質的な解決を模索することを国際連盟には期待していなかったとも解釈できよう．具体的には仏独間のザール問題に直面するや，列強戦勝国の「サロン」としてしか機能できなかった国際連盟はその無力さを露呈した．国際連盟は敗戦国ドイツに対し，当時の主要産業である石炭・鉄鋼産業の弱体化を図る戦勝国の意志に異議を唱える立場にもなかった．ドイツを非力化することこそがヨーロッパの安全を保障する条件と考えていた国際政治の文脈で国際連盟が反駁する機能を備えていなかったということである．第一次世界大戦終結以降の国際秩序は概ね"野蛮なリベラリズムに彩られた戦勝国に有利な帝国主義体制の再編成"であったといえよう．国際連盟体制は近代国際機構の設置という意味では歴史的意義はあったが，安全保障のあり方とアナーキーな世界に本質的な変更をもたらすことはなかった．

そうしたなか，潜在的国際紛争原因を根絶やしにする国際連盟方式とは異なる解決方法が模索されていた．それが，軍事力増強をもって消極的平和を維持するという古典的な方法論に代わりうる「統合方式」であった．国際連盟にも

期待を寄せた汎ヨーロッパ運動家のなかでもとりわけ R. クーデンホーフカレルギーが日本では有名である．しかし，統合方式の萌芽が国際連盟設立以前に既に第一次世界大戦の真っ最中に次第に浮上していたことはあまり知られていない．その主導的役割を果たしたのが"ヨーロッパの父"ジャン・モネ（Jean MONNET）である．ジャン・モネの「統一ヨーロッパ基本構想」のベースには第一次世界大戦時の AMTC（Allied Maritime Transport Council＝連合国船舶補給委員会）や AMTE（Allied Maritime Transport Executive＝連合国船舶補給機構），あるいは Wheat Executive（連合国小麦共同管理機構）といった連合国機構内にみられた一時的な協力体制以上の主権の融合化現象を重視する姿勢がある．戦争継続には連合国内の人種や国境といった障害を乗り越えて友軍が互いに協力する必要があった．国家間の調整であれば，それは国益の追求のプロセスにすぎないが，この連合国機構を運営する過程でその調整の枠組みを超えたところに加盟国全体の利益を見出そうとする試みが芽生えたのである．ナショナリズムが声高に叫ばれていた20世紀初頭，長期化する大戦に戸惑い続けた連合国が系統的な協力の術も知らずに確立しようとした「国際協力体制」の理念とその方法論と限界と各国の交錯する思惑を超えた「対話」の精神に将来の EU の胎動を確認できるのである．

　モネが描いた「統一ヨーロッパ基本構想」の骨格を次のような表現で要約できよう．「1918年我々は戦争に勝ち，1919年平和を失った．その理由は敗戦国に戦勝国の論理を課したからである．我々はヴェルサイユ条約に背を向け今日の敵が明日のパートナーとなり，平等な立場で協議できるような共同体を直ちに想像しなくてはならない．」（Henri Rieben, 1989：21）このように，新機軸を示すヴィジョンが具体化するならば歴史に類例をみない試みであった．モネはヴェルサイユ条約を平和条約というよりは休戦協定に類するものと看做し，ドイツ問題を2国間ではなくヨーロッパの文脈のなかで包括的に解決し，域内における武力行使の必要性を消滅させようとした．「域内」という限られた空間ではあるが，「祈り」や抽象的で崇高な理想に頼るのではなく，現実的な仕組みが戦争抑止を可能にする．モネは集団的国際紛争解決機構であったとしても，

あくまでも「サロン」として機能するにすぎない連盟体制を早い段階で見限り，域内における戦争原因を根絶させた「域内グローバリゼーション」という地域統合による戦争の管理手法に期待を寄せたのである．国家安全保障を「域内安全保障」にまで広げ，国家安全保障を域内安全保障によって確保するのである．国境の存在こそが戦争原因となるから，ヨーロピアン・パースペクティヴの方向性は国境を低くすることによって紛争原因を減少させるるという論理である．そのような「域内グローバリゼーション」の思想は第一次世界大戦時にうまれ，後に石炭鉄鋼共同体，そしてEUへと道を開いた．

　共同体設立以降，共同体加盟国にとって国境の「消滅」は現実感を増したとはいえ，日々の現実のEUには経済的にも労働市場としても域内に「南北」が存在している．この南北格差は緩やかな格差是正により適切な融合へと向かうとする見方と，逆に，格差は埋まることはなくその格差を活用し続けるという見方がある．統合の流れがどちらの方向にいくかは利潤追求の企業の姿勢とEUが示す労働環境の改善目標との妥協にもよる．また，通貨統一が域内の国家通貨を消滅させたことから域内における為替変動などはもうおこりえない．しかし，国家間の相互依存に拍車をかけ「経済国境」まで消滅させつつあるとはいえ，未だに関税率政策を含め加盟国が統一的な対EU外政策を採用しているわけでもない．その反面，仏・独の急速な接近は主権の壁に固執する姿勢に弾力性を与えている．いずれにしても，このEUという枠組みを活用しようとする加盟国の思惑には国家安全保障はもちろんのこと経済的利益の追求と財政の安定，さらには外交的発言権の確保などがある．各国が統合にメリットを見出すにしたがいEUの存在感は増し統合に現実感が増すことになる．

　第一次世界大戦当時イギリス・フランス・ドイツは大国であった．今日，イギリスはアメリカカードを使いフランスとドイツを牽制し，フランスとドイツはEUカードを使い，それぞれ独自外交を展開しているといった解釈がある．加盟国を統括するEU政府もEU軍も存在しないということは加盟国はある程度の主権の部分的委譲は容認しても政治的軍事的主導権の放棄には同意していないとも解せよう．つまり，加盟国は現時点では未だ完全な政治統合を欲する

には至っていないことになる．加盟国によっては統合が目標なわけではなく，この統合の枠組みをあくまでも国家意志追求のための道具と看做しているのかもしれない．EU 加盟国の主権の融合への反発は未だ根強く残っているのである．国家は近代同盟外交を駆使することによって外交目標の達成を目指すが，「協力」のメカニズムが作動すると国家主権を拘束することになる．統合システムの進行もまた国家主権を拘束し縮小しかねない．現在の「EU ヨーロッパ」は連邦でも合衆国でもない．しかし，加盟国全体の利益を考慮しつつ主要国のフランスやドイツの外交目標を達成しようとするといった伝統的な図式を継承するだけならば，いかに EU がその統合の道を歩もうとも，EU は国家の集合体に留まり，「主権の融合」コンセプトとは相容れないままになる．世界の地域統合化の流れを加速化している EU の動向は国家主権の耐久力をめぐる議論に拍車をかけ，従来の国民国家体系の変容あるいは消滅の可能性といった未知のテーマを提起している．つまり，具体的には EU 加盟国は「統合」という穏やかな潮流に乗って「国家意志」を追求するための船出をしたとみるべきなのか，それとも，EU は国家主権の「調整」という枠組みを超え，「対話」から主権の融合へという道をたどっているとみるべきなのか，その将来像は不透明である．

たしかに，地域統合は国境の壁を低くすることには貢献したが新たな大きな国境の出現も予感させる．アメリカに対抗する共同体ブロックの出現である．パックス・アメリカーナのメカニズムの欠陥は国家間の主張に生じうる争点の消滅と我意のみが正当と考えるアメリカのみの判断への融合である[7]．そこには「対話」はなく，論理的にはアメリカの有権者のみがその世界観を他の国民に押し付けることになるのである．修正機能が働かなくなるとメカニズムそのものが破綻しうる．つまり，アメリカの論理の正当性が問題なのではなく，カウンター・パートナーが異議申し立てをすることによって正しい論理を探るという検証手続きの喪失自体が問題となるのである．「対話」はデモクラシーの必須要件なので，「対話」なきパックス・アメリカーナを「国際」デモクラシーと看做すことはできない．敗者の抗弁をねじ伏せる力のある覇権大国のアメ

リカには「君だってそうだろう．お互いさまじゃないか」(カール・シュミット, 2000：249) という抗弁は通用しない．パックス・ブリタニカにしろパックス・アメリカーナにしろアングロサクソン的覇権志向が今日のイラク戦争のベースにある．

　イラク戦争は近代同盟メカニズム特有の「連鎖」の危険を孕んでいたが，近代同盟のコンセプトを用いて分析する限り，イラク戦争は紛争の域を出ることはなく世界大戦にまで発展する懸念はない．近代同盟メカニズムが部分的にしか作動しなかったため，局地的な戦争原因が世界を戦争に駆り立てる要因に発展するには至らず近代同盟の連鎖要因が消失したからである．何よりも幻影の均衡概念すら成立しなかった．一方において，フセインは国内政治では危険な人物であっても国際政治ではイメージ以上にはインパクトがなかったため，フセインを中心にイスラム世界や反米勢力が結束することはなかった．もう一方，人種の壁を乗り越えアメリカを中心に「世界」が結束したかのようにもみえたが，「アメリカ陣営」内でさえ「対話」がなくフランスとドイツが分裂勢力を形成し近代同盟メカニズムが働かなくなった．そして，交戦国の国民が積極的に犠牲を受け入れようとはせず，「両陣営」には総力戦を推し進めるようなナショナリズムの高揚もなかったし，鮮明なイデオロギーの対立もなかった[8]．ただし，イラク戦争はアメリカが国内政治に介入したことによって部分的であれ同盟メカニズムが働き，もともとは国内政治に留まるはずの問題が国際政治問題に変容し，この国際政治の問題が国内政治へと循環しだした典型的な政治循環のケースでもあることを見逃すことはできない．また，イラク戦争は国連型の国際紛争解決能力の限界の一端を露呈した．国連を利用できる範囲でしかその存在価値を重視しないとするアメリカの姿勢に抗することのできない国連の体質は列強のサロンにすぎなかった国際連盟と同根の脆弱さを内包している．

　第一次世界大戦，第二次世界大戦の主戦場になったフランスとドイツには戦争を避けるために粘り強い交渉を尊ぶという伝統が第二次世界大戦後確実に培われた．両国には，戦場になったことがなく「他人の家」で流される血を顧み

ないサーベル外交の「ブッシュの闘犬国家」とは相容れない「反戦」の政治文化が存在する．このように先進国間に入った輝はメカニズム全体の歪みへと拡大し大戦には発展しないのである．とはいえ，アメリカと旧ソ連は潜在的にキューバ危機のような一触即発の危機的状態に陥る危険性を孕んでいたが，ヨーロッパとアメリカはイデオロギー上争点が見出せないため米ソのような対立の図式も成立しえない．アメリカの経済力は世界を屈服させる．EU の台頭はパックス・アメリカーナを修正するパワーとなりうるのであろうか．かつてフランスは外交パワーとして圧倒的な存在感を示してきた．イラク戦争を契機に今日の国際社会ではアメリカの前にフランス一国では抗しきれないため EU という仕組みを活用して EU という大きな単位でアメリカに対抗すべきだとする議論も登場した．ジャン・モネの思想から離れ，対米外交勢力としての EU が浮上しだしたのである．加盟国が国益追求のために EU を活用するという論理は，アメリカが国連を自国の主張を貫くために活用するという論理と本質的な違いはない．EU をめぐり見え隠れするフランスとドイツが主導する老獪なヨーロッパ外交は若いアメリカ外交に反発するかのように改めて「結束」を決断した．この決断が揺ぎ無い確信となり，EU が新加盟国の加入とともに発展的拡大軌道に乗ると，老獪さ[9]に新たな生命力を宿すことになろう．

4 むすび

第一次世界大戦当時，列強には「国防観」にしろ「国益」追求にしろ，軍事力とそれを支える産業力の背景なくしては何も主張できない「力の現実」があった．しかし，この「力の現実」は単純に各国が推し進める外交政策の延長戦上にあったわけではなく，近代同盟外交を反映した国際政治力学の表現にすぎなかった．近代同盟は白人国家同士を反目させ，白人国家と黄色人種国家を接近させることもあるように，国家同士も，政治的存在としての国民同士も敵にも友にもする．近代同盟理論を適用する限りイラク戦争が世界大戦に発展する可能性は無いとはいえ，平和構築に貢献することのない近代同盟のメカニズム

が作動すると，世界を協力と拒絶の矛盾に対峙させ予測できない大惨事へと導くこともありうる．パックス・アメリカーナもこの近代同盟の矛盾から解放されてはいない．たしかに，域内に留まるにしても国境を低くするEUというオルターナティヴが近代同盟とは異なるパースペクティヴを提示した．しかし，加盟国が国家主権をどこまでEUに漸次委譲するのか，そのパースペクティヴの方向性は未だ定かではない．つまり，EUがどのような国家の結合体となるのかが不明なのである．『フランスの国防はフランスのものでなければならず，……万が一の場合外国と協力することがあっても，フランスは自らによって，自らのために，自らのやり方で自らを守るのだ』(DE GAULLE, 161) といったド・ゴールのことばからは国家主権至上主義思想が見える．この思想は21世紀のEU加盟国にも真実であり続けるのであろうか．

さまざまな価値観を許容するデモクラシー概念が国内ではその力を発揮できるとしても国際政治では未だ共有されていないか無力である．紛争の平和的解決 (gestion pacifique des conflits) 能力をもった国内デモクラシーは国家の法治能力を前提にしているのでこの機能を自動的に国際政治に援用することはできない．民主主義の論理を踏まえた「アメリカ陣営」の「国家意志」の「総意」によって開戦したイラク戦争は多くの民衆の犠牲者をだした．このイラク戦争は「アメリカ陣営」の政権リーダーの戦争の論理と世界の民衆の「意志」が必ずしも合致していないことを示す事例でもある．というのも，国内の政権リーダーと民衆の間でさえ「対話」が存在しないのだから，「アメリカ」と世界の民衆の間に「対話」が成立しうる合理的根拠も乏しいのである．外交政策を推進するに当たり，自分や自分の家族を危険に晒すことのない政権リーダーは他人の死や哀しみを死傷者の数や賠償金という数字でしか捉えない[10]．そのような政権リーダーの姿勢に「国家意志」の内面を垣間見ることができるのである．しかし，「国家意志」を歪めながら決断する政権リーダーたちの選出プロセスにも近代同盟外交政策の内容にも欠陥があるからこそ，世界の民衆は近代同盟の連鎖に巻き込まれながら明日もその生命を危険に晒す．かといって，法は戦争も「国家意志」も裁くことはできない．政治が開戦を決断し，政治が戦争を

終息させ，政治[11])が国家をも裁くのである．

1) 例えば，ルールという概念が欠落している戦争とルールが存在しないと成立しえないゲームとが似て非なることは明らかである．戦争には「狂気」と「偶然」という計算不可能な要素が介入する．
2) 政権リーダーに対しその周辺を固めるサブリーダーズが実質的な牽引役を担ったように村や職業集団レベルにも「親分」を取り巻くサブリーダーズが幅をきかせていた．元老を政権リーダーではなくサブリーダーと看做すこともできようが，議論が分かれるところである．
3) 親露派で日露同盟締結に積極的であった本野と頑固にも親英派を押し通した加藤というように彼らの姿勢が一枚岩的に統一のとれたものではなかった．
4) フランスでは戦争の長期化とともに厭戦気分が蔓延し，ストライキが続発し，しばしば軍隊にも暴動がおき内政が膠着した．1914年8月以降表現の自由の国フランスでも戦意高揚のための国内秩序の維持と世論の混乱の回避を目的に新聞も検閲の対象となった．
5) laïque（世俗化）という政治問題ひとつとってもフランスと日本の政治文化にはあまり共通性はない．
6) 日本では選挙は代議制の儀礼に過ぎなくなっている．政党に頼らずとも，日本の外交を主導するアメリカと「信頼」できることになっている官僚団の存在があるということであろうか．しかし，マスコミ報道に影響され易く，厳密な法解釈ができない人々を裁判員に指名することによって冤罪の弊害を増しかねない裁判員制度に依存せざるをえないという状況は司法のキャリア制度の破綻を示している．
7) 原敬日記2，1981，福村出版，327頁：日本人の観察者は20世紀の仏米関係にアメリカのヘゲモニーが浸透していく世界を見逃さなかった．「米国人の巴里を好むこと非常……当時は米国人を以て風俗の点に於て極めて野卑なるものとして仏人の蔑視せし所なりしが……何時とはなしに彼等の風習にも同化したるものならんかと思はる．……米国は政事経済のみならず風俗にまで斯る潜勢力を有したるは真に驚くべき事柄なり．」
8) 近代同盟のコンセプトを適用する限り，仮に北朝鮮が「アメリカ陣営」と衝突することがあっても，それは紛争の域を出ることはなく，ましてや世界大戦に発展することはありえない．
9) かつて，ミテラン対シラクの大統領選期間のテレビ討論で現職大統領のミテランが対談相手のシラクを首相と呼ぶことに対しシラクは選挙期間中に大統領対首相という位置づけで対話をすることに反発した．このような選挙戦術の是非はともかくとして，ミッテランの force tranquille「静かな力」を漂わせた老獪さが見え隠れし

ていた．時間が経ち今日のシラクはヨーロッパの父にふさわしい「慈愛と威厳」をかもし出す政治力が備わったといわれる．

10) イラク戦争を推し進める日本やアメリカの政権リーダーのうち何人が自分たちの子息子女を戦場に赴くよう叱咤激励し，そのうち何人が現実に戦場に赴いたのかは不明である．
11) フランスは第一次世界大戦，第二次世界大戦とも結果として敗戦国にはならず，戦勝国に名を連ね，二度とも戦後の世界政治をリードする一端を担った．アメリカのカウンター・パワーを持ちえるとしたらEUの中軸的役割を担うフランスが有力である．フランスのこのような政治パワーは，おそらくフランス特有の成熟した政治文化に依るところが大きいように思える．例えば，「平等」のパズルから解放されていないフランスでも日本のような「タレント」・「世襲」議員の大量出現は考えにくい．さらには，政治学院＝Institut d'Etudes Politiques 通称 Sciences Pô，あるいは行政学院＝ENAの存在感が示す通り，政治学教育の重視も一因であろう．

参 考 文 献

江川潤, 1986,「資本主義・社会主義体制とデモクラシー」高柳先男・古城利明編『世界システムと政治文化』有信堂．

カール・シュミット, 2000, 新田邦夫訳『攻撃戦争論』信山社．

金原左門, 1961,「サブ・リーダーズの思想と政治的役割」『指導者と大衆』近代日本思想史講座第5巻, 筑摩書房．

小林道彦, 1996,『日本の大陸政策』南窓社．

田畑茂次郎, 1991,『現代国際法の課題』東信堂．

中野実, 1992,『現代日本の政策過程』東京大学出版会．

西海太郎, 1983,『フランス第三共和制史研究』中央大学出版部．

廣岡守穂, 2003「戦後啓蒙についての考察のためのメモ（上）」『法学新報』110（3・4）．

ブリュノー・エチエンヌ, 1998, 染木布充訳「フランスにおけるイスラム」『ヨーロッパ新秩序と民族問題II』中央大学社会科学研究所研究叢書．

細谷千博, 1988,『両大戦間の日本外交』岩波書店．

宮地正人, 1973,『日露戦後政治史の研究』東京大学出版会．

染木布充「第一次世界大戦が育んだEUの源流」『外交時報』1998年5月号．

――――, 1999,「第一次世界大戦とフランス第三共和制の対米協力要請の背景」『中央大学政策文化総合研究所年報第2号』．

――――, 1999,「近代同盟試論―『日仏同盟』不成立の背景」『中央大学社会科学研究所年報第4号』．

――――, 2000,「近代同盟試論(2)―『黄色の列強』日本と屈服する『正義』」『中央大学社

会科学研究所年報第5号』.

――, 2001, 「近代同盟試論(3)―防衛か侵略か」『中央大学社会科学研究所年報第6号』.

――, 2002, 「近代同盟試論(4)―イメージとしての拒絶と協力のナショナリズムと近代同盟」『中央大学社会科学研究所年報第7号』.

――, 2003, 「近代同盟論概説―日仏同盟構想と近代同盟メカニズムの構造的矛盾」『法学新報』110（3・4）.

――, 2003, 「近代同盟試論(5)―国際紛争管理文化をめぐる国家意志とヨーロピアン・オルタナティヴ」『中央大学社会科学研究所年報第8号』.

日本外交文書大正3年第3冊.

日本外交文書大正6年第3冊.

東洋経済新報大正3年.

「政友」大正3年.

BENOIST-MECHIN, 2000, Ce qui demeure : Lettres de soldats tombés au champs de d'honneur 1914-1918, BARTILLAT.

De Gaulle, 1996, Mémoires d'espoir, OMNIBUS, Paris.

DOCUMENTS DIPLOMATIQUES FRANCAIS 1914 (3 AOUT-31 DECEMBRE).

Henri Rieben, 1989, La naissance de l'idèe européenne de Jean Monnet : Jean Monnet et l'Europe d'aujourd'hui.

Jacques Desmarest, 1977, Des oppositions à l'unité 1897・1914, Hachette.

J. A. SALTER, 1921, Allied Shipping Control, Carnegie Endowment for International Peace, Oxford.

JEAN MONNET, 1976, MEMOIRES, Fayard.

Léon ARCHIMBAUD, 1923, LA CONFERENCE DE WASHINGTON, Payot, Paris.

Raymond ARON, 1962, PAIX et GUERRE entre les nations, CALMANN-LEVY.

Raymond POINCARE, Messages, Discours et Allocutions.

5章　未完の自由選択社会
―― G. レーンとスウェーデンモデル ――

宮　本　太　郎

はじめに

ヨーロッパの福祉国家群は，グローバル化の進展のなかで，もはやその命脈を断たれたという議論がしばしばなされる．その一方で近年では，福祉国家体制はグローバルな市場競争の展開に対して人的資本の形成やリスク管理という点で存外強い適応力をもっているという主張も現れている（Garret, 1998：Rodrik, 1997）．

本稿は，スウェーデン福祉国家あるいはスウェーデンモデルの過去と現在を，このモデルの設計者と目されているレーン（Gösta Rehn）の社会構想との関連で論じる．ただしその場合，前述のいずれかの立場に立って，スウェーデン福祉国家の限界なり優位性なりを論じようとするものではない．本稿は，こう言ってよければ，スウェーデンモデルの過去と現在のなかにひとつの未完の社会構想を見出そうとしている．そして，その構想はグローバル化と脱工業化を与件とした新しい福祉国家（あるいは福祉社会）のかたちを示していると論ずる．

レーンの名は，わが国ではレーン・メイドナーモデルの名をとおして知られる．つまり，レーンは，そのパートナーであるメイドナー（Rudolf Meidner）ともども，完全雇用を産業構造の転換とインフレ抑制と両立させる革新的な経済政策モデルを開発し，スウェーデン福祉国家の発展に決定的な貢献をした研究者として知られてきた（宮本，1999：120-139）．

だが併せて次の点に留意をする必要がある．第1に，レーンとメイドナーの

それぞれの社会民主主義戦略は，少なくとも今の時点から振り返る限り，大きな相違があった．両者とも，社会民主主義を国有化に還元する考え方と一線を画した独創的な構想の持ち主であった．しかし，市民の合理的選択の総和として形成される「自由選択社会」構想を掲げたレーンと，やがてメイドナー・プランと呼ばれた基金社会主義の構想を掲げることになるメイドナーとの間の距離は，無視することはできない（宮本，1994）．そして第2に，実際に政策として採用され実行されたレーン・メイドナーモデルと，レーンが個人として構想していた福祉＝経済政策にも，看過できない相違があった．レーンのもともとの福祉＝経済政策についての考え方は，実際のスウェーデンモデルに比べて，よりリベラルなものであったという指摘もある（Eklund, 2001）．

以下では，まず現実のスウェーデンモデルの展開とレーンの貢献を振り返ったうえで（1節），レーン自身の福祉＝経済政策の構想を，かれの自由選択社会論を中心に整理する（2節）．そのうえで，レーンの理念をモデル化したシュミット（Günther Schmid）のモデルを基準として，スウェーデン福祉国家の現在を検討しつつ，実は第二次大戦以前よりレーンによって主張されてきた理念は，今日ようやく現実になりつつあると論ずる．

1 レーン・メイドナーモデル

レーンは，1933年から36年にかけてストックホルムのソーシャルワーク学校で学び，同時にストックホルム大学で経済学を修めた．その後，左翼雑誌『クラルテ』などを経て，スウェーデン労組連合LOの雑誌や社会民主党の機関誌でジャーナリストとして活動し，1943年からはLO所属のエコノミストとして活躍をするようになった．この時期からレーンは，多彩な時評的論説と並んで，後にその社会構想の核となる問題，すなわちインフレ，雇用，労働時間の柔軟化の相互連関についての独自の考察を展開するようになる．また，生涯にわたってさまざまなかたちで共同の論陣を張っていくメイドナーと出会うのもLOにおいてである（Milner and Wadensjö, 2001）．

5章　未完の自由選択社会

　レーンの発言が注目を浴びるようになるのは，このLOのエコノミストとしての活動をとおしてであり，そのきっかけとなったのが第二次大戦後のスウェーデンの経済政策をめぐる論議であった．1944年に，スウェーデン社民党は包括的な戦後体制構想ともいうべき「労働運動の戦後プログラム Arbetarrörelsens efterkrigsprogram」を発表した．このプログラムには，長期的な観点に立った雇用政策や再分配政策とともに，当面の経済政策の提起が含まれていた．そこには，戦後のスウェーデン経済に厳しい景気の停滞が起きることを前提として，積極的な経済拡張策が盛り込まれていた．

　ところが，戦後のスウェーデンには，「戦後プログラム」が想定していた景気後退に代わって激しいインフレが到来した．そのなかで，LO調査部のエコノミストを中心に，インフレ抑制を重視して単純な経済拡大路線に反対するグループが形成され，その中心となったのがレーンとメイドナーであった．このグループは，需要喚起策に終始する当時の経済政策を一貫して批判し続け，当時のエルランデル首相から「うるさがた連中」と呼ばれた（Rehn, 1977b: 219-220；Rehn, 1985b）．レーンによれば，「あまりに単純化されたケインズ主義」が完全雇用を達成していく唯一の手段ではない．こうした対応は，スウェーデン経済にインフレ体質をもたらしてその基礎体力を弱め，最終的には賃金や価格の凍結等を引き起こす点で弊害が大きい．これに代えて，より公正な賃金政策と積極的な労働市場政策こそが，雇用政策の主軸に据えられるべきなのである．この議論が，後に多数派に転化してレーン・メイドナーモデルの原型となっていく（Rehn, 1977b；Martin, 1979）．

　「うるさがた連中」の議論がレーン・メイドナーモデルとして体系化されたのは1951年のLO大会報告「労働運動と完全雇用」においてである（LO, 1951）．すでに筆者はこのモデルについて別稿において詳しく検討したことがあるが，ここでは視角を変えて改めて整理しておくことにしたい．レーン・メイドナーモデルは，抑制的経済政策，連帯的賃金政策，積極的労働市場政策から成るきわめて斬新な政策リンケージであった（Erixon, 2001: 15-22；宮本, 1999: 120-139）．

抑制的財政政策

「単純化されたケインズ主義」とのもっとも大きな相違は，このモデルが，ビジネスサイクルを通しての抑制的財政政策を掲げたことであろう．抑制的財政政策が狙うのは，生産性の低い，競争力を欠いた産業部門や企業を延命させずに，むしろその淘汰をすすめ，産業構造を高度化することである．同時に，健全財政を維持して福祉政策や労働市場政策の財源を確保することが期待される．さらには，競争力ある産業部門や企業において超過利潤がうみだされ，これが当該部門における賃金上昇に，ひいてはインフレや賃金格差につながることを抑止しようとする．ただし，抑制的財政政策は，以下のような諸政策とリンケージを実現することで，自由放任主義とはまったく異なったものとなる．

連帯的賃金政策

連帯的賃金政策は，LO のなかではすでに30年代から登場していた賃金政策で，当初はいささか漠然と，集権的な労使交渉によって低賃金の底上げを図ることを意味していた．レーン・メイドナーモデルは，この連帯的賃金政策という理念に，同一労働同一賃金という具体的な内容を与えると同時に，これを他の政策リンケージのなかに組み入れた．1951年の賃金交渉ラウンドから，スウェーデン経営者連盟 SAF は，賃上げ競争の抑制のために賃金交渉の中央集権化を求めたが，結果的にこの中央集権的な労使交渉が連帯的賃金の制度的条件を提供した．

連帯的賃金政策によって生産性の低い企業は利潤率を上回る労働コストの負担を強いられる．したがって連帯的賃金政策は，抑制的財政政策と連動して生産性の低い企業の淘汰をすすめる．他方において，生産性の高い企業においては，労働コストを相対的に抑制するために，余剰をうみだすことになる．そのために，高生産性セクターへの投資を引き出し全体として産業構造の高度化をすすめる．また，低生産性セクターから労働力が排出され，高生産性セクターで労働需要が高まるために，労働力移動の条件がうまれる．

積極的労働市場政策

　この労働移動の条件を活かしていくのが積極的労働市場政策の役割である．ここでいう積極的労働市場政策とは，失業手当等の給付によって失業問題に受動的に対応する政策とは異なり，職業訓練や職業紹介事業などの積極的手段によって失業を減らしていく政策である．レーン・メイドナーモデルは，このような積極的労働市場政策によって，低生産性セクターから高生産性セクターへ労働力を移動させていくことで，完全雇用を実現しようとした．より全般的な労働需要をうみだす積極的財政政策は，そもそもレーン・メイドナーモデルの選択するところではなかった．他方で，セクター間での労働需要のアンバランスを放置するならば，高生産性セクターでの賃金上昇が起こり，連帯的賃金政策の狙いに反するばかりか，賃金コストインフレを惹起する可能性があった．そのような意味で，職業訓練と職業紹介を中心とした労働市場政策こそが，レーン・メイドナーモデルの選択肢となったのである．

　以上のようにレーン・メイドナーモデルは，その3つの構成要素が相補的に組み合わされたユニークで独創的な政策リンケージであった．そこでは，経済政策における公正と効率という二律背反を克服していくことが企てられていた．併せて，産業構造の高度化を図り，高生産性セクターの高利潤を保障することで，福祉国家の経済基盤を形成した．

　レーン・メイドナーモデルにおいては，経済政策として福祉国家を支えることのみならず，支えるべき福祉国家のあり方も想定されていた（Hedborg and Meidner, 1984）．レーン・メイドナーモデルが予定したのは，すべての市民を対象とした普遍主義的な福祉政策との組み合わせであった．

　レーン・メイドナーモデルは，連帯的賃金政策と積極的労働市場政策によって不合理な経済格差や困窮層の出現を抑止する．そこに連動する福祉政策は，自ずと困窮層のみを対象とした選別主義的な福祉とは異なったものとならなければならない．すなわち，中間層を含めてすべての市民が，ライフサイクルのなかで直面する諸リスクに対処することを支援し，人々の選択の幅を拡げる，

そのような福祉が連動するべきなのである．とくにレーンにとっては，福祉政策や積極的労働市場政策は，経済的に合理的であるばかりでなく，人々の選択の自由を拡げて「フレクシブルな人生 flexliv」を提供するべきものであった（Eklund, 2001: 68）．レーンがこのような政策リンケージの構想の前提として抱いていた新しい社会構想，すなわち自由選択社会の構想については，次節でより詳しく検討する．

その前にここでは，このレーン・メイドナーモデルが，どこまで，あるいはどのように現実の政策として執行されたかについて，これまでの研究の明らかにしたところを簡単にまとめておきたい．多くの研究が示しているのは，レーン・メイドナーモデルは，そのまま政策化されたのではないが，かなりの程度戦後スウェーデンの経済政策を方向づけ福祉国家の基盤を創出した，ということである．

もっとも明確に政策化されたのは，積極的労働市場政策であった．1958年にはGNP比で約0.5％であった労働市場政策への支出はその後一貫して増大し，1978年には3％に近い水準に達した．積極的労働市場政策の支出が2％を超えるケースが珍しいことはヤノスキ（T. Janoski）の研究からも窺えるところである（Janoski, 1994）．労働市場政策の支出構成については，職業訓練や地域移動補助のような供給志向型のプログラムへの支出が拡大した．1960年にはこれが全体の6.6％にすぎなかったが，80年には38％となった（Rehn, 85a: 74）．こうした手段に支えられて，産業部門間での労働力の移動がすすんだ．

連帯的賃金政策については，レーン・メイドナーモデルが1951年のLO大会に提起されるのとほぼ同時期に，LO内部に同一労働同一賃金の基盤となる職務評価表の作成をおこなう協約局が設置された．しかし，このような職務評価表の策定は困難をきわめ，またLOの執行部がこの時点では賃金交渉の集権化に積極的でなかったこともあって，協約局の活動は暗礁に乗り上げることになった．しかしながら，むしろ経営者団体のイニシアティブで賃金交渉の集権化がすすむなかで，連帯的賃金政策は，低賃金部門の賃金引き上げを中心に，賃金幅全体の縮小というかたちで進行することになった．

レーン・メイドナーモデルの3つの柱のなかで，その実現の度合いについてもっとも議論が分かれるのが，抑制的財政政策である．少なくとも60年代半ばまでの金融政策については抑制的ではなく，景気循環に対応して抑制と拡大を繰り返した．しかし，50年代の終わりから70年代の初めまでの経済政策全般は，抑制基調が貫かれた．金融政策についても，60年代の終わりから70年代の初めにかけての不況時には，ケインズ主義的な基準からすればきわめて抑制的なものとなった．ただし70年代以降は，この財政規律は大きく乱れた（Erixon, 2001）．

レーン・メイドナーモデルの政策化をその政策パフォーマンスという点から見るならば，スウェーデンの失業率は，1956～74年で1.7％，75～79年で1.9％，80～84年で2.8％ときわめて低く，完全雇用に近い状態が維持された（宮本，1997）．また国民一人あたりGDPで見た経済成長率は，90年代までは一貫してOECD諸国の平均を上回っている．こうした経済実績のうえに，普遍主義的な福祉政策が展開され，高福祉水準を構築してきた．このモデルの狙いは，おおむね達成されてきたといってよい（Thakur, et al., 2003）．

ただし，レーン・メイドナーモデルにはさまざまな批判もあったことが想起されなければならない．産業分野および地域間の労働力移動をすすめる積極的労働市場政策について，一部の論者たちは，人々を従来の生活基盤から切り離す非人間的な発想であり，また地域発展のアンバランスを拡大すると批判した（Rehn, 1959）．また，この経済政策が，生産性の低い中小零細企業に厳しい環境をつくりだし経済の集中をすすめたことについても，批判がなされてきた．レーン・メイドナーモデルが，福祉国家の発展に果たした決定的な役割を重視するものも，このモデルがとくに労働市場のあり方について，上からの強力で介入主義的な政策イニシアティブを発揮したことは否定できないであろう．

その意味では，政策化されたレーン・メイドナーモデルは，レーンの自由選択社会をめぐる当初の構想とは，看過できないずれがあった．次節ではレーン自身の自由選択社会構想を整理したうえで，このずれの意味を考える．

2 自由選択社会の構想

2.1 自由選択社会構想とその背景

それではレーン自身の議論を，レーン・メイドナーモデルと切り離して見た場合，そこではどのような構想が提示されていたのであろうか．レーンは，すでに30年代に「あまりに単純化されたケインズ主義」の積極的財政政策について，インフレ抑制という観点から批判的態度をとっていた．また，失業対策として，ビジネスサイクルに生産短縮や労働時間の全般的抑制というかたちで対処することにも反対をしていた．早くからレーンが抱いていた考え方は，就労と休暇をより柔軟に組み合わせることで，失業の回避とインフレ抑制，そして個人の選択の自由の拡大を共に推し進めることであった．

そのひとつの例が，レーンが1944年に提起した特別有給休暇制度の構想であった．この制度は，雇用者が賃金の3パーセントを拠出しこれに政府の補助を加えた基金を財源として，労働者に6年ごとに3ヶ月（当該期間の労働時間の4パーセント）の特別有給休暇の権利を認めるというものである．その際，雇用状況がよくない産業分野に優先的にこの休暇取得の条件を提供することで，レーンはこの制度に失業保険や労働時間短縮に代替する機能を求めていた．そしてこの特別有給休暇を利用して，若い労働者が国民高等学校のような生涯教育機関や職業訓練制度を利用して，その能力を高めることを期待していた (Rehn, 1944 (1988))．

また，50年代の終わりから，基礎年金の2階建て部分に相当する付加年金制度の改革がスウェーデン政治の重要な争点となると（渡辺，2002），レーンはこの論争にまったく独自の視点から介入した．すなわち，改革案をめぐる一連の論争が，付加年金を公的な制度として運用するのか，あるいは民間の年金制度を拡大するのかという点をめぐって展開されていたのに対して，レーンは，年金の受給開始年齢を柔軟にしたうえで，年金受給権をもっと生涯の早い時期に先取り的に行使する「引き出し権 uttagningsrätt」を認めようとする提案をお

こなったのである (Rehn, 1957 (1988)). これもまた, 就労と休暇をより柔軟に組み合わせる社会構想であった.

特別有給休暇制度であれ, 年金改革であれ, こうした改革をとおしてレーンが目指したのは, 人々の自由な選択により多様なライフサイクルが実現する社会であった. それは, 経済的合理性の欠如した経済介入を回避しつつ, 同時に人々の能力形成をすすめる社会でもあった. レーンは, このような制度改革がつくりだす社会について, 1964年の論文では「自由選択社会 valfrihetens samhälle」と呼ぶようになる (Rehn, 1964 (1988): 378).

それでは前節で見たレーン・メイドナーモデルは, 果たしてどこまでこのような構想に則ったものであったろうか. レーン・メイドナーモデルの積極的労働市場政策について, 一部の論者たちがこれを半ば強制的な労働力政策と批判したことは先に触れた. これに対してレーンは, 積極的労働市場政策の趣旨について, 人々をそれまでの職歴・学歴の拘束や失業の恐怖から解放し労働市場における「選択の自由」を拡大するものであり, それはむしろ「人間中心」の考え方であると強調した. また, 地域発展のアンバランスは地域政策によって是正するべきものであって, レーン・メイドナーモデルの不可避の帰結ではないとした (Rehn, 1959 (1988): 458-460).

ただし, こうしたレーンの反論は, 実はレーンが, レーン・メイドナーモデルの実際の展開について必ずしも満足してはいなかったことを窺わせる. レーン・メイドナーモデルを背景とした実際のスウェーデンモデルには, とくにその労働市場政策にかんして, 人々を生産性の高い職場へ駆り立てていくという側面があり, これは自由選択社会の構想とは異なっていた. そして70年代に入ると, 抑制的財政政策等にかんしても, 経済政策の実態とレーン・メイドナーモデルは乖離していく.

それではレーンにとっては, 人々の自由選択と労働力の最適配置はどのように両立するものだったのであろうか. この点についてミルナーは, レーンが経済政策の構想に際して, 自らにとって最善のインタレストを選択する市民のリテラシーを前提とし, それを保障する制度形成を重視していたことを指摘して

いる (Milner, 2001).

　スウェーデンの労働運動は，世紀初頭から地域社会で，節酒運動や自由教会運動などと一体となった国民運動を展開してきた．そのなかでもとくに重視されたのが，読書運動や学習運動などであり，それは単なる政治的啓蒙を超えた市民的リテラシー形成の運動であった．労働者教育協会ABFなどが中心となった学習サークルが組織され，生涯教育のための国民高等学校が各地に開設された．この伝統は今日に継承され，1998年の調査委員会報告では，4人以上の市民が4週間以上継続する学習活動に自治体が補助をする学習サークルは33万6000におよび，参加者ののべ人数は人口894万のスウェーデンの3分の1近く（284万4000人）に達している．国民高等学校や自治体の成人教育プログラムにはそれぞれ約20万人の市民が参加している（Milner, 2001：83, 89, 94；石原 1996）.

　ミルナーは，このようなスウェーデン労働運動の伝統とレーンの社会構想が不可分であることを強調する．レーンは，自らのインタレストを長期的な視点から総合的に見通すことのできる市民＝労働者像をモデルの与件としていたのである（Milner, 2001：86）．レーンのモデルでは，労働者が，生産性の高いセクターでは賃金を抑制する傾向のある連帯的賃金政策を支持することが想定されていた．なぜならば，連帯的賃金政策は，インフレを抑制して労働者の長期的なインタレストを確保するからである．また，積極的労働市場政策が求めた労働力移動は，かかる視点からすれば，将来性のある職場への移動という点で，労働者のインタレストとなるはずであった．

　しかし実際には，レーン・メイドナーモデルの要請した職業移動は，競争力ある製造業の集積地への移動を求めるという点で，労働者とその家族の生活環境の大きな変化を引き起こした．その点では明らかに労働者の側の不利益をともない，必ずしも自発的選択の帰結とは呼べないものであった．

　ここでは，レーンの構想と現実に2つのずれが生じていたと見ることができよう．第1に，レーンが人々の合理的選択の基準となるインタレストについて論じる場合，そこでは経済的なインタレストが中心に考えられており，コミュニティへの帰属など，非経済的インタレストに対するかれの配慮は必ずしもバ

ランスのとれたものではなかった，という点である．第2に，労働集約的な大工業の時代に，とくにスウェーデンのような小国で強力な経済発展を実現していく場合，大胆な産業再編や労働力移動が不可避であり，その規模と効果はおそらくはレーンの想定を上回っていた．逆にいえば，福祉国家の基盤を形成する経済発展を目指す限り，そして人々のインタレストについてバランスのとれた見方をする限り，工業社会においてレーンの構想を実現するには限界があったともいえるのである．

2.2 総合所得保険構想

　レーンは，LOのエコノミストとして大きな影響力を行使した後，スウェーデン財務省を経て，62年にはパリのOECDの雇用社会局長に任命された．そしてOECDで12年勤めた後，ストックホルム大学社会調査センター教授に就任した．この間，レーンはさまざまな時事的なテーマについてのコメントや政策ペーパーを書き続けているが，同時に当初の構想を体系化していったものと思われる．レーンの思索のひとつの到達点を示している体系的なペーパーとして，1977年に発表された「自由選択社会に向かって」がある．以下では主にこのペーパーに依拠しながら，レーンの構想を検討したい．

　レーンは，70年代に入ってスウェーデン社会のなかに自由選択社会を実現する歴史的条件が整ってきたことを指摘する．レーンはaからkまでの11の変化に注目する．

　a) 生涯労働時間の全般的な短縮傾向がすすんでいる．b) 中等教育および高等教育の浸透，リカレント教育の拡大が起きている．c) 退職関連給付の改善と退職年齢の引き下げがその給付や時間を前倒しで活用する条件を開いている．d) 年間の休暇期間の増大．e) 週労働時間の短縮とフレックスタイムの条件形成．f) 都市への集住化による労働力の柔軟な活用可能性の増大．g) 生産力の有効な活用のためのシフトワークの拡大．h) 非正規の柔軟な就労形態が可能なサービス産業の拡大．i) 家事やケアについての責任を負った労働者の増大．j) 輸送業など就労時間が一定ではない就労形態の拡大．k) 生産

と市場の国際化によって産業構造の大規模な再編成が恒常化し，従来の雇用政策の限界が露呈している（Rehn, 1977：132-134）．

前項において，レーンの自由選択の構想が50年代から60年代のスウェーデン経済に適用されたときの帰結について見た．大規模製造業中心の産業社会では，労働力の移動は地域格差の拡大をともないながら製造業の集積地帯に労働力が流入することを意味した．そこではレーンの意図とはまったく相反して，労働者自身にとって必ずしも自発的とはいえない移動が促された．これに対して70年代の国際化と脱工業化のなかで，レーンは自らの構想のフィージビリティと有用性がはるかに高まっていることを発見するのである．

それでは，このような新しい条件を活かして，自由選択社会の制度はどのように構想されるのであろうか．レーンが構想するのは，「自発的あるいは老齢による休退職期間についての総合的な所得給付システム」，すなわち「総合所得保険」である（Rehn, 1977a：124）．老齢退職，出産，生涯教育その他個別の事由によって別々に組み立てられている現行のプログラム群（これをレーンはタイプAと呼ぶ）は，典型的なライフサイクルを想定して設計され，規制が多く，先に見たような社会の変化にも対応していない．これとの対照でレーンがタイプBと呼ぶ総合所得保険は，はるかに多様なライフサイクルに対応するべく構想されたもので，レーンにとって自由選択社会に向けた重要な一歩となるべきものであった．

この保険は，（70年代の他のスウェーデンの社会保険プログラムと同様に）雇用主が被用者の賃金に応じて拠出する保険料，また自営業者の場合は収入に応じて拠出する保険料を主な財源として運用される．そして，ある想定された生涯労働時間を超えた時間を，市民がさまざまな目的のために活用する際の所得保障を実現する．こうした時間は，個々の市民のいわば財産と見なされ，生涯のどの時期にどれだけの期間休退職するかを含めて，個人が決定し引き出すかたちをとる．

つまり，個人は自らの時間について，行政が典型として想定したライフサイクルに拘束されることなく，自由にその「引き出し権」を行使するのである．

ただし，年金に相当する部分を前倒しで活用するにあたっては，無計画な引き出し権の行使で無年金状態を引き起こすことを避けるために，一定の制約が課される (Rehn, 1977a: 128)．

こうした制度についてレーンは，福祉政策における自己決定原理の徹底であるとする一方で，所得保障の意味が大きく転換するとも指摘する．すなわち，ここで目指されているのは，タイプAに属する従来の所得保障に見られたような，あるリスクに陥った人々に対して厳格な条件のもとで提供される「殻のなかでの保障 security under the shells」ではない．新たな制度の目指すものは，むしろそのような殻を打ち破り，人々が自由にライフチャンスを拡大していく条件を保障する「翼の保障 security by wing」への転換なのである（Rehn, 1977a: 125）．

この「翼の保障」は，基本的には個人のライフサイクルのなかでの時間の配分であり，その限りでは，時間という個人の財の水平的な再分配にかかわる制度である．しかし，ここには同時に，リスクをより広く社会的にシェアしていくための，いくつかの仕掛けも導入されている．とくにレーンが目指したのは，脱工業社会が相対的に所得の安定した中心部労働市場と，不安定な就労を余儀なくされる周辺部労働市場に二極化することを防ぐことである．労働市場の流動化がすすんだ社会では，若者にとって労働生活のスタート時に就労した（しばしば低所得の）職種がそのまま生涯のものとならなければならない理由はない．だが，新しい職種への転換を図るための生涯教育や高等教育などの社会サービスは，従来は中間層に偏って利用されていた．「翼の保障」は，こうした状況を転換して，ライフチャンスを階層間でより広く行き渡らせることができる（Rehn, 1977a: 140）．

また，こうした構想は，失業増大か積極経済によるインフレーションかという経済政策上のジレンマを乗り越えるためのものでもある．「総合所得保険」は，労働生産性の上昇を前提として市民の生涯労働時間を想定し，それを超える時間については，市民が労働市場の外に（失業者としてではなく）ケアや生涯教育などに従事しながら，より意味のある形で滞留することを奨励するもので

ある．その限りで，「総合所得保険」は，今日の言葉でいえばワークシェアリングを制度として実現していくことになる．

労働力の供給が過多となった部門（失業がうみだされやすくなった部門）では，雇用政策担当部局が，その部門での休退職を有利なものとするオファーをおこなう．たとえばその場合，市民に割り当てられた非労働時間の消費分がより少なくカウントされるなどの特典が与えられる．こうして市民の自己決定を前提とした緩やかな誘導装置によって，当該部門での労働力の需給を安定化させていく．この誘導措置は，勤務時間あるいは労働条件の関係で労働力の需給が安定しない部門においても用いられる（Rehn, 1977a: 136-137）．

このように見てくると，「総合所得保険」の構想は，インフレと失業を共に回避しながら，市民の選択の自由を拡大していくという，30年代からレーンがさまざまなかたちで追求してきた社会構想を具体化したものということができる．今日の政策事例でいえば，ドイツなどの労働運動内部で議論されている「生涯労働時間口座」をいち早く先取りし，さらに制度と社会経済との有機的な関係を考えたものであった（田中，2004）．

にもかかわらず，このような構想は，70年代にあってもなお斬新にすぎ，政策理念として必ずしも広く浸透したとはいえなかった．しかし，さらに時代がすすんだ今日，レーンの議論にも触発されながら，問題意識を共有する多様な社会構想が提起されている．以下では，レーンの議論の今日的意義を確認する意味を込めて，そのような構想のいくつかを検討したい．

3　自由選択社会の現在

3.1　架橋的労働市場論

見てきたように，レーンの自由選択社会の構想は，70年代という早い時期にグローバル化と脱工業化時代の新しい福祉社会のあり方を示すものであった．このレーンの構想を手がかりにして，福祉国家の多様な政策分野を方向づける総合的なモデルを提示しようとしたのが，ドイツのシュミット（Günther Schmid）

らが提唱する架橋的労働市場のモデルである．

シュミットは，その構想をまとめた共編著の冒頭で，前節で紹介したレーンの1977年の論考に触れ，かれを「積極的労働市場政策のみならず，生涯学習および交渉に基づく労働時間の柔軟化という構想のパイオニア」であると位置づける．そしてレーンが「現代の労働市場の動態を理解し，今日では社会的排除と呼ぶことがふさわしい長期的失業やそれにともなう「無為」を防ぐことができる制度形成を図ろうとした」ことを評価する．レーンはベヴァリッジと並んで，新しい時代の労働市場を形成していくアイデアを提供したと評価されるのである（Gazier and Schmid, 2002: 4）．

そのうえで，シュミットらは，レーンの議論をより総合的な政策モデルに展開していく．シュミットが直面する現実では，70年代にレーンが前提としたそれと比べ，社会的排除の進行がよりすすんでいる．したがってシュミットらにとってこの架橋的労働市場の構想は，まず社会的排除を抑制し社会的統合を実現していくためのものである．社会的統合とは，「多様で生産的な社会ネットワークへの参加」を意味する（Gazier and Schmid, 2002: 6）．ここで生産的な社会ネットワークとは，有償労働のみならず，家事労働，文化活動，ヴォランティア活動などを包括するものである．シュミットらにおいても，レーンと同様に，有償労働はこのような多様な社会活動のなかのひとつの局面なのである．

ただし個人は，一人ではこうした労働市場からの離脱や進入にともなうリスクを管理できない．それゆえに，ライフサイクルをとおしての異なった活動領域間の移行をコレクティブに組織化していく必要がある．そのためのモデルが架橋的労働市場に他ならない（Schmid, 2002a: 187）．教育，労働市場，家庭，失業（状態），障害および退職という，5つの領域を5つの橋で架橋するそのモデルは，図1のように表される．

図1でⅠの橋は教育・訓練と雇用を架橋し，具体的には高等教育や生涯教育がその内容となる．Ⅱはパートタイムとフルタイムの雇用労働あるいは雇用労働と自営労働とを架橋し，職業紹介サービスや起業支援などがこれにあたる．Ⅲは家庭における無償労働と有償労働を架橋するもので，育児や介護の支援な

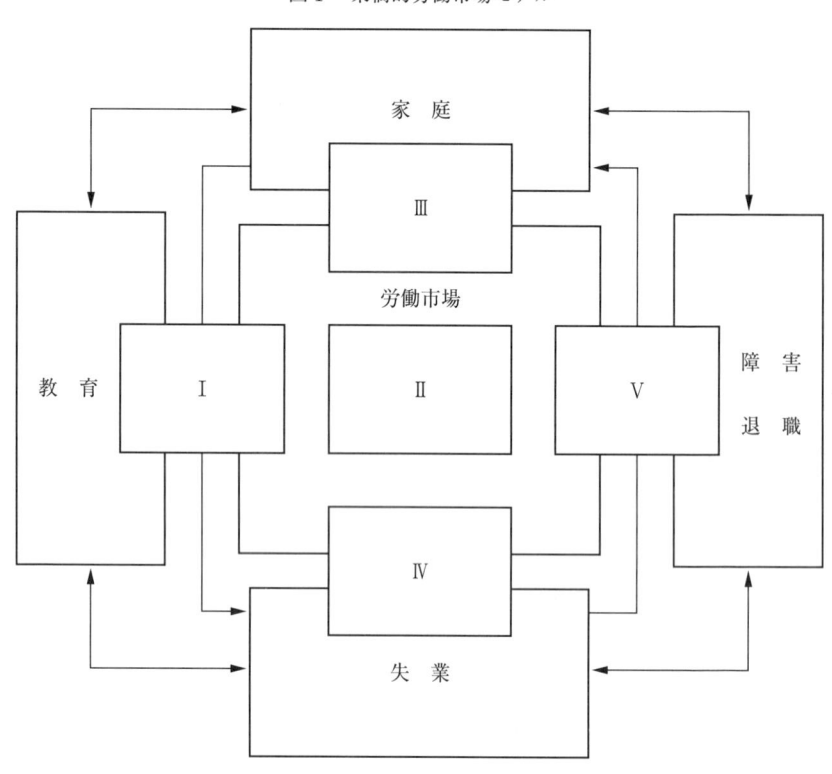

図1　架橋的労働市場モデル

（図：中央に「労働市場」。上に「家庭」、左に「教育」、右に「障害 退職」、下に「失業」。中央部にⅠ、Ⅱ、Ⅲ、Ⅳ、Ⅴの区分）

Günther Schmid, "Towards a Theory of Transitional Labour Markets", G. Schmid and B. Gazier (eds.), *The Dynamics of Full Employment : Social Integration Through Transitional Labour Market,* Edward Elger, 2002.

どが想定される．Ⅳは失業と雇用を架橋するもので，再訓練などを中核とした積極的労働市場政策を念頭におけばよいであろう．さらにⅤは，一時的な就労不能状態と就労を架橋する橋で，障害者に対する雇用，福祉サービスや高齢者雇用支援などがこれに相当する．

　シュミットは，このモデルを，これまでの失業保険に代わる新しい「拡大雇用保険 Extended employment insurance」モデルとして提示している（Schmid,

2002b: 397)．これは，失業に対して受動的に事後的に対応する失業保険でもなければ，コストの大きな財政投資によって完全雇用を維持する制度でもない．このモデルが実現しようとする完全雇用とは，かつてのように男性稼得者が40年間にわたって週40時間を働き家族を扶養することを意味しない．そうではなくて，男性も女性もが，その労働年齢に相当する期間，たとえば平均して週30時間を働き，その間，ある時期は家族の必要や学習，訓練あるいは単なる選好から労働時間を大きく削減し，その分，別の時期はより多く働くということを意味する．換言すれば，ここでの完全雇用とは，架橋的労働市場における「流動的均衡 fluid equilibrium」を意味するのである (Gazier and Schmid, 2002: 11)．この新しい完全雇用概念は，先の社会的統合概念にほぼ対応する．

　シュミットが対処しようとする21世紀初頭の労働市場においては，レーンが70年代に懸念した労働市場の二極化と階層化がはっきりと進展している．そして，このようななかで福祉政策の課題が困窮層の救済に限定されるならば，それは中間層の支持を失って失速するであろうことをシュミットは強調する．そしてシュミットもまた，レーンと同様に，こうした制度を二極化の進行に歯止めをかける福祉政策の新しい普遍主義モデルとして打ち出すのである．この制度のもとでは，多様なリスクへの対処は，事後的な再分配に代えて，事前の移動促進によってなされる．換言すれば，社会的流動性への対応という点において，中間層と周辺層に共通するリスクが括り出され，その限りで階層間のリスク・シェアリングがおこなわれているのである (Schmid, 2002b: 394)．

　このような架橋的労働市場が目指すのは，市場に委ねられたフレクシビリティではなく，福祉政策によって支援された，したがってセキュリティに裏づけられた「フレクシキュリティ」である．シュミットは，この架橋的労働市場が市場原理的なフレクシビリティに陥ることなく，社会的統合を実現するうえで確保されなければならない4つの基準を挙げている．それは，橋を渡ることが個人の自由（自律）に基づくものであること，社会的連帯の観点に立ちすべての市民を包括する普遍主義的な制度であること，公共セクターや民間セクターのネットワーク等による効率的な制度であること，そしてリスク・シェアリン

グの仕組みとして能率的であること,以上である (Schmid, 2002b : 398).

3.2 自由選択社会の予兆

ただし,シュミットの架橋的労働市場のモデルは,レーンの「総合所得保険」のような「将来構想」ではない.今日では,労働市場の柔軟化にかかわって,自由選択社会につながりうる多様な政策プログラムが,スウェーデンのみならずヨーロッパ各国で実際に現れつつある.ただしこうした新しい政策プログラム群は,場合によってはフレクシキュリティに支えられた自由選択社会にではなく,市場原理主義的なフレクシビリティに連動してしまう可能性もある.シュミットのモデルが目指すのは,こうした新しいプログラム群に対して,先の4基準で評価をしつつ,かつ個別のプログラムを全体の制度のなかで位置づけていくことである.

それでは,5つの橋に対応する多様な政策プログラムとして,実際にはどのようなものが注目されるのか.以下ではシュミット自身が挙げる例に加えて,近年のスウェーデンにおける政策展開の事例をとりあげ,スウェーデンモデルが,シュミットのモデルの方向に,つまりはレーンのかつての将来構想の方向に,どれほど接近しているのかを検討することにしたい.

既述のように,第1の橋に相当するのは,生涯教育,再教育にかかわる政策プログラムである.加速する技術革新の波のなかで,今日のヨーロッパでは,年に10パーセントの新しい職が生まれ,10パーセントの職が失われている.にもかかわらず,労働市場における世代交代は年に2パーセントから3パーセントにすぎない.残りは労働市場内部での移動によって調整されなければならない.この点でも,生涯教育および再教育プログラムの役割は高まっている (Schmid, 2002b : 398-402).

シュミットはこの分野で注目される動向として,デンマークで1994年に導入された再訓練プログラムである「ジョブ・ローテーション・プログラム」を挙げている.これは,5年以上の就労経験を有する労働者に最長1年の訓練休暇を認め,その間に長期失業者の暫定雇用を雇用主に奨励する制度である.スウ

ェーデンでも教育休暇制度 Ledighet för utbildning が導入され，雇用主に対して，現行では直近2年間で1年以上勤務した被用者に教育休暇を認め，教育終了時に以前と同等の雇用条件を保障することを義務づけている（Folksam, 2003：148）．

しかしスウェーデンでは，デンマークなどに比べて，再訓練が集権的な枠組み（レーン・メイドナーモデル）でおこなわれてきた分，労働市場庁のもとでの再訓練プログラムが，サービス産業やIT関連の雇用が拡大する新しい労働市場の条件に充分に適合していないことが指摘されてきた．そして，地域の新しい労働需要に対応するために，90年代をとおして労働市場政策の分権化がすすめられた（宮本，2000）．また生涯教育についても，学習サークルや自治体生涯教育など従来の制度に加えて，2003年からは生涯教育期間中の経済支援制度を開始するなど，この橋をより柔軟なものとして再構築する試みが続けられている．

第2の橋に相当するのは，労働市場の内部で，たとえばフルタイムからパートタイムへ（あるいはその逆へ），被用者から自営業へといった移動を果たすためのプログラムである．これはこれまでの福祉国家と雇用政策の枠組みでは，対応がもっとも遅れていた領域であるが，他方でライフサイクルの多元化に積極的に対応し労働市場の二極化を防ぐためには，もっとも重要な領域でもある（Schmid, 2002b：402-408）．

フルタイムとパートタイムの相互移動にかんしてシュミットが挙げるのは，フィンランドが1994年に導入したパートタイム失業手当制度で，フルタイムの労働者がパートタイムに移行したときに，賃金の差額の5割を1年に限って公共雇用サービスが給付する制度である．スウェーデンでも同様の制度がある．スウェーデンでは，フルタイムでの就業を希望しながらパートタイムの職にしかつけない場合，部分失業と見なされて手当が支給される（Folksam, 2003：200）．オランダでは，90年代にパートタイム労働の給与水準と社会保障資格についてフルタイムとの同権化がすすめられたが，スウェーデンでも大多数のパートタイム労働者については社会保障の権利や有給休暇にかんしてフルタイムと同権

となる．こうした一連の制度改革は，フルタイムとパートタイムの相互移動を円滑にするであろう．さらに，被用者から自営業への移行にかんしては，近年，いくつかの国で失業保険制度のなかに起業失敗のリスクをカヴァーするものが現れている．

　第3の橋に相当するのは，家族と労働市場をつなぐ育児休暇のプログラムや育児・介護サービスなどである．シュミットは，この点ではスウェーデンが，当事者の自由度や社会的連帯の度合いなどの点でもっとも優れた達成を示していると指摘している（Schmid, 2002b : 408-412）．スウェーデンの育児休暇期間中の所得保障（両親保険）は，最長480日間の間，うち390日間は（失業保険の加入者は）従前所得の80％が，そして残りの90日間は最低限保障が提供される．そのうち30日は両親のうち父親だけが取得できるいわゆる「パパの月」で，そのためにスウェーデン男性の育児休暇取得率は30パーセント以上になっている．さらに，保育や介護にかかわる公共サービスの整備について，スウェーデンは優れた達成をみせている（Folksam, 2003 : 230-234）．

　さらにシュミットは，この第3の橋に関連して，かつてレーンが提唱した「市民のサバティカル権」（たとえば第2節で紹介した特別有給休暇）が有効であると指摘している．この点にかんして，スウェーデンでは2001年から2005年までの予定で，12の自治体において「フリーイヤー」の導入実験がおこなわれている．フリーイヤーとは，希望する市民に対して，理由の如何を問わず最長1年のサバティカルを，従前所得の65パーセント強（80パーセントの失業保険給付のさらに85％の給付）の所得保障つきで提供するものである．制度の目的は必ずしも家族と労働市場のリンクに限定されないが，その取得者の76パーセントが女性であることから，この制度がかなりの程度，この第3の橋に相当する機能を果たしていると見ることができる（Arbetsmarknadsstyrelsen, 2003 : 92）．

　第4の橋に相当するのは，雇用と失業をつなぐ橋である．伝統的な意味での積極的労働市場政策がこれに相当しよう（Schmid, 2002b : 412-417）．サービス化と情報化が進展するなかで，主に製造業を対象に組み立てられてきた公共的な職業訓練がしだいに有効性を減じ，代わって非営利組織などの提供するOJT

プログラムなどが注目されるようなっている．長期失業者がサービス社会で職を得るためには，定型的な技能そのものよりも，ある種の社会的リハビリテーションが求められるからである．このことからシュミットは，従来の失業保険手当に代えて，多様な就労支援サービスに適用できるバウチャーや，暫定的な雇用主に対する賃金補助金を重視していくことを提唱している．

スウェーデンでは，レーン・メイドナーモデルの制度的要であった公的職業訓練が発達しているがゆえに，逆に就労支援を担う非営利組織の活動は，イギリス，ドイツ，オランダなどに比べて制約されている．しかし，第1の橋に関連して述べたように，90年代にすすんだ雇用プログラムの分権化や，あるいは長期失業者の個別の事情により細かく対応した就労支援プログラムである「アクティビテート保障」導入などをとおして，公的職業訓練の現代化がすすんでいるという評価は可能である（Arbetsmarknadsstyrelsen, 2003 : 4-7）．

第5の橋は，労働と退職や障害をつなぐ橋である．老齢による退職と労働の連携については，とくに老齢年金の部分年金制度や高齢者，障害者の就労支援制度が重要な要素となろう（Schmid, 2002b : 417-424）．

スウェーデンについて述べるならば，2001年から導入された新年金制度は，61歳から繰り下げ支給を可能にすると同時に，支給額増額をともなう支給開始の繰り上げについては，従来70歳までであった上限を撤廃した．高齢者は就労と年金受給について柔軟な選択が可能となっている．また，1997年に制定された雇用保障法は，67歳までの就労の権利を定めた．このような背景のもと，スウェーデンの高齢者の雇用率は，他のヨーロッパ諸国と比べて全体として高くなっている．1999年では，55歳から59歳の雇用率がOECD平均で57パーセントであるのに対してスウェーデンでは77パーセント，60歳から64歳の雇用率はOECD平均で30パーセントに対してスウェーデンでは46パーセントとなっている（Myles, 2002 : 132）．

以上，シュミットのモデルの5つの橋にかんして，その具体的事例をとくにスウェーデンのケースに注目しながら見てきた．シュミットのモデルは，レー

ンの議論に触発されたものであるが，レーン自身の構想のように白紙から設計図を書いたものではなく，現存する諸プログラムの評価をおこないまた相互の機能的連携をとらえることを意図していた．そこに近年のスウェーデンにおける制度展開を落とし込むと何が見えてきたのか．かつてのレーン・メイドナーモデルは，独創的な政策リンケージとして福祉国家の発展を支える役割を果たしながら，レーン自身が思い描いていた市民の選択の自由という点からいえば，大きな限界を抱えていた．しかし，以上の考察から窺えるのは，労働市場政策の分権化などをとおしてレーン・メイドナーモデルのいわば負の側面がしだいに解消され，スウェーデンのなかで自由選択社会の要素が確実に拡大している，ということである．

おわりに

今日の世界システムにおける福祉国家体制あるいはヨーロッパモデルの可能性を考える場合，福祉国家体制は，工業社会には適合的であるが，グローバル化と脱工業化がすすんだ社会には適合しないという見方がしばしば表明されてきた．この見方がどこまで正しいかは，いかなる福祉国家が問題となっているかによっていて，けっして自明の事柄ではない．本稿ではこのことを，スウェーデンモデルの背後にあった理念とその実際の展開を交叉させつつ考えてきた．

すなわち，スウェーデンモデルの形成に決定的な影響力をもったレーンの自由選択社会の構想は，もともとは20世紀福祉国家体制において提起されたものであったが，工業社会におけるスウェーデンモデルの展開のなかでは，その狙いは必ずしも実現されなかった．しかし，脱工業社会の到来を機にすすめられている各国の福祉改革の動向のなかで，この構想はむしろフィージビリティを増している．そして当のスウェーデンについても，近年になって自由選択社会の特性がより明確に現れるようになっている．スウェーデンが，人的資本投資を成功させてグローバルな市場経済において強い競争力を発揮していると評価

されるのも，この自由選択社会の活力の現れと考えることができる (Thakur, et al., 2003).

ただし，以上のような制度展開が，自動的に市場原理主義と一線を画した自由選択社会の完成にむすびつくと考えるならば，それはあまりに楽観がすぎよう．労働市場とその外部を架橋する制度のより詳細なルールとくに架橋の権利設定のあり方，架橋を担う公私パートナーシップの具体的な内容によって，自由選択社会の実態は大きく異なってこよう．また，もっと外部的な要因についていえば，EU 社会政策のような超国家的な制度形成が，グローバルな市場競争をどのように方向づけるかも重要な変数である．自由選択社会の構想は，世紀を跨いで依然として未完のプロジェクトであり続けているといえよう．

参考文献

Arbetsmarknadsstyrelsen, 2003, *Arbetsmarknadspolitiska program : Årsrapport 2003*.
Eklund, Klas, 2001, "Gösta Rehn and the Swedish Model: Did we follow the Rehn-Meidner Model too little rather than too much ?", Henry Milner and Eskil Wadensjö (eds.), *Gösta Rehn, the Swedish Model and Labour Market Policies : International and National Perspectives*, Ashgate, 2001.
Erixon, Lennart, 2001, "A Swedish Economic Policy : The Rehn-Meidner Model's Theory, Application and Validity", Henry Milner and Eskil Wadensjö (eds.), *Gösta Rehn, the Swedish Model and Labour Market Policies : International and National Perspectives*, Ashgate, 2001, pp. 15-22.
Folksam, 2003, *Vår trygghet : vår sociala rättigheter*.
Garrett, Geoffrey, 1998, "Global Markets and National Politics." *International Organization*, Vol. 52, No. 4.
Gazier, Bernard and Schmid, Günther, 2001, "The Dynamics of Full Employment: An Introductory Overview", Günther Schmid and Bernard Gazier (eds.), *The Dynamics of Full Employment : Social Integration Through Transitional Labour Market*, Edward Elgar.
Janoski, Thomas, 1994, "Direct State Intervention in the Labor Market : The Explanation of Active Labour Market Policy from 1950 to 1988 in Social Democratic, Conservative, and Liberal Regimes", Thomas Janoski and A. M. Hicks (eds.), *The Comparative Political Economy of the Welfare State*, Cambridge University Press.
Hedborg, Anna and Meidner, Rudolf, 1984, *Folkhems modellen*, Rabén & Sjögren.

LO (Landsorganisationen i Sverige), 1951, *Fackföreningrörelsen och den fulla sysselsättningen : Betänkande och förslag från Landsorganisationens organisationskommitté*.

Martin, Andrew, 1979, "The Daynamics of Change in a Keynesian Political Economy : The Swedish Case and Its Implications", C. Crouch (ed.), *State and Economy in Contemporary Capitalism*, St. Martin's Press.

Milner, Henry, 2001, "Gösta Rehn, Civic Literacy, and the Swedish Model", Henry Milner and Eskil Wadensjö (eds.) *Gösta Rehn, the Swedish Model and Labour Market Policies : International and National Perspectives*, Ashgate.

Milner, Henry and Wadensjö, Eskil, 2001, "Preface : Gösta Rehn 1913-1996", Henry Milner and Eskil Wadensjö (eds.) *Gösta Rehn, the Swedish Model and Labour Market Policies : International and National Perspectives*, Ashgate.

Myles, John, 2002, "A New Social Contract for the Elderly ?" Gøsta Esping-Andersen (ed.), *Why We need a New Welfare State*, Oxford University Press.

Rehn, Gösta, 1944, "3 månaders semester som medel mot arbetlöshet", *Fackföreningrörelsen*, Årgång 24, Band 1 (*Full sysselsättning utan inflation : Skrifter i urval*, Tidens Förlag, 1988).

―――, 1957, "Lagpension med valfrihet", *Stockholm-Tidningen*, 1957. 10. 15 (*Full sysselsättning utan inflation : Skrifter i urval*, Tidens Förlag, 1988).

―――, 1959, "Reformistisk förnyelse II ", *Tiden*, 4/1959 (*Full sysselsättning utan inflation* : Skrifter i urval, Tidens Förlag, 1988).

―――, 1964, "Väger till valfrihet", *Stockholm-Tidningen*, 1967. 10. 06 (*Full sysselsättning utan inflation : Skrifter i urval*, Tidens Förlag 1988).

―――1977a, "Towards a Society of Free Choice", J. J. Wiatr and Richard Rose (eds.), *Comparing Public Policies, Ossolineum*, Wroclaw.

―――1977b, "Finansministrarna, LO-ekonomerna och arbetsmarknadspolitiken", Jan Herin och Lars Werin(red.), *Ekonomisk debatt och ekonomisk politik : Nationalekonomiska föreningen 100 år*, Norstedts (*Full sysselsättning utan inflation : Skrifter i urval*, Tidens Förlag, 1988).

―――1985a, "Swedish Active Labor Merket Policy : Retrospect and Prospect", *Industrial Relations*, Vol. 24, No. 1.

―――1985b, "Erlander beredde väg för en ny modell", *Dagens Nyheter*, 28 July, 1985.

Rodrik, Dani, 1997, *Has Globalization Gone Too Far ?* Washington DC : Institute for International Economics.

Schmid, Günther, 2002a, "Towards a Theory of Transitional Labour Markets", Günther Schmid and Bernard Gazier (eds.), *The Dynamics of Full Employment : Social Integration Through Transitional Labour Market*, Edward Elgar.

―――, 2002b, "Transtional Labour Markets and the European Social Model : Towards a New Employment Compact", Günther Schmid and Bernard Gazier (eds.), *The Dynamics of Full Employment : Social Integration Through Transitional Labour Market*, Edward Elgar.

Thakur, Subhash Madhav, et al., 2003, *Sweden's Welfare State : Can the Bumblebee Keep Flying ?*, IMF.

石原俊時,1996,『市民社会と労働者文化:スウェーデン福祉国家の社会的起源』木鐸社.

田中洋子,2004,「労働の未来:ドイツからの提言」(社会政策学会編『社会政策学会誌第11号 新しい社会政策の構想:20世紀的前提を問う』法律文化社.

宮本太郎,1994,「スウェーデンにおける労働者基金問題の展開(上)(下)」(『大原社会問題研究所雑誌』No. 426, No. 430.

―――,1997,「比較福祉国家の理論と現実」(岡沢憲芙・宮本太郎編『比較福祉国家論:揺らぎとオルタナティブ』法律文化社).

―――,1999,『福祉国家という戦略:スウェーデンモデルの政治経済学』法律文化社.

―――,2000,「スウェーデンにおける雇用政策の分権化―「自由選択社会」への新構想―」『都市問題』第91巻第5号.

渡辺博明,2002,『スウェーデンの福祉制度改革と政治戦略:付加年金論争における社民党の戦略』法律文化社.

6章 フランスにおける福祉国家再編の「新しい政治」

中 島 康 予

1 「凍りついた」フランス

　本稿の課題は，1980年代・90年代のフランスにおける福祉国家再編の「新しい政治」の展開を，新制度論などの成果によりながらたどることにある．

　経済の国際化，グローバル化の進展，産業構造の転換や高齢化の進行による社会的変容など，同じような内外の環境の変化を前にしても，それに対する各国の政策的対応は同じではない．重要な制度変更を伴うような政策決定が，なぜある国ではなされ，他の国々では困難であったり，不可能であったりするのだろうか．

　福祉国家再編の政治を検証する場合，「社会保障の諸制度が，社会保障にかかわる機能，公的活動（action publique）の展開をどのように構造化しているのかを把握するための新制度論的アプローチ」（Palier, 2002a : 60）がしばしばとられる．再編の方向性，プロセス，そして帰結は，各国の制度的経路依存によってある程度説明することができる．アングロ・サクソン諸国の自由主義型福祉国家における再商品化も，社会民主主義型の北欧諸国における給付の削減やワークフェアへの志向性も，もともと各福祉国家が内包していた論理にそくしたものである．これに比して，なかなか改革をすることが難しいとされるのが保守主義型，大陸型の福祉国家である．

　保守主義型の福祉国家に分類されることが一般的なフランスにおける再編の風景はあたかも凍りついているかのようである．改革に果敢に挑戦し，「奇跡」

をおこしたオランダとは対照的なイメージでしばしば捉えられる．新自由主義でも，旧来の社会民主主義でもない「第三の道」をきり拓こうとしているヨーロッパの左派のなかにあって，フランス社会党はあいかわらずに旧来の立場に執着しているかのようにみえる．

しかしながら，1980年代から90年代にかけて，福祉国家再編をめぐって興味深い展開がフランスにおいてもみられ，90年前後から重要な社会政策の変更が行われている．後で再びみるように，ピアソンがノースとともに強調するのは，経路依存が既存の政策調整を凍結する (freeze) のではなく，変化を制約するということである．その意味で，過去の刻印を強くうけているフランスの事例は，格好の素材を提供してくれるだろう．

以下，2節では，福祉国家再編の政治をめぐる理論動向の一端を，フランスの検証に資するであろう範囲内で整理する．ついで，3節では，フランスの福祉再編の政治を規定する要因を中心に検討し，4節でいくつかの残された課題について触れる．

2　福祉国家再編の「新しい政治」

今日，福祉国家再編の政治を考えるとき，福祉国家の発展・拡大期と緊縮・削減期，再編期とを同じ枠組みで捉えることが適切か否かという論点がある．福祉国家再編期の政治をその拡大・発展期，黄金期と同様の道具立てを用いて捉える試みに対して警告を発し，批判を加え，福祉国家再編の「新しい政治」を主唱する理論家の1人にピアソン (P. Pierson) がいる (Pierson, 1994, 1996, 2001, 2002)．

再編期の政治，政府の最優先課題・中心的関心事は福祉削減である．しかし，激しい削減の波に襲われたイギリスやアメリカでも，福祉国家は意外にたくましい生命力をもって維持されている．ただし，ピアソンによれば，その持続性を説明するのは福祉国家の発展期について有効だった，労資関係，労働による権力資源動員といった変数ではない．これらの変数が中心にすえられる「古い

政治」ではなく，再編期に展開される「新しい政治」を注視しなければならない．福祉国家の発展それ自体が新しい政治的文脈を設定し，そのもとで，個々の政策が展開されていく．さまざまな福祉政策，福祉プログラムが実施に移され，成熟していくにしたがって，年金生活者，身体障害者，医師などの医療従事者や医療サービスの消費者など，各政策・プログラムを支持する集団，組織化されたネットワークが形成される．このような新しいアクターの動向が，再編の行方を左右する重要なファクターになるのである．

「新しい政治」がどのような相貌をもつのか，それを規定するのは以上のような制度・アクターなどの政治的配置だが，その配置を国ごとに実証的・経験的に分析する際の視座の要諦を，ピアソンは以下の2点に整理している (Pierson, 2001: 411-419, 2002: 371-376)．第1は，選挙戦略選択に際してはたらくインセンティブ，第2は，福祉国家の制度的粘着性である．

まず，選挙におけるインセンティブについてみてみよう．個々の政策展開・発展そのものが，政策を守る集団を創出することは上に述べた通りである．福祉国家の発展は，それに対する広範な支持者を生み出した．これらの支持者にとって福祉国家は社会的安定の源泉であり，社会的市民権の保障そのものである．福祉国家の正統性は依然として大きい．しかも，福祉再編期の有権者は潜在的な利得よりも損失の方に激しく反応する．投票者の「ネガティブ・バイアス」である．利得は広範囲に分配され，やがて雲散するかのようにみえるのに対して，各種給付の削減やサービスの低下などの政策決定が受益者にもたらすネガティブな帰結についてはその責任が厳しく追及される傾向にある．このような支持者・有権者を前にしたとき，政府ないし政治家・政策決定者には，不人気な政策を回避するインセンティブがはたらく．ウィーヴァー (R. K. Weaver) が言うところの「責任追及回避 (blame avoidance)」戦略が選択される可能性が高くなるのである．このような選挙における懲罰の可能性を最小化しつつ再編を進めていくには，福祉削減の効果をあいまいにしたり，受益者の分断をはかったり，何らかの代償を用意するなどの戦略を選択しなければならない．

ついで，第2の柱として挙げられている，福祉国家の制度的粘着性について

である.「福祉改革」は,第1の柱でみたように,有権者・投票者やプログラムの受益者による反対にあうのみならず,公式・非公式の制度化された拒否権・拒否点,および「経路依存」的過程に由来する,既存の福祉国家,そのもとでの政策調整がもつ制度的粘着性に逢着する可能性がある.前者の拒否権・拒否点については,フランスにおける福祉改革の実証的研究を紹介するなかで,やや詳しく触れることにする.また,後者の経路依存性について,ピアソンはノース(D. North)やカッツェンシュタイン(P. J. Katzenstein)を援用しながら,制度や組織,政策デザインにかかわるある時期の選択が,特定の社会的・経済的ネットワークを創出し,それが,その後の政策・戦略選択を制約していくさまに注目すべきだと述べる.各国で福祉国家がそれぞれの制度的特色をもった形でいったん成立すると,そこでは政策のロックイン(policy lock in)効果があらわれ,政府にとっては,別の可能な選択肢を採用するコストが上昇し,結局,問題解決の出口が失われてしまうというのである(Pierson, 1994: 42).

このような視座にしたがって捉えられる「新しい政治」の内実は,各国ごとに異なる.「福祉国家の,たったひとつの『新しい政治』」があるのではない(Pierson, 2001: 455).エスピン-アンデルセンは,周知の福祉国家の3類型ごとに,その変容のなかみ,グローバル化への対応のそれぞれのあり方を描き出している.また,ピアソンは,福祉国家改革に対する政治的支持,改革のアジェンダ(「再商品化(re-commodification)」,「コスト削減(cost containment)」,「再調整(recalibration)」の福祉国家改革の3次元のうちどれが重視されるか),改革をめぐる対立軸,改革の帰趨を決する重要な変数などについて,3類型の比較対照を試みている.それによれば,福祉国家への政治的支持が高い社会民主主義型では,改革のアジェンダとしてコスト削減や再調整(なかでも給付の効率性や応答性の改善をはかる「合理化(rationalization)」)が掲げられる.支配的な対立・亀裂はなく,交渉を通じて増分主義的に改革が実施されていく.支持が中程度の自由主義型では,受給資格の厳格化や給付削減によって労働市場への参加を強いる再商品化とコスト削減が重要課題とされ,新自由主義的改革の徹底を主唱する者と,合意に基づき,補償を伴う解決策を求める者とのあいだの対立が重要

である．社会給付への支持が薄く，選挙・立法のアリーナが支配的な役割を果たすところでは，政治的権威の制度的集中が鍵を握る変数となる．社会民主主義型と同様，福祉国家に対する支持の高い保守主義型では，コスト削減と再調整（とくに新しいニーズにこたえるために「古くさい」プログラムを刷新する「最適化 (updating)」）が改革の焦点となる．現状維持を主張する「守旧派（Stand Pat）」と交渉を通じた改革推進派とのあいだでコンフリクトが生じる．この類型では，新自由主義に基づく福祉削減は実行可能性がきわめて低く，改革の成否は利害調整 (intermediation) の構造と政党システムのあり方が握っている．とくに，改革推進者が，政党や利益集団が抱く，改革によって権利を侵害されるというおそれを克服することができるかどうかが決定的である（Pierson, 2001：454-456）．

　さて，福祉国家再編期の「新しい政治」を強調する研究に対しては，「古い政治」の有効性を擁護する立場などから，一定の留保が付されたり，批判が加えられたりしている．たとえば，スカーブラフ（E. Scarbrough）は，ピアソンの「新しい政治」モデルの説明力を認めながらも，福祉国家の拡大を説明する理論が，福祉削減の政治を説明できないわけではないという．労働組合や左派政党が福祉拡大期同様，福祉改革の政治においても依然として重要なプレーヤーであることが強調される．組合の組織率が著しく低下しているフランスについても，1995年冬のフランスで，ジュペ・プランに対して示された組合の動員力に注意を払うよう促すとともに，年金生活者や失業者の組織化はさほど進んでおらず，これらのアクターが街頭に出るときも既存の組合が重要な役割を果たしていることを強調する（Scarbrough, 2000）．また，新川敏光も，福祉国家の個別政策の発展については体制レベルと異なる論理がみいだされることは福祉国家発展期においても同様であり，むしろ改革・再編期についても，「体制レベルと個別政策レベルの異なる論理を見出しそれらがいかに連動しているかを分析することこそが重要なのである」と述べている（新川，2002：56）．

　このような批判・留保をふまえると，「古い政治」と「新しい政治」は，必ずしも排他的とは言えない．そのような両者の関係について，キッテル（B.

Kittel)とオビンガー(H. Obinger)の研究がひとつの示唆をあたえてくれる．2人は，1982年から1997年までの15年間について，OECD加盟21カ国を対象に，社会保障関連支出の動態に関する説明を試みている（Kittel and Obinger, 2002, 2003)．なかでも興味深いのは，検証の対象とした時期を1980年代（1982年～89年）と1990年代（1990～97年）に分けた分析を合わせて行っている点である．この2つの時期を分けるのは，資本市場の国際化の進展，雇用危機，医療や年金支出の急増などに加えて，東欧・ソ連圏の崩壊，ドイツ統一，マーストリヒト条約の調印が，1990年代の政治の新しい条件を用意し，それが福祉再編の政治についても何らかの経験的意味をもつであろうという仮説に基づいてのことである．

その分析結果をまとめるとおよそ次のようになる．まず，社会保障関連支出に対する政治（politics）の影響——政権政党の党派，および現状を変革しようとしている政府に反対する拒否権としては，その憲法制度上の核をなしている連邦制と二院制が——は，GDP，失業率，高齢者人口の規模（これについては90年代には影響は減少する）などの経済的・社会的変数と比べて，むしろ限定的である．憲法制度上の拒否権は，80年代には非常に重要な変数だったが，90年代にはその有意性を失う．政権政党-党派政治についてみると，左派政党（社会民主党，社会党，共産党，環境政党）については，相変わらず継続的だが，90年代は80年代より小さくなっている．キリスト教民主主義政党は，1980年代については社会支出押し上げ効果をもっていたが，90年代になると，その効果はかなり小さくなるか，意義を失う．この発見はきわめて興味深いと2人は付け加えている．保守政党は，社会支出を抑制し，とくに憲法制度上の拒否にほとんど合わない場合，その抑制政策が成功する可能性は高まる．1990年代については，党派政治や憲法制度上の拘束性は低下し，むしろ，社会的亀裂を典型的に反映する政党システムの断片化が，社会支出の上昇を説明する非常に有効な変数として浮上するという．この変数は，全般的に政治的要因の影響が不安定ななかにあって，唯一の政治的要因といってもよい．したがって，福祉削減戦略をとろうとするとき，その能力は，多様な利害を背景にもつ各政党間の妥協を

みいだすことができるかどうかに左右される．単純な階級政治から，多様な選好の調整を必要とする政治へという変化が生じているのである．

キッテル，オビンガーの2人は，以上のような分析をふまえ，1980年代については「古い政治」モデルが妥当するかもしれないが，90年代になると，左派政党については社会支出の伸びについてネガティブなインパクトがみいだせないとしても，「新しい政治」という視座がより支持できるような状況が生じているとする．さらに，90年代の政治的要因の後退については，そのことが，政治が問題にならないということを意味するのではないと述べる．党派政治の後退を，計量的・数量的手法だけで説明することには限界があることを指摘している．今日の諸決定に対する党派政治の影響は，社会支出の水準を左右するものではほとんどないので，計量的処理になじまない．むしろ問われるべきは，質的な差異，どのようなプログラムに重点をおくことを選好するかである（Kittel and Obinger, 2002：39-40, 2003：48-50）．

今日，福祉国家再編の政治を考えるとき，その発展・拡大期と再編期とを同じ枠組みで捉えることが適切か否かという本節冒頭で提示した論点については，少なくとも1990年代については「新しい政治」モデルの有意性を主張できる．また，1980年代と90年代とを分けて考察するということは，次節で概観するように，フランスにおける福祉国家再編の政治の軌跡をたどるときに有意義なように思われる．福祉国家の3類型のなかで，もっとも変化が困難な類型とされる保守主義型，大陸型に分類される諸国のなかでも，変化を頑に拒み，あたかも凍りついたかにみえるフランス政治の地中で，1980年代を通して重要な改革が準備され，それが芽吹き政治の風景を変えるのは90年代になってからのことである．過去の遺産の刻印を帯びながらも，なぜ新しい歩みが踏み出されたのか．それが，次節の検討課題である．福祉国家の類型論，本節で整理した福祉再編の「新しい政治」を分析の基本的枠組みとし，フランスを対象に，再編のプロセスを追っていく．

3 フランスにおける福祉国家再編の政治

フランスの福祉国家は,社会保険を中核にすえる保険主義に基づいている(藤井,1999:13).したがって,保守主義型,大陸型に分類されたり,ビスマルク型と形容されることが一般的である.あるいは,フランスの福祉国家を,ビスマルク型とベヴァリッジ型のハイブリッド型,ベヴァリッジ的結果を伴ったビスマルク型と捉える者もいる (Bonoli and Palier, 1995, Barbier and Théret, 2000).後者は,フランスの福祉国家の発展を歴史的動態のなかであとづけてみようという立場であるといえる.この視座に立つと,「フランス本来の共済組合のうえに,ビスマルク型保険制度が接ぎ木され,戦後ベヴァリッジ型普遍原理が付け加わった歴史」(長部,1999:37) がフランスの社会保障制度を複雑なものにしていることが理解できる.この2つの見方については本節の最後で再び触れる.

1945年から1970年代にかけて,フランスの福祉国家は,どのような制度的特徴をもっていただろうか.また,そのことが,80年代以降の福祉再編の「新しい政治」のプロセスにどのような制約を加え,どのような可能な戦略を用意するだろうか.パリエ (B. Palier) は,フェラーラ (M. Ferrara) によって提示されたモデルを発展させ,(1)給付へのアクセスの規準,(2)給付の性質・水準,(3)財源調達方式,(4)給付に関する決定,管理運営の構造,という4つの変数の組み合わせで各福祉国家の制度・装置の姿を浮き彫りにすることができると述べる.この4変数にそくして,フランスの特徴を以下のようにまとめることができる (Palier, 2000:115-116, 2002a:chap. 2, 2002b:247-250, 藤井, 1999:13-14, 長部, 1999:34-40, 田端, 1999:114-119).

第1のアクセスの規準だが,フランスでは何らかの職業に従事することを要件とし,保険料支払い,拠出の記録に基づいて受給資格を取得することができる.フランスの社会保障制度の特色は,その制度の「分立性」,「極度に集権化された職域別制度のモザイク性」(長部, 1999:37) にある.疾病,障害,労災,

高齢，家族，失業などのリスクごとの部門に分かれており，しかも，公務員，民間商工業被用者，農民（農業被用者，自作農，農場経営者など）といった業種や職種に応じた個別制度が存在する．つまり，職業上の連帯，職域連帯を基盤としている各制度のメンバーシップ取得，拠出，制度ごとに認定の条件が異なるリスクの発生がアクセスの規準になる．この規準は，受益者集団はどれか，したがって特定の制度・装置や政策を擁護ないし防衛するであろう集団を規定する．諸利害の連合を理解し，福祉再編のプロセスを追う鍵となるのである．

第2の給付の性質・水準については，フランスの社会保障は，自由主義型が掲げる貧困の緩和や，社会民主主義型が謳う普遍主義的再分配よりも，まずもって所得保障という性質をもっている．サービス提供の比率がきわめて低く，手厚い現金給付に偏っている．給付の性質がいかなるものかという点は，福祉に対する支持や「改革」の賭金の性質に影響をあたえる．所得比例の給付が非常に広範囲の集団によって支持されるのに対して，低水準の確定給付型や給付条件・対象が限定される場合には，中・上層階級の支持をあまり得られないかもしれない．ミーンズテストなどの条件を課した上での選別的な給付は，再分配に関する何らかの政治的・社会的原理によってのみ支持を得られるのに対して，所得比例で寛大な給付は大多数の市民や勤労者の支持を集めることができるだろう．

第3は，被用者制度の財源調達は，税方式ではなく，賃金を対象とする拠出金ないし保険料が主体の保険方式によっている．財源に占める使用者拠出の割合が高い．企業負担の重さは，企業の新規雇用へのインセンティブとしてはマイナスに作用し，フランスの失業問題の原因のひとつになっている．さて，調達方式と「新しい政治」との関係をみると，税法式で調達され，かつ普遍的に給付される場合，給付の対象が選別され絞り込まれる場合よりも広い範囲の連帯の感覚が生まれるだろう．さらに，拠出と給付の結びつきが強い場合には，調達方式の正統性がより重要になる．つまり，税方式と保険方式の違いはここにある．社会保険料というものは，社会的リスクが現実になった場合には「返ってくる (revenir)」ものと受けとめられている (Palier, 2002b: 249)．税方式は

納税者自身の社会保障に役立てられるという保証がないのに対して，保険方式の場合，受給権の保証を得ている，権利を購入しているという感覚をもっている．そのため保険料の値上げも受け入れやすい．1980年代フランスにおいて支出削減よりもむしろ社会保険料収入増が選択された制度的要因のひとつもここにある．

　第4の決定，管理・運営方法だが，フランスは当事者自治，自主管理の原則を採用している．この原則の歴史的源泉は，社会保障制度創設以前に福祉事業を担っていた相互扶助組合を組合員自身が運営していたということ，また，労働組合が，社会保障の運営に参加することを求めてきたことにある．医療・老齢・家族・労災をカバーする狭義の社会保障と労働協約の対象となる失業保険は，各社会保障金庫によって運営される．時期によって，選挙によるか指名によるかその方法は異なるものの，「社会的パートナー」たる，使用者と労働者それぞれから同数の理事が選出され，金庫の運営にあたるのである．国家はいわば後見役 (la tutelle) を果たすにすぎない．社会保障会計は国の財政から独立して運営され，労使双方が運営の責任をもつものとされる．もろもろの決定，管理・運営について，国家が主としてその役割を担っている場合は，どんな支持や批判も政府に対して向けられ，議論のアリーナも政府に設営され，各政党と政府の専門家とのあいだで論争が繰り広げられるだろう．それに対して，社会的パートナーが決定や管理・運営に加わる場合，政府がこれらを統制したり，改革を主導する能力を弱体化させ，諸決定の責任の所在もあいまいになるおそれが高い．

　それでは，このような特徴をもつ制度が，「改革」「解決」が求められる「問題」をどのように規定・定義し，アクターのリソースをどのように構造化し，採用される解決策をどのように形成するのだろうか．

　1970年代に入り，先進国経済は転換期を迎える．「黄金の30年」は終焉を迎え，経済の停滞は，フランスでは深刻な失業として問題化した[1]．財源を社会保険料に求めている制度では，失業の増大は保険料収入の減少に直結する．社会保障財政の危機克服，赤字解消が政府の主たる関心事となり，繰り返し対策

が練られていく．

　ただし，財政「問題」の位置づけはフランス独特のものである．社会保障会計は国の財政から独立して運営され，国は社会保障会計への監督権をもつが，「社会保障会計の運営において国の関与はできるだけ小さくし，労使双方が責任をもって維持すべき」（矢野，1999：71-72）との立場をとってきた．したがって，国家財政の赤字というよりも，社会保障会計の赤字の問題との定義づけがあたえられる．福祉国家それ自体に批判・攻撃を加えた自由主義型の英米などと異なり，社会保障制度を守るために改革が必要なのだというレトリックが用いられる．既にみたように，福祉国家に対する支持の高い保守主義型では，コスト削減が福祉再編の重要なアジェンダになるとピアソンは整理しているが，それはあくまでも制度を維持するためなのである．

　1975年以降，大統領選挙や国民議会議員選挙など重要な選挙を控えた年を除き，財源の増大あるいは赤字の減少をめざす，社会保障会計再建プランが次々と策定された．また，田端はデュペル（J.-J. Dupeyroux）とプレト（X. Prétot）に依拠しながら，失業保険に関する1982年11月24日法と，疾病保険に関する1983年1月19日法が，「既得権」の削減，支出抑制への政策転換の画期となったとする（田端，1999：120）．社会保険料の値上げによって収入を増やし財政赤字を解消する政策を続けるわけにはいかない．新しい財源調達の道を探り，支出を抑制し，収入赤字をうまくコントロールしなければないないという認識が，80年代を通して，左右を問わず政権政党や政府の官僚・専門家，経営者，一部の知識人のあいだに共有されていった．

　しかし，このような問題の所在の解釈や，不可避と認識された解決策も，一般国民の受け入れるところとはなりにくい．戦後フランスでは，所得比例で気前よく各種の給付を増大させてきたことによって，大多数の市民や勤労者の支持を集めてきた．給付水準引き下げの試みは，社会保障制度に対する国民の「愛着（attachement）」（Palier, 2002a：184, 2002b：254）――80年代，人びとの意識の変化が潜かに進んでいたのも事実だが――を前に，しばしばたじろぐ．1983年3月の市長村会統一選挙での左派政権に対する厳しい審判，1986年，ときの

社会問題・雇用大臣の名を冠したセガン・プランに対する反対運動などのような，強い拒否反応を引き起こす．社会保障制度の管理・運営を託された組合は，このような一般国民の声を代弁し，社会保障制度を守る唯一の正統なアクターとしてあらわれる（Palier, 2002b: 254-255, 2002a: 185）．フランスでは伝統的なアクターのなかから制度の擁護者が調達されているわけだが，組織率が低く，ナショナルセンターも分裂しているフランスで，組合がこのような役割を果たすことができたのは，社会保障の制度的特質が組合に象徴的リソースを用意したことによるものと考えられる．

また，制度に対する国民の愛着が，社会保険料引き上げという選択肢を政府に用意したフランスの制度の特質について既に触れたように，社会保険料は，最終的に「返ってくる」ものと捉えられている．保険方式の場合，受給権の保証を得ている，権利を購入しているという感覚を人びとはもつ．その権利を守るためであれば，保険料の値上げも受け入れやすい（Palier, 2002b: 256）．ともあれ，政府は「問題」を拱手傍観していたわけでは決してないが，1980年代の変化は非常に限られたものであったというのがパリエの評価である（Palier, 2002a: chap. 4）．

ところが，90年代に入ると，重要な福祉改革が実現する．1993年には，失業保険改革と退職者年金一般制度（régime général）改革が行われ，1995年以降，医療保険機構の改革が進められていく．さらに，新しいニーズに対応した制度の「再調整」，フランスの社会保障制度を根底から「革新（innovation）」（Palier, 2002b: 246）することにつながるかもしれない新制度が創設される．第1に，何らかの職業に従事することを要件とし，保険料支払い，拠出の記録に基づいて受給資格を取得することができるというアクセスの規準が適用されない新制度としては，たとえば，1988年，社会参入最低所得（Revenu minimum d'insertion: RMI）が立ち上げられた．精神的・肉体的，経済的・雇用上の理由で就労できない者を対象に，教育・雇用・職業訓練・保健・住宅など広範囲の「貧困」「社会的排除」からの脱却を目的に掲げるこの制度は，労働能力のある者を対象から除外していた従来の扶助原理を改めた，無拠出の制度である（田

端：1999，都留：2000）．また，1999年に創設された普遍的疾病給付（Couverture maladie universelle）制度は，保険料の未払い者など，制度の谷間の無保険者を対象にしている．どちらの制度も，職業上の連帯，職域連帯ではなく，国民連帯を根拠としている．第2に，財源調達については，租税代替化（fiscalisation）が進められる（長部，1999：40-43，矢野，1999：71-77）．1990年には，給与所得以外の所得も含めた所得の合計額をベースに課税される，一般福祉税（Contribution sociale généralisée：CSG）が導入され，その代わりに社会保険料率の削減が始まる．また，第3に，財政運営・管理については，1996年に憲法が修正され，社会保障財政法が成立した．法によって財政均衡の全般的な条件を決定し，収入予測を見積もり，その条件のもとで支出目標を定めることがそのねらいであった．つまり，「社会保障財政を国の予算と同様に，毎年の国会決議の対象にすることにしたのである．この結果，社会保障は国の管理下に実質的にも形式的にもおかれることに」なった（矢野，1999：74）．

　では，なぜこの時期に，改革・再編が具体化し，実現したのであろうか．

　まず，1980年代と90年代の政治を対照的に捉える際に，やはり「外部」要因を強調する論者が多いように思われる．まず，第1の外部要因として，グローバル化の一層の進展がある．経済のグローバル化やそれが引き起こした社会的変容に直面しても，それに対する脆弱性（vulnerability）は福祉国家によって異なる（Scharpf and Schemidt, 2000：introduction, chap. 1）．とはいえ，一方で，グローバル化の進展によって一層激化した市場競争を勝ち抜くためには，社会保障にまつわる「コスト」を削減し，労働市場を含むもろもろの規制の緩和が要請される．しかし他方で，グローバル化は新しい福祉へのニーズを生み，その必要性を高めることになるだろう．第2に，グローバル化に対するリージョン・レベルでの対応，あるいはグローバル化の展開そのものとの位置づけも可能だろうが，ヨーロッパ統合の進展，通貨統合の条件・日程が具体化したことが挙げられる．これが，福祉再編のプロセスを直接的に規定する最大の要因になったと思われる．第3に，1993年以降のフランスにおける景気後退も無視できない．1988年から1991年には景気が回復したが，1992年以降，成長の速度が落ち，

1993年,景気後退がフランスを直撃する.社会保障収入の落ち込み,赤字はとどまるところを知らぬといった様相を呈する.国家の財政赤字も域内単一通貨ユーロ参加の条件をクリアできない水準にあった.

しかし,同じようにこれらの外部要因に規定された時期であっても,「成功」した「改革」もあれば,「挫折」した「改革」もある.その成否を分けた要因は何だろうか.上に挙げた改革,再編すべてについて検討する用意が筆者にはないが,新制度論に基づき福祉再編の政治を検討する際の基本的な枠組みを,年金改革について,イギリス・スイス・フランスを中心に,イタリア・ドイツなどの事例を加えて比較検討したボノーリ (G. Bonoli) の研究によりながらみていきたい.

ボノーリは,ピアソンの「新しい政治」論に同調した上で,「政策決定に対して政府がどの程度コントロールし,外部要因がどの程度影響をおよぼすのか,その程度を規定する制度的構造,すなわち拒否点 (veto points)」に焦点を合わせ,この拒否点の配置の相違とアクターの戦略を結びつけようとする (Bonoli, 2000: 29-30).

一般に,拒否点あるいは拒否権プレーヤーの枠組みを用いて政策決定の成否を分析する際にどのような点に注目すべきだろうか.まず,第1に,憲法裁判所や国民投票制度,執行部と立法部との厳格な権力分立,二院制など憲法上規定された政治制度の有無が拒否点の多寡,配置を規定する.また,このような公式のハードな制度のみならず,インフォーマルな制度,立法過程のなかに存在する事実上の (de facto) 拒否点を合わせて検討しなくてはならない.第2に,権力の集中性が,現状の大きな変更をめざす政府が成功裏にそれを行うためには重要であると考えられる.第3に,政治システム,政党システムのあり方が,政府によるアカウンタビリティの必要性や内容を規定する.党派間の競争が激しいか,選挙での政権政党に対する制裁的投票が必ずしも大きな議席減少に結びつかない比例代表制か,などによって政府の対応は異なる.またこのことと関連して第4に,選挙のサイクル,政治の周期も政策決定を左右する.先に挙げた社会保障会計再建プランが大統領選挙や国民議会議員選挙など重要な選挙

を控えた年には策定が避けられる傾向にあること，また選挙直後には，国民に不人気な内容の思い切ったプランが公にされることなどは，この点から説明できるだろう．

それでは，フランスにおける1990年代の福祉国家改革・再編の政治を検証する場合に，以上のような一般的視点をどのように展開すべきなのか．その留意点を整理してみよう．

まず，第1に，憲法上規定された政治制度や全般的な政治制度によりながら拒否点を析出するのでは不十分であるということである．パリエが，福祉再編の政治を，当該国の政治システムの全般的特徴によって捉えるのではなく，個別政策レベルごとにみいだされる独自の論理に注意を払いながら検証することの重要性を指摘していることを，ここであらためて確認しておきたい（Palier, 2002b : 246-247）．フランスの政治システムの全般的特徴や政策決定をめぐって広く流布しているイメージは，大陸の他のヨーロッパ諸国やスカンジナヴィア諸国とは対照的にコーポラティズムが発展しておらず（Schmitter, 1981, Cameron : 1984＝訳，1987, Lijphart and Crepaz, 1991），国家主導で中央集権的に政策が決定されるというものである．しかし，このイメージは90年代の福祉改革の政策決定にはあてはまらない．本節の前半で，給付へのアクセスの規準，給付の性質・水準，財源調達方式，給付に関する決定，組織，管理運営の構造，という4つの変数の組み合わせで各福祉国家，制度・装置の特徴を浮き彫りにすることができると述べたが，その制度的特徴をみると，代表的組合が立法過程における重要な拒否点を構成することになるだろう．コーポラティズム度の低いフランスにあって労働組合をめぐる諸戦略が鍵になる所以はここにある．

第2に，権力の集中性が，現状の大きな変更をめざす政府が成功裏にそれを行うためには重要である．が，後でフランスの事例についてみるように，この要素は必要条件ではない．

第3に，フランスでは，その政治的有意性が低下したとはいえ，政党システムにおいても，一般市民の政治意識の面でも，右派と左派の対立・競合が相対的に維持されていることに注意しなくてはならない[2]．また，大統領選挙，国

民議会議員選挙など，有力な選挙で小選挙区2回投票制を採用しているフランスでは，2002年の大統領選挙が端的に示したように，第1回目投票の制裁票が非常に重大な結果をもたらす．このことは政府，政権政党の大胆さを制約することになるだろう．

しかも第4に，今次の憲法修正で大統領の任期が5年に短縮され，中途での国民議会の解散がない限り，大統領選挙と国民議会議員選挙は同じ年に実施されることになったが，それまでは，7年ごとに行われる大統領選挙と5年ごとに行われる国民議会議員選挙という2つの選挙が生む政治の周期——実際，この周期のため，1981年のミッテラン大統領誕生から2002年までのあいだ，大統領与党と首相の所属政党が異なる，いわゆる保革共存政権 (cohabitation) を3度経験することになった——がアクターの戦略に影響をおよぼした．

以上をふまえた上で90年代フランスにおける改革の成否を分けたアクターによる戦略選択のポイントは，第1に，権力の集中性が低下した時期に，拒否点への感度を高めた政府がアカウンタビリティと交渉を重視した政策決定プロセスを選択したかどうか，第2に政府の主要な潜在的反対者である代表的組合——そのすべてである必要はなく，90年代のフランスにおいては，フランス民主労働総同盟 (Confédération française démocratique du travail : CFDT) が重要な交渉相手となる——に代償 (quid pro quos) をあたえることによって「政治的交換」(Palier, 2002a : 268-269) を行い，その支持もしくは黙認を取りつけ，拒否点の中立化をはかろうとするかどうかの2点であった．

第1のポイントについて，ボノーリは，1993年のバラデュール首相のもとでの年金改革の成功と，1995年のジュペ首相の失敗とを比較対照している．1993年改革は，ミッテラン大統領にとって2回目の保革共存政権下でアジェンダにのぼった．バラデュールは，第1回目の保革共存政権におけるシラクの失敗の教訓をおろそかにしなかった．ミッテランはシラクとの保革共存時代，政策の定義からかなりの程度排除されていた．対するシラクは国有企業の民営化，減税や富裕税の廃止，時間外労働の規制緩和など，新自由主義的な政策を鮮明に打ち出した．不人気な政策を採用することも厭わなかったが，激しい反対に合

った高等教育改革など政府が犯した政治的誤りに対して大統領は遠慮なく介入した．大統領の公式の権力は制約されていたものの，依然としてある種の拒否権を行使することができたといえる．「この点で，保革共存は事実上の拒否点をフランスの政策決定過程にもちこんだ」と言える（Bonoli, 2000: 122）．バラデュールはこの経験から学び，コンフリクトを回避し，組合との協議，交渉を重視した（Bonoli, 2000: 138）[3]．ところが，1995年のジュペはバラデュールとは正反対の戦略を選択した．改革の原案・法案が議会に上程されるまでに，組合や政党との接触はあったものの，改革案そのものの内容は伏せられた．交渉を拒むその頑な姿勢に，エリート臭の強いジュペの態度が加わり，改革は挫折した（Bonoli, 2000: 143, 148）．実は，交渉を尊重するか，上から改革を押しつけるかが成否を分けた事例としては，フランスに限られない．イタリアでは1992年のアマート，1995年のディーニがいずれも交渉を重視し退職改革に成功したのに対して，1995年のベルスコーニは交渉抜きで改革を断行しようとしたために拒絶されている．またドイツでも1989年と2001年の退職者改革は，社会的パートナーとの交渉を経た上で成功したが，1997年のそれが失敗したのも同じ理由による（Palier, 2002b: 261）．

　第2のポイントである，政治的交換による拒否点の中立化についてみてみよう．ボノーリによれば，どのような種類の代償が用意されるかは，改革の対象となっている制度のデザイン，構造と関係づけてみなくてはならない（Bonoli, 2000: 169-172）．第1に，さまざまな有意なアクターがもっている利害は，かなりの程度，その枠組みのなかでアクターが果たしている役割に左右される．給付に関する決定，管理運営の項目でみたように，フランスの労働組合は，社会保障制度の管理運営に強い執着を示している．第2に，制度の構造次第では，ある不利な扱いを受けていたアクター・グループが他のアクター・グループよりもその位置が改善されることを取引の材料に，改革を推進しようとする政府はその過程をうまく統制することができる．フランスのように保険にベースをおく社会政策を採用している国では，拠出と給付を結びつけ，そのバランスをとることを尊重し，全体的な社会政策の目的のために保険料を用いることに拠

出者は同意しない．非拠出者の排除によって拠出者によるコミュニティとその利害を守ることが賭金になりうるのである．

事実，フランスにおける改革のプロセスでは，拠出者が非拠出者向けの給付・サービスのために「不当な負担（charges indues）」を強いられており，この負担が社会保障会計を圧迫している，それを解消することが，拒否点プレーヤーである社会的パートナー，組合とのあいだの政治的交換の焦点になった（Palier, 2002a：180, 268, 2002b：260-263）．たとえば，保険料の拠出期間が存在しないか不十分なため，低額の拠出制年金しか受給しえない者を対象に支給される老齢者最低所得保障給付，1978年の法改正によって「何らかの職業活動を行っていること」という受給要件が削除されたが，その財源のほとんどが保険料でまかなわれている家族手当，無保険者対象の疾病給付など，本来国庫で負担すべき，拠出に基づかない給付を保険料でまかなうのは不当である．戦後フランスの社会保障制度の変遷のなかで，「職業上の連帯」「職域連帯」と「国民連帯」という，給付へのアクセスの異なる2つの規準が混在するようになっていたのだが，このうち，「国民連帯」に基づく制度については国庫が負担することによって，2つの規準・原理を明確に区別し，差異化すること，そのことを通して，社会保険＝職域連帯の領域における組合による管理・運営権を承認すること，これが，福祉改革を推進しようとする政府と拒否権プレーヤーである組合とのあいだの政治的交換の賭金になった．

1991年には家族給付の財源として一般福祉税（CSG）が創設され，その見返りに年金保険の保険料率の引き下げが行われた．1993年の退職者年金一般制度改革は，保険加入期間，平均賃金年額の算定対象期間をあらため，年金の実質水準引き下げを伴うものであったが，同時に，無拠出年金の運営のために老齢連帯基金（Fonds de solidarité vieillesse, FSV）を創設して一般福祉税をその財源にすることとした．

失業保険については，石油危機以降，多様な制度の創設・統合・廃止が繰り返されてきたが，90年代になって政府は制度の統廃合と厳しい支出抑制策を打ち出した．1992年7月に締結された労働協約のなかで予告されていた単一逓減

給付（Allocation unique dégressive : AUD）制度の導入が翌93年の1月に実現した．従来の失業保険給付を統合したこの制度では，支給期間は大幅に短縮され，支給期間に応じて支給率が削減され，加入期間と年齢に応じて逓減率が設定された．つまり，拠出と給付の関係が強化されたのである．1992年以降，失業保険では受給者数が減少する．全失業者のうち失業保険を受給している者の割合は1992年には50.9％であったのに2000年には42％になった．それに対して，失業扶助である連帯給付，なかでも長期失業者を対象とし，資力調査が課される特別連帯給付（allocation de solidarité spécifique）の受給者は，1992年には34,800人だったが，1995年には467,000人に増え，著しい増加傾向にある．制度上も，受給の実態上も，受給者の選別性が高まり，保険原理，職業上の連帯原理と国民連帯原理との差異化が進んだことがわかる（Palier, 2002a: 222-223, 2002b: 260-263）．また，国民の大きな反発・拒否にあった一連のジュペ改革案だが，医療保険制度と医療供給体制の改革は継続されている．上述のように1996年には憲法が修正され，社会保障財政法が成立したが，これ以降，毎年，社会保障の財政的均衡を確保するための社会的保護政策の目標，疾病分野での支出目標，医療保険支出の全国目標値について国会の議決を経なければならないことになり，国家による医療制度の統制・管理が明らかに強化された（江口, 1999: 220）．1999年には，保険料の未払い者など制度の谷間の無保険者を対象に普遍的疾病給付制度が創設されたことも既に触れた通りである．またその前年の98年には一般福祉税（CSG）の税率が4.1％引き上げられ，7.5％に達したが，同時に勤労者が支払う医療保険料が4.75ポイント引き下げられ，その購買力が1.1％上昇したという（Palier, 2002a: 251-n. 2）．この一連の改革で貫かれているのは，職業上の連帯から普遍主義に基づく国民連帯へという転換がなされているのだから，財源も保険によるのではなく，国庫による負担に転換されるべきであるという論理である．

現在進行形の，これらの改革の結果，フランスの社会保障制度は，かなりくっきりと仕切られた二元的な原理に基づくシステムへと転換しているように思われる．あるいは，フランスの福祉国家をビスマルク型とベヴァリッジ型のハ

イブリッドと捉える立場からすれば，2つの類型のあいだの線引き，仕分けを明快にする形で，経路依存的に改革・再編が進められ，そのハイブリッド性が，ある意味，強化されたと解することもできるだろう．また，本稿では触れる余裕がないが，社会保障制度の共同性，再分配性が次第に低下し，補足制度などでの個人化，商品化が進行しているようである（Palier, 2002a：271-275, 2002b：264-265）．

さて，このような，1990年代に進んだ一連の改革を検証した後，ボノーリは次のように総括している．すなわち，高齢化やグローバル化の一層の進展によって，左派政党のマヌーヴァの余地は狭まっている．1990年代の後半，ヨーロッパ各国で左派が政権を掌握したが，採用された政策は，右派政権のそれまでの政策と大差がない．その結果，1990年代のヨーロッパ政治の対立軸は，右派対左派というよりも，政府対福祉支持連合のあいだに成立している，と（Bonoli, 2000：173）．また，パリエは，90年代フランスで創設された新しい制度，とりわけ構造的な変化をもたらすかもしれない改革も，明確で根源的なイデオロギーの変化によってもたらされたのではなく，公共政策の処方箋・レシピの変化によって可能になったという．新しい処方箋は，あいまいで，ときに矛盾する合意のおかげで採用され，システムの周辺部分にまずは導入され，やがて徐々にその重要性を増すという道筋をたどる（Palier, 2002b：267-268）．

このことは，1990年代の福祉再編の政治について，党派政治や制度上の拘束性が低下し，コスト削減戦略をとろうとするアクターの能力は，多様な利害・選好の妥協点をいかにみいだすか，その調整能力にかかっているとするキッテルとオビンガーの論証と符合するのだろうか．しかし，2人は，同時に，党派政治の後退について，計量的・数量的手法の限界にも言及している．はたして党派政治は終焉を迎えているのか．そして，理念・アイディア，イデオロギーは福祉国家再編の政治において大きな役割を果たさなくなってしまったのだろうか．最後にこれらの点について簡単にみて本稿のむすびにかえたい．

4 アイディア，イデオロギーの役割と党派政治の行方

　1982年から83年にかけて，ミッテランが競争的ディスインフレ政策，「強いフラン」政策へと大きく舵をきったことは周知の通りである．ジョベール（B. Jobert）は，このような決断を下したのはミッテラン自身であるが，その背後・底流で，政策を方向づける準拠枠組み－座標系（référentiel）の変容・転換が進行していたと述べている．1970年代，高級官僚の養成機関である国立行政学院（ENA）において，新古典派への転回が進み，ひとつの知識共同体が形成されていった（Jobert, 2003: 468-470）．そこで共有された理論やコンセプトが80年代の経済政策・社会政策を方向づけていく力をもったと考えられる．また，社会保障財政の赤字問題の解決について，社会保険料の値上げという選択肢は回避すべきであり，新しい財源調達の道を探り，支出を抑制し，収入赤字をうまくコントロールしなければならないという認識が，80年代を通して，左右を問わず政権政党や政府の官僚・専門家，経営者，一部の知識人のあいだに共有されていったことは前節で言及した通りである．

　しかし，単一の準拠枠組み－座標系が一枚岩的な知識共同体によって共有されていたと結論づけることには慎重でなければならないだろう．たとえば，ボイシュ（C. Boix）によれば，緊縮期の福祉国家のもとでの経済政策・社会政策は，サプライサイドにシフトし，人的資本形成やインフラ整備が重視されるようになる．経済拡大による失業率低下というオプションを失った社会民主主義勢力もまた，サプライサイド政策を採用せざるを得なくなる．しかし，同じようにサプライサイド政策を重視するといっても，その担い手として，左派・社会民主主義勢力は公的部門を，右派は市場を信頼するという違いがある．前者は人的資本・固定資本への公共支出を増大させることを通して，労働者の技術水準や生産性の上昇を実現し，高所得層への増税とあいまってより平等な分配をめざすのに対して，後者は，減税や民間投資を通した市場の活性化が鍵であるとみなしている．政党・党派ごとにその目標や手段，帰結は異なるというわ

けである．そして，利害とアイディア (ideas) の連合 (coalitions) の組織として政党が重要な役割を果たすことにボイシュは注意を喚起している (Boix, 1998)．レヴィ (J. D. Levy) は，90年代のフランスについて，ジュペ右派政権とジョスパン左派政権のもとでの政策を比較検討し，党派政治の存在を確認している (Levy, 2001)．また，ヒックス (S. Hix) や小川有美のように党派政治の「ヨーロッパ化」，EU レベルでの党派政治の可能性を問う研究もあらわれている (Hix, 1999, 小川, 2003)．

そこで，最後に，ヨーロッパ統合の進展と福祉国家再編の政治の今後について触れておこう．

ヨーロッパ統合は，「選択的ヨーロッパ化」(Scharpf, 2002) の歴史であった．80年代半ば以降について言えば，市場統合が果敢に追求される一方，社会政策へのとりくみは遅れた．マーストリヒト条約の附属議定書において，理事会における加重多数決をいくつかの社会政策の領域に適用することが決定されて以降，一定の進展がみられるものの，市場統合とのあいだには歴然とした非対称性が認められる．このアンバランスを放置することが深刻な結果をもたらすことは，各国における極右勢力の伸張をみても明らかである．こうした問題を，EU の指導者は，ガヴァナンス改革の必要性の問題として捉えている．

1999年，プローディがヨーロッパ委員会委員長に就任して最優先の緊急課題のひとつと位置づけたのが，ヨーロッパのガヴァナンス，EU の統治作用のあり方を改革することだった．2001年7月，委員会は『ヨーロッパのガヴァナンスに関する白書』を公にした．『白書』は，EU が直面している逆説について次のように述べる．統合は，50年におよぶ安定・平和・経済的繁栄を欧州にもたらし，域内市場の構築，世界における欧州の発言権強化という成果をあげてきた．それにもかかわらず，市民たちは，EU からの疎外感を味わっている．失業，食品の安全，犯罪，欧州の内外におけるさまざまな紛争など，グローバル化が人びとの日々の生活に大きなインパクトをあたえており，市民はこれらの問題にヨーロッパ全体として対処してほしいと望んでいる．ところが，ブリュッセルがこのような期待を裏切っていると市民は感じている．『白書』は，

EUおよびその指導層と市民とのあいだに溝が存在することを率直に認めた上で,グローバル化が引き起こす問題を民主的に解決し,グローバル化を欧州のチャンスに転化するために,欧州のガヴァナンスを改革する必要があるとする (Commission of the European Communities, 2001).

このようにヨーロッパにおけるガヴァナンスの問題は,個別具体的な政策課題と密接に結びつけられている.社会政策の領域では,2000年3月,ポルトガルのリスボンで開催された特別欧州理事会において,むこう10年の新しい戦略的目標として,知識を基盤にした経済社会の建設を謳った.世界で最良の競争力と活力を備え,雇用状況の質的・量的改善,社会的包摂の強化を伴いながら持続的に成長する欧州経済社会.それが欧州の描く新しい社会モデルであるという.リスボン戦略と呼ばれるこの戦略では,従来,各国政府が排他的に政策対応するとされていた領域にも欧州全体としてのとりくみを可能にするような手法として,整合化のための開かれた方法(open method of coordination : OMC)を導入することになった.この手法は,EUレベルでの政策ガイドラインの作成,各国の最良の政策・実践を比較するための指標やベンチマークの作成,ガイドラインにそった国別のアクションプランの加盟国による作成とヨーロッパ委員会への提出,定期的なモニタリング・評価・見直しを通した相互学習の促進からなる.

ヨーロッパのガヴァナンスの新しいアーキテクチャーとなることを期待されている手法だが,目下のところ,その結果はかなり限定的なもののようだ.ただし,いくつかの政策領域の政策策定者間でアイディア・レベルでの収斂がみられるという(Radaelli : 2003).しかし,他方で,もし,党派政治のヨーロッパ化が進行し,政党が利害やイデオロギー,アイディアの連合において一定の役割を果たすとするならば,ナショナル・レベルでの制度的遺産も視野に入れながら,具体的な文脈のなかで,政策決定や制度変更をめぐる収斂と分岐の力学のかなり複雑な検証が必要になるだろう.

1) 社会問題の変容についてはカステル(R. Castel)の労作(Castel, 1995)を,また

「失業」の「社会問題化」をあつかった刺激的な作業として，ドマジエール（D. Demazière）の著作（Demazière, 1995＝訳，2002, 2003）を参照されたい．
2) 右派−左派という概念の有効性を問うた世論調査（2002年1月23日と24日の両日，ジャン−ジョレス財団（La Fondation Jean-Jaurès）と『ヌーヴェル・オプセルヴァトゥール（Le Nouvel Observateur）』誌のためにSOFRESによって実施）の数字をみると，1981年には，有効だとする者が43％で，有効でないとする33％を上回っていたが，2002年の調査では33％，認められないとする人は60％と20年で倍増している．ところが，2002年の同じ調査によると，フランス人は自分自身を左右の軸上に位置づけることには肯定的である（http://www.tns-sofres.com/etudes/pol/140202_clivage_r.htm）．
3) ボノーリはバラデュールの成功の偶発的な政治情勢上の（contingent）要因として，直前の選挙における右派の地滑り的大勝利をあげる．この勝利が政権の政治的正統性を高め，組合などの拒否権アクターによるインフォーマルな抵抗・抗議を困難にしたという（Bonoli, 2000: 138）．それに対して，1995年のジュペ政権は，同年の大統領選挙におけるシラクの勝利によって誕生したわけだが，選挙期間中に福祉削減を否定していたために，改革案は背信行為と受けとめられた（Bonoli, 2000: 147）．

参 考 文 献

伊奈川秀和，2000,『フランスに学ぶ社会保障改革』中央法規．
江口隆裕，1999,「医療保険制度と医療供給体制」（藤井・塩野谷，1999：第10章）．
小川有美，2003,「ヨーロッパ化する党派政治空間—『第三の道』の欧州テスト」『社会科学研究』（東京大学社会科学研究所紀要）第54巻第1号，67-82頁．
長部重康，1999,「経済と社会保障」（藤井・塩野谷，1999：第2章）．
加藤知章，1995,『医療保険と年金保険—フランス社会保障制度における自律と平等』北海道大学図書刊行会．
新川敏光，2002,「福祉国家の世紀と階級政治」（宮本，2002：第1章）．
田端博邦，1999,「社会保障の歴史」（藤井・塩野谷，1999：第5章）．
都留民子，2000,『フランスの貧困と社会保護—参入最低限所得（RMI）への途とその経験—』法律文化社．
藤井良治，1996,『現代フランスの社会保障』東京大学出版会．
藤井良治，1999,「総論—フランスの社会保障体系—」（藤井・塩野谷，1999：第1章）．
藤井良治・塩野谷祐一，1999,『フランス（先進諸国の社会保障6）』東京大学出版会．
宮本太郎（編著），2002,『福祉国家再編の政治（講座・福祉国家のゆくえ1）』ミネルヴァ書房．
Barbier, Jean-Claude, and Théret, Bruno, 2000, "The French Social Protection System :

Path Dependencies and Societal Coherence", Paper presented at the Year 2000 International Research Conference on Social Security, Helsinki, 25-27 September 2000.

Boix, Charles, 1998, *Political Parties, Growth ane Equality : Conservative and Social Democratic Strategies in the World Economy,* Cambridge University Press.

Bonoli, Giuliano, 2000, *The Politics of Pension Reform : Institutions and Policy Change in Western Europe,* Cambridge University Press.

Bonoli, Giuliano, and Palier, Bruno, 1995, "Entre Bismark et Beveridge, "Crises" de la sécurité sociale et politique(s)", *Revue française de science politique,* 45 : 4, pp. 668-698.

Cameron, David R., 1984, "Social Democracy, Corporatism, Labour Quiescenece, and the Representation of Economic Interest in Advanced Capitalist Society", in John H. Goldthorpe (ed.) *Order and Conflict in Contemporary Capitalism,* Oxford University Press（＝訳，1987,「社会民主主義・コーポラティズム・穏健な労働運動」J. H. ゴールドソープ編（稲上毅・下平好博ほか訳）『収斂の終焉』有信堂高文社）.

Castel, Robert, 1995, *Les métamorphoses de la question sociale,* Fayard.

Commission of the European Communities, 2001, *European Governance, A White Paper,* Brussels, 25. 7. 2001 COM (2001) 428 final.

Demazière, Didier, 1995, *La sociologie du chômage,* La Découverte & Syros（＝2002, 都留民子訳『失業の社会学―フランスにおける失業との闘い―』法律文化社）.

Demazière, Didier, 2003, *Le chômage, Comment peut-on être chômeur,* Belin.

Hix, Simon, 1999, "Dimensions and alignments in European Union politics : Cognitive constraints and partisan responses", *European Journal of Political Research* 35, pp. 69-106.

Jobert, Bruno, 1992, "Représentations sociales, controverses et débats dans la conduite de politiques publiques", *Revue française de science politique* 42 : 2, pp. 219-239.

Jobert, Bruno, 2003, "Europe and the recomposition of national forums : the French case", *Journal of European Public Policy* 10 : 3, pp. 463-477.

Kittel, Bernhard and Obinger, Herbert, 2002, "Political parties, institutions and the dynamics of social expenditure in times of austerity" Max Planck Institut für Gesellschaftsforschung Discussion Paper 02/1 (http://www.mpi-fg-koeln.mpg.de/pu/mpifg_dp/dp02-1.pdf).

Kittel, Bernhard and Obinger, Herbert, 2003, "Political parties, institutions and the dynamics of social expenditure in times of austerity", *Journal of European Public Policy,* 10 : 1, pp. 20-45.

Levy, Jonah D., 2001, "Partisan politics and welfare adjustment : the case France", *Journal *of European Pucic Policy* 8 : 2, pp. 265-285.

Lijphart and Crepaz, 1991, "Corporatism and Consensus Democracy in Eighteen Countries : Conseptual and Empirical Linkages", *British Journal of Political Science*, 21, pp. 235-256.

Lisbon European Council, 2000, Presidency Conclusions, 23 and 24 March 2000.

Palier, Bruno, 2000, " 'Defrosting' the French Welfare State", *West European Politics*, 23 : 2, pp. 113-136.

Palier, Bruno, 2002a, *Gouverner la sécurité sociale : Les réformes du système français de protection sociale depuis 1945*, Presses universitaires de France.

Palier, Bruno, 2002b, "De la crise aux réformes de l'État-providence, Le cas français en perspective comparée", *Revue française de sociologie*, (43-2) pp. 243-275.

Palier, Bruno, 2003, "The Europeanisation of Welfare Reforms", Paper presented at the RC 19 Conference, Toronto, 21-24 August 2003 (http://individual. utoronto. ca/RC 19_ 2003/pdf/Palier_The_Europeanisation_of_Welfare_Reforms. pdf).

Pierson, Paul, 1994, *Dismantling the Welfare State? Reagan, Thatcher and the Politics of Retrenchment,* Cambridge University Press.

Pierson, Paul, 1996, "The New Politics of the Welfare State", *World Politics*, 48 : 2, pp. 143-179.

Pierson, Paul (ed.), 2001, *The New Politics of the Welfare State*, Oxford University Press.

Pierson, Paul, 2002, "Coping with permanent austerity : Welfare state restructuring in affluent democracies", *Revue française de sociologie*, 43 : 2, pp. 369-406.

Radaelli, Claudio M., 2003, "The Open Method of Coordination : A new governance architecture for the European Union?", Swedish Institute for European Policy Studies, Preliminary Report. March 2003.

Scarbrough, Elinor, 2000, "West European welfare states : The old politics of retrenchment", *European Journal of Political Research* 38, pp. 225-259.

Scharpf, Fritz W., 2002, "The European Social Model : Coping with the Challenges of Diversity", *Journal of Common Market Studies*, 40 : 4 pp. 645-670.

Scharpf, Fritz W. and Schmidt Vivien A. (eds.), 2000, *Welfare and work in the open economy, vol. 1 : From vulnerability to competitveness, vol. 2 : diverse responses to common challenges*, Oxford University Press.

Schmitter, 1981, "Interest Intermediation and Regime Governability in Contemporary Western Europe and North America", in Berger Suzanne D. (ed.) *Organizing Interests in Western Europe : pluralism, corporatism, and the transformation of politics*, Cambridge University Press.

7章　西ヨーロッパにおける政教関係の制度化とイスラーム

―― フランスにおけるイスラームの制度化,「フランス・ムスリム評議会 CFCM」の経験から ――

浪　岡　新太郎

問題のありか

　S. ハンティントンの『文明の衝突』,西ヨーロッパにおける O・ファラシ『怒りと傲慢』の成功に見られるように,イスラームはしばしばテロリズムや狂信主義と結びつけて語られる.そして,ムスリムはアラブ世界にだけ存在するわけではない.現在,西ヨーロッパには900万人を越えるムスリムと見なされるヨーロッパ域外からの移民出身者が定住し,その内の多くが各国国民としてヨーロッパ連合(EU)市民の一部をなしている[1]（ダセット,2001:61）.

　かれらは,その定住の過程,出身国などにおいて多様であるが,次のような問題を共有する傾向がある.第1に,そのムスリム・アイデンティティの表明が比較的最近であるために,宗教儀式の実践において他の宗教に比べて多くの困難を抱えている.第2に,かれらは,そのエスニック・ナショナルに想定される宗教性を理由に差別,「分離 ségrégation」される傾向がある.さらに,いくつかの国々においては,フランスにおけるアルジェリア人のように,差別の問題はしばしば旧植民地問題と結びついている.第3に,多くの場合,かれらは失業や貧困が集中する「郊外」（banlieue/innercity）に居住しており,社会的経済的に排除され,分離が進んでいる（Cesari, 2004b: 11-17）.

このムスリムのなかから，アルカイダを初めとするテロ組織に参加する者もおり，西ヨーロッパにおいてムスリムを「市民」としてどのように統合するのかは大きな問題になっている．しかし，政治共同体（国民国家）への帰属と宗教への帰属の両立可能性という問題は昨今提起されたわけではない．

「国家の政治共同体は，単に外的強制の問題でなくして，究極において，絶対的な価値に関する問題」（南原, 1958: 80）であり，同じく価値の問題を扱う宗教との関係をいかに規定するかは西ヨーロッパにおいて常に問題になってきた．J-P. ウィレム（J-P. Willaime）は，政治と宗教の相互の独立に特徴付けられた西ヨーロッパに共通する政教関係を「（文化的）ライシテ」と呼び，その特徴を次のように定義している[2]（Willaime, 2004: 46）．第1に，国家，公権力の宗教的中立性．このことは，国家があらゆる宗教権力から自律していること，また，宗教が国家から自律していることを意味する．第2に，個人の宗教的自由と，非宗教的なものの自由の承認．第3に，個人の意識の自律の承認，つまり，あらゆる宗教的，哲学的権力に対する，男女の個人的自由の承認．第4に，政治，宗教，科学などあらゆる分野に適用される批判的反省．言わば，自由に物事を検討することと，矛盾を含んだ議論の可能性．ライシテはヨーロッパ人権条約などにその具体化を見ることができ，EUで宗教問題は議論されるものの，連合共通の制度化されたライシテは存在せず，その具体的な制度化は各国民国家の歴史的事情を反映している．

現在，ライシテは，人や情報のグローバル化を背景に，イスラーム，仏教などの「新しい」宗教の定着に見られるような「外的多元性」と，セクト/カルト問題，宗教的アイデンティティにおける教会の権威の低下など，とくに若者層に顕著な宗教的アイデンティティの脱制度化に支えられた新しい信仰形態，「内的多元性」にさらされている（Léger, 2001: 81-89）．この外的・内的多元性という新しい状況のなかで，ライシテを規律しなおし，いかに市民に宗教的自由を保障していくのかが，西ヨーロッパに共通の課題となっている．この多元性の問題を，その規模，意味，社会的経済的周辺性において，最も先鋭的に提起するのが「どのようにムスリムを市民として統合するか」，すなわちイスラ

ームの制度化問題である．

　西ヨーロッパにおいて政治と宗教の問題を考えるとき，フランスの事例とドイツの事例は2つの極をなしている（Messner, 1999：60）．中間団体を評価する政治文化のあるドイツでは市民の宗教的属性，関係を制度的に評価し，その公共性への貢献を認める．ドイツでは，大幅な地方自治権が認められており，自治体による違いもあるが，カトリック，プロテスタント，ユダヤ教は公的社団の地位をもち，教会税，公立学校における宗教教育，国立神学部が存在する．ここではとくにトルコ系移民出身者が中心になるイスラームという新しい宗教にも公共性を承認するかどうかが問題となる．

　中間団体を排除し，市民と国家が直接向き合う構造を評価する政治文化のあるフランスでは，「国家はいかなる宗教も認めず，援助しない」(1905年法)．市民の宗教的属性，関係を公共性から徹底して排除し，国家が中央集権的に公共性を独占することで，普遍的に開かれた公的領域における平等性，私的領域における多様性を実現しようとする（フランス統合モデル）（中野，1996）．このモデルにおいては，宗教的属性，関係と関係なく市民になることができる．

　しかしながら，フランスにおいても，イスラームは問題化し，統合モデルの限界までが語られるようになっている．こうしたなか，2003年に政府とイスラームの関係を代表するCFCMが成立した．ムスリムは「市民」としてどのように統合されたのだろうか．本稿では，西ヨーロッパで最も多くのムスリムが生活するフランスにおけるイスラームの制度化を検討することで，イスラームに代表される多元性に直面する西ヨーロッパにおける国民国家型ライシテの行方を考えてみたい．まず，西ヨーロッパ「(文化的)ライシテ」におけるフランス・モデルの含意，フランスにおけるイスラームの制度化の試み，問題点を明らかにする．次に，CFCMの成立過程ならびに，CFCMによって排除されるムスリムを検討する．さらに，外的・内的多元性がとくに顕著に現れる移民新世代ムスリムがどのようにCFCMの成立に対応したのかを，代表的な新世代ムスリム結社が集まる「リヨン大都市圏ムスリム結社連合CAMGL」を事例に考察する．最後にフランス型ライシテ・モデルとしてのCFCMの可能性と限

界を明らかにし，国民国家型ライシテの行方を考えてみたい．

1 西ヨーロッパにおけるフランス

1.1 西ヨーロッパにおけるフランスモデル

ウィレムの概算に拠れば，2001年の時点でEU加盟国民3億7,700万人のうち，カトリック教徒が51%，プロテスタントが16%，英国国教会教徒が6%，ギリシャ正教徒が3%，ムスリムが3%，ユダヤ教徒0.5%で，20.5%が宗教的アイデンティティをもたないと答えている．ヨーロッパを25カ国に広げてみても大きな変化はないが，4億5,200万人国民のうち，とくにポーランドの存在によってカトリック教徒の割合が55%へと増加する（Willaime, 2004 : 19）．

ヨーロッパ諸国の制度的な政教関係は，簡潔には，厳格な政教分離，公認宗教制度，国教制度の3つに区別することができる（小泉，2001 : 98）．まず，厳格な政教分離制度をとる国として，フランスやトルコが挙げられる．次に，国教を廃しながらも，国家が政教条約（コンコルダ）を締結した特定教会，教派との協力関係を維持する公認宗教制度には，スペインを始め，ポルトガル，ドイツ，アイルランド，イタリア，ベルギーなどが挙げられる．最後に，国教制度をとる国としてギリシア，デンマーク，マルタ，アイスランド，ノルウェー，イギリスなどを挙げることができる．ただし，こうした政教関係に加えて，イスラームに関して言えば，フランス，オランダ，イギリスのムスリムは旧植民地国からの移民出身者が主流を占めており，各国のイスラームに対する対応にはそれぞれ同化主義，ホームランド・ルール，無関心と，今でも植民地経営の影響を見ることができる（Ferjani, 1998）．

歴史的な対立関係に裏付けられたフランスの厳格な政教分離の特徴は次のようにまとめられる（Willaime, 2004 : 282）．第1に，国家と圧倒的に支配的な宗教としてのカトリック教会との関係が他の国々に比べてより対立的であったこと．第2に，宗教に批判的な政治的，哲学的立場が歴史的に強かったこと（合理主義，マルクス主義，フリーメイソン，自由思想）．第3に，国家が市民社会に優

越し，これを指導することが他の国々に比べてより明確になっていること．すなわち一方で，市民を解放，啓蒙し，他方で中央集権化・均質化する国家の伝統があること．第4に宗教的属性の公的な表明に対する強いためらいがあり，他の国々に比べてより宗教の私的性格が強調されること．

しかし，教会との対立，分離はフランスがそのカトリック性から自由になったことを意味しない．教会の役割を宗教儀式の実践に限定し，教会が供給していた「超越的なもの」，「共通の価値の問題」を，フランスは，ナシオンへの信仰，市民宗教という形で，教会モデルに従って，さまざまな社会関係を国家が中央集権的に代替することで引き受けようとした (Léger, 2001: 90)．この市民宗教は公教育を通じて内面化され，パンテオン，ナシオンのための殉教者名簿などさまざまな装置をもち，祝日を始めとして，カトリック性の歴史的使用は頻繁であった．各個人が出自と結びつくような社会関係を主張しないで，市民宗教を信仰するためには，国家の高い介入能力，公教育を通じた社会的上昇の信憑性が必要であった．

西ヨーロッパでは，80年代から社会保障などの分野で，国家の介入能力が低下し，社会的経済的，そして文化的な分離が進行する．国家は進歩の概念を前提に社会を計画，指導していく役割から，社会の動きを見ながらそれを方向づけるアニメイターの役割へと転換する．アニメイターとしての国家においては，「超越的なもの」を国家が排他的に供給することができないために，市民宗教の影響力の低下とともに現れてきた外的・内的多元性，各個人の宗教，民族など多元的な社会関係を国家の統合能力を補完するものとして積極的に利用していくことになる．国家の統合能力低下によって，最も危機的状況に陥るのが，公共性が国家に独占されるフランスの政治文化である (Bouretz, 2000: 125)．この文化は公権力の宗教への関与を否定する方向に働くがゆえに，歴史的に新しい宗教が宗教儀式の実践においてこうむる事実上の不平等に対応しにくく，また，宗教を儀式の実践に還元し，公共性への関与を否定するがゆえに，脱制度化された宗教的アイデンティティへの対応に苦しむことになる．

しかし，実際にはフランスも政治文化に反して，政治と宗教の協調関係が進

んでいる．現在は，公立学校における宗教史教育の導入が議論されているし，ライシテの具体化としての1905年法は，厳格な政教分離というよりは，政治が宗教的自由を保障するものとして解釈されるようになってきている（大石, 2001: 64）．さらに，85年からの高等倫理評議会（HCE）への参加など，代理母出産をはじめ，政府の生命倫理の分野に関する諮問委員会において宗教団体の姿は珍しくない．

ただし，この協調的な政教関係はイスラームには適用されなかった．まさにライシテの名の下に，エヴリー市で大聖堂の建築に公的補助金が使われるときに，リヨン・モスクの建築には公的補助金が拒否されている．現在法的には宗教社団に対して間接に，また，宗教施設をもつ届出非営利社団に対して直接に補助金を支出することが可能である．しかし，実際に補助金が支出される際に，地方自治体の多くは，カトリックの際にはライシテの宗教的自由を保障する側面を，イスラームの場合にはライシテの反宗教的側面を強調する傾向がある（Ferjani, 1998）．フランスのライシテにはイスラームやセクトなどのマイノリティの宗教に対応する場合と，マジョリティの宗教に対応する場合との「二重基準」が存在し，このことがフランスのムスリムの間に不平等感を募らせている[3]．これまでフランスにおいてイスラームの制度化の試みはどのように進んできたのだろうか．

1.2 フランスにおけるイスラームの制度化

(1) フランスのムスリム

フランスのムスリムは，世代によって，そのムスリム・アイデンティティが大きく異なる．当初，単身で単純労働者として移民した第1世代にとってイスラームは，慣習，出身国への帰属を示すことが多い．五行を実践する第1世代ムスリムは出身国の区別に従って，多くの場合全国結社と結びついた礼拝所（モスク）を構成する傾向がある（HCI, 2001）．代表的な結社として次のものがある．第1に，第1次大戦でフランスのために戦ったアルジェリアの兵士達にオマージュをささげるため，1923年に作られたアルジェリア政府系のパリ・モ

スク．最も穏健な政府寄りの結社として知られている．第2に，85年にパリ・モスクに対立する者達によって設立されたモロッコ政府系の「フランス・ムスリム全国連盟 FNMF」．第3に，83年設立，最大規模の連合で，「ヨーロッパ・イスラーム組織連合 UOIE」のフランス支部で，出身国から独立したイスラームを主張する「フランス・イスラーム組織連合 UOIF」．その年次総会は10万人以上を集め，第1世代中心の結社の中では唯一，新世代地域結社も多く含んでいる．第4に，郊外での活発な布教活動で知られ，その非政治性を主張するタブリグであり，これはパキスタンに本部をもち，現在2つの結社 Foi et pratique と Tabligh に分かれて活動している．他にトルコ系としてはトルコ外務省に直接繋がっている DITIB とこれに対立する Milli Gorus が，また，サブ・サハラのムスリムの組織として「アフリカ・アンチーユ・コモロイスラーム結社連盟 FFAIACA」が存在する．

　フランスで主として社会化された新世代の多くは，言語を初めとして出身国の文化をよく知らず，文化的にはフランスでの同化が進んでいる．しかし，家族・学校に居場所をつくれず，社会的経済的には，排除・分離され，さらに，その肌の色などから狂信的なムスリムとみなされ激しく差別される傾向がある(Wenden, 1990)．かれらにとってイスラームは，日常的な生活経験と結びつけられ，個人的に解釈されることが多い (Khosrokhavar, 1997)．五行を実践する新世代ムスリムの多くは慣習ではなく，個人の選択としての実践を強調し，礼拝所の維持には消極的で，出身国による区別を乗り越えようとする．かれらは自分達の生活する郊外に，学習補助やスポーツ活動など地域の若者向けの社会・教育活動を行う地域結社を構成し，とくに新世代の若者が差別，分離に抗して生活することを助けようとする．新世代中心のムスリム結社は，地域ごとにまとまり，全国組織化は進んでいないが，全国的な影響力をもつ地域結社として「ムスリム若者連合 UJM」が，全国結社として，元UOIFの一部であった「フランスの若いムスリム JMF」，「フランスのムスリム学生 EMF」が存在する[4]．

(2) フランスとイスラーム

ポワチエの戦いを挙げるまでもなく,フランスにおいてイスラームの存在は新しいものではない.植民地時代,イスラームはフランスにとって被植民者の宗教であった.ライシテはアルジェリア県には適用されず,政府はムスリム結社を通してアルジェリア人を管理しようとした.ここには明らかにムスリム・アイデンティティをその宗教儀式の実践からではなく,アルジュリア人アイデンティティ,植民地経営と結びつけて安全保障の観点から把握する傾向があった.

しかし,近年のフランス本土におけるムスリム・アイデンティティの表明は,1973年の石油危機,74年の移民流入停止を前にした主として旧植民地からの移民出身者の予期せぬ形での定住の結果である.81年にミッテラン政権下で届非営利社団の設立が外国人にも認められるようになると,第1世代ムスリムによるムスリム・アイデンティティの表明が,礼拝所の存在など,一般に目に付くようになってくる.国際的にイスラームが狂信主義と結びつけられて描かれていく状況を背景に,87年には内務大臣C. パスクワはパリ・モスクをフランスのムスリムの代表機関とみなし,国内ムスリムを狂信的なイスラームから守る役割を期待する.この時期まで,ムスリムはその出身国から定義され,「外国人」の宗教としてのイスラームを安全保障の観点から,イスラーム運動に対して厳しい態度をとるアルジェリア政府が管理することをフランスは期待した(Khosrokhavar, 1997 : 267).

しかし,「イスラームのスカーフ事件」,S・ラシュディ事件,そして1991年の湾岸戦争を背景に,フランス市民アイデンティティとムスリム・アイデンティティの両立性が問題化すると,政府はイスラームの制度化に,より積極的に介入することになる.次の内務大臣P. ジョックスは地域性,宗派性,出身国などを考慮してUOIF,パリ・モスク,FNMF,トルコ系,改宗者,セネガル系を含む6人の著名なムスリムを選び,「フランスにおけるイスラーム考察会議CORIF」を90年に設立し,かれらに将来的な代表機関設立を念頭に,国内ムスリムの直面する問題を議論させた.CORIFの活動は,ラマダンの日程の

統一,軍隊におけるハラル肉[5]の用意や墓地におけるムスリム用地確保のための度重なる通達といった結果を生み出した.CORIFはパリ・モスクの排他的な代表性を弱め,国内ムスリムの多様な出身を明るみに出した点に独自性があった(Boyer, 1997).ここで初めて,政府主導ではあるものの,安全保障の観点だけではなく,イスラームを「フランス人」の宗教として他の宗教と同じように宗教儀式の観点から制度化しようとするアプローチが見られる.

　1993年3月,与党が代わると,政府はCORIFを放棄し,再びパリ・モスクを国内ムスリムの代表とみなすようになる.再び内務大臣になったパスクワの強い支持を受け,パリ・モスクは93年11月,UOIF,FNMF,タブリグといった主要な結社を集め,フランスにおけるムスリムの市民としての立場を明確にすることを目的に「フランスのムスリムの諮問委員会CCMF」を立ち上げた.これは安全保障の観点から,「フランス人」の宗教としてのイスラームを,政府寄りのパリ・モスクに代表させるための政府主導の制度化であった.

　パスクワは1994年12月15日には,その消費量が年間40万トンを越えるとも言われるハラル肉の精肉に関する許認可権をパリ・モスクだけに与えた.パリ・モスクの代表性にはとくにUOIFから激しい批判があり,パリ・モスクはCCMFのなかでパリ・モスクを支持する結社を中心に「フランスのムスリム代表委員会CRMF」を設立する.95年1月10日に,パスクワは,CRMFが提示した国内ムスリムの立場を明確化し,イスラームと共和制の価値の両立性を宣言した「フランス・ムスリム宗教憲章」を公式に承認する.この時点でCRMFが初のイスラーム代表機関として成立したかに見えたが,本来CCMFが行うべき仕事をパリ・モスクがほとんど単独で行い,自分だけの成果にしていることに対して激しい批判が起こり,CCMFからUOIF,FNMFが抜け,さらに95年11月に主要メンバーが抜けたことでCCMF,そしてCRMFは解体する.この主要メンバーが「フランスのムスリム高等評議会HCMF」を立ち上げたが,UOIF,FNMFはHCMFから距離をとった.HCMFの成立は許認可権の取り消しなどパリ・モスクの代表性を否定することになったが,それ自体の活動はほとんどなく内部分裂を経て解体した.

制度化の試みは全て失敗に終わり，「個人の信仰の自由，その集団的な実践を保障し，各宗派に対して中立的な態度をとる」というライシテの原理は守られなかった．フレゴジ (F. Frégosi) は，これまでの制度化の試みに，「政府の積極的介入」と「ほったらかし」の2つの傾向を見ている (Frégosi, 1998)．一方で政府は，植民地時代のやり方を踏襲し，安全保障の観点から自分達の意に沿うムスリム結社に代表性を与えようと積極的に介入した．他方で，政府はライシテの観点からムスリムの宗教的自由を保障しなければならないにも関わらず，「ほったらかし」たために，マグレブ，中東諸国が宗教施設の設置，宗教的教導者（とくにイマーム）の派遣などを請け負い，結果的に諸外国と国内ムスリムの関係を強め，「フランスのイスラーム」の登場を困難にした．

これまでの制度化はどれも，ムスリム・アイデンティティを出身国を中心に，その外交関係を考慮しながら把握し，宗教儀式の観点にこだわることはあっても実際にムスリムと自己定義する人達，とくに新世代ムスリムがどのようにムスリム・アイデンティティを表明しているのかには注目しなかった．

これまで制度化の試みを阻んできたイスラームの多様性は3点にまとめられる．第1に，第1世代ムスリムの出身国の相違，対立の存在．第2に，新世代ムスリムのムスリム・アイデンティティの不定形性．第3に，ムスリムを巡る環境は地域差が大きいこと (HCI, 2001: 49)．F. コスロカヴァール (F. Khosrokhavar) によれば，これまでは第1世代の対立が問題となっていたが，世代交代が進む今後は，新世代のムスリム・アイデンティティの不定形性（内的多元性）がとくに問題化する．なかでも社会的経済的に排除された若者のムスリム・アイデンティティの主張は，既存の秩序に対する批判と受容の間のゆれを示しており，パリ・モスクに代表されるような政府寄りの組織に代表性を与えることは，新世代のムスリム・アイデンティティを非正統化し，かれらをさらなる周辺性へと追い込むことになる (Khosrokhavar, 1997: 261-278)．

1997年に内務大臣に就任したJ.-P.シュベーヌマンは，ライシテの観点から，これまでの「政府の積極的介入」あるいは「ほったらかし」という二者択一を避け，ムスリムのなかから代表的な結社が現れてきたときに，それを承認する

という姿勢を明らかにし，99年から CFCM 設立を試みることになる（Le monde, 1999/1/30）．

2　CFCM の成立

2.1　ムスリムの困難

　CFCM はムスリムのどのような困難に取り組もうとするのだろうか．1999年から高等統合審議会は，CFCM 設立の試みと軌を一にして，ライシテの観点から政府が解決に取り組むべき困難を明らかにしている（HCI, 2001）．

〈儀式に関わる困難〉

　カトリック4,500万人に約4万箇所の教会があるのに対して，ムスリムの礼拝所の数はかつての公認宗教に比べて圧倒的に少ない．さらにその多くは低所得者用住宅の一室などを使用しており，1,000人以上を収容できるモスクは13しかない．また，多くのカトリックの教会が歴史的建造物として公費によって維持されるのに対して，フランス本国への定住が最近であるムスリムは歴史的建造物の地位を利用することが困難である．さらに，ムスリム結社の多くは1905年法による宗教社団ではなく，1901年法による届出非営利社団の地位をもっており，税金の免除を初めとして，本来宗教団体が享受できる利益を受けることができない．そして，89年のシャルヴュー・シャヴァニュー市長のブルドーザーによるモスク破壊の例は極端としても，地方自治体は，モスクの建設に関して非協力的な傾向がある．

　次に，宗教教導者に関して言えば，現在フランスにいる500人ほどのイマームのうち，社会保障の対象となり，フルタイムで働くのは50人ほどにすぎない．さらにかれらの96％がフランス国籍をもたず，その多くがマグレブ諸国から給与を支払われ，派遣されている．かれらのメッセージは出身国の立場を反映することが多く，また，フランス語ではないために新世代の要求に充分に応えられない．ライシテは学校，監獄，軍隊など公的施設でオモニエを求める権利を保障しているが，実際にはオモニエの数は不足しており，学校には存在しない．

最後に埋葬儀式に関しては，埋葬方法について公衆衛生法と衝突するものがあり，さらに，ムスリム用墓地の確保については通達が出ているものの，その適用は地方自治体の判断により，充分ではない．

〈食事に関して〉

とくにハラル肉が問題となっている．現在，パリ・モスク，リヨン・モスク，エヴリー・モスクのみがハラル肉の精肉に関わる資格を認められている．他に知事が個別に資格を認めることもできるが，資格をもった精肉業者は不足しており，イスラームのお祭り，アイードの際には個人で精肉をする者が後を絶たず，公衆衛生の観点から問題がある．

〈学校生活に関して〉

食事に関しては，とくに豚肉に代わる食事を準備することが必要になっているが，対応は学校ごとに異なる．服装に関しては，とくに女生徒の「イスラームのスカーフ着用」を巡って，「スカーフ」はそれ自体としてライシテに反しないとする法的判断と，教員のライシテ解釈との間に乖離が見られ，問題化している．学校のリズムに関しては，フランスの休日の多くはキリスト教の休日と対応し，イスラームの祝日が試験と重なってしまったりすると問題になるが，今のところ，一貫した学校の政策は存在しない．また，水泳の授業や，時には生物や哲学の授業においてムスリムの生徒の抵抗，忌避が見られる．

〈宗教儀式に還元されないムスリムの困難〉

また，高等統合審議会は，国内ムスリムの要求に応えられるようなイスラーム理解の必要性を認め，イマームの養成を行い，イスラームの文化的理解を促すような機関の設置を勧めている．現在パリ・モスク，UOIFなどが設立したイマーム養成機関が3つ存在するが，その水準，内容において全く充分ではない．文化的イスラーム理解については，最近，パリ社会科学高等研究院に研究部門が創設されたが，カトリック，プロテスタントのような大学，研究施設，国立神学部（ストラスブール）をもつにはいたっていない．さらに，審議会はイスラームを宗教儀式に還元するのではなく，とくに新世代ムスリムのムスリム・アイデンティティのなかに，社会的経済的に排除された若者のアイデンテ

ィティ表明を見る必要性を主張している．

2.2　CFCM 成立まで

(1)　シュベーヌマン宣言の成立（1999年10月から2000年1月）

こうした困難を解消しようと，シュベーヌマンは，1999年10月「フランス・ムスリム憲章」に倣って，まず，第1段階としてフランスにおけるイスラームの価値が共和制の価値と矛盾しないことを明確化し，第2段階として代表機関を設置するための協議を求める手紙を次の団体に送った．全国結社としてはパリ・モスク，UOIF，FNMF，タブリグが当初集められ，後に FFAICA, DITIB が加わった．他に全国組織から独立して地域レベルで影響力をもっているとみなされる5大モスクの代表者，6人のイスラームに詳しい個人が集められた[6]．

2000年1月28日の初会合において，シュベーヌマンは「フランスにおけるムスリム信徒の権利，義務に関する意思の宣言」（シュベーヌマン宣言）という文書を予め用意した．この文書は，ヨーロッパ人権条約に謳われるような「思想，信条の自由」，1905年法のライシテをムスリムが支持することを要求した．文書への署名を参加の条件とした上で，シュベーヌマンは，「特異な」宗教として表象されるイスラームにかつての公認宗教と同じ地位を保証するために，コンシュルタシオン[7]を開き，「多様性を尊重しながらも，フランスのムスリム達をとりまとめるのに適した機関を組織する」ことを提案した．

(2)　CFCM 選挙の中断（2000年1月から2002年4月）

コンシュルタシオンのなかで，「CFCM 設立のための委員会 COMOR」，および7つの委員会が組織され，イスラームの代表機関について議論を重ねることになった．COMOR は CFCM の選挙方法については，地域レベルの礼拝所を中心に組織することで早くに合意した．この方向性は次の内務大臣 D. バイヤンにも維持された．コンシュルタシオンの内容は，内務大臣を通じてとくに，モロッコ，アルジェリア，トルコの大使館に伝えられた．COMOR の他に次のような委員会があった．「モスク・墓地委員会」，「結社委員会」，「宗教教導

者委員会」,「オモニエ委員会」,「巡礼委員会」,「アイード委員会」, そして宗教番組の割り当てを巡る「オーディオ・ヴィジュアル委員会」である.

CFCM は「地方ムスリム評議会 CRCM」の代表者達によって構成され,この代表者達は礼拝所の広さに応じた人数の, 各礼拝所の代理人達によって選ばれる[8]. 地方レベルでは,「選挙に参加できる礼拝所のリストを作る委員会 CORELEC」が県庁の協力の下に活動し, 1,316箇所の選挙資格をもつ礼拝所が確認され, そのうち995の礼拝所が選挙に参加する手続きをとった. 各選挙人は礼拝者ではなく, 各礼拝所の責任者が選ぶ代理人によって構成されるために, リストが作られた時点で, パリ・モスクの敗北は明らかであった. こうした状況を考慮して, パリ・モスクはこの選挙の無効, もしくは延期を求め, 受け入れられなければ, 脱退すると脅迫し, コンシュルタシオンは中断する.

(3) CFCM の成立 (2002年6月から2003年5月)

左派が敗北し, 極右が躍進した4月の大統領選で右派のジャック・シラクが勝利すると, 内務大臣は N. サルコジに代わる. かれは無期限に CFCM の選挙を延期することを公式に承認し, 秋まで COMOR を停止した. サルコジはアルジェリア, モロッコ, チュニジア, トルコ政府と CFCM について連絡をとったことを明らかにし, ムスリムの問題は出身国の問題でもあるとして, これを正当化した. かれは選挙に関係なくパリ・モスクが初代の CFCM 代表になることを決定し, 個人メンバーを男5人, 女5人の構成にすることを提案し, かれ・かのじょらと, さらに, 7つの全国結社, 5大モスクが CFCM の選挙を介さないメンバーになることを承認した. したがって, CFCM に関しては総会の25％が, 行政委員会については3分の1が選挙を経ずに選ばれ, 行政委員会の選挙で執行部が選出されることになる.

以降, CFCM 成立を確実にするために, サルコジの全面的な支持を背景に, パリ・モスク, FNMF, UOIF の3大組織が互いに連絡をとりながら COMOR の内容を実質的に詰めていくことになる. こうしたなか, 2月には UOIF を CFCM のメンバーに入れていることが, (共和制の価値と対立するイスラーム)「原理主義」を公認することになるという理由で, 個人メンバーが1人辞任し

た．選挙は2003年4月6日と13日に行われ，投票率は88.53%で，結果は予想された通り，パリ・モスクの大敗であった．FNMFが16人の議員，UOIFが13人，パリ・モスクが6人，全国結社からの独立系が2人，サンドニ・モスクのリストが2人行政委員会に入ることになった．

　この選挙によってパリ・モスクはその国内ムスリムの排他的な代表性を完全に否定されることになったが，それ以外の結社はどれもCFCMへの参加により利益を得た．UOIFはその「原理主義」結社というレッテルにも関わらず，公的に承認されることになった．FNMFはモロッコ政府の強い支持を受けながらも，フランス国内での影響力の低下を指摘されてきたが，CFCMによって再び，最大勢力としてその影響力を公式化することができた．FFAIACAやDITIBは，これまでマグレブ系中心に進められがちであったイスラームの制度化のなかでサハラ以南アフリカ，トルコのイスラームを主張することができた（Frégosi, 2004: 95-99）．

2.3　排除された〈ムスリム〉
　CFCM成立過程から排除された新世代ムスリム，〈世俗的ムスリム〉はCFCMを激しく批判した．一方はCFCMがムスリム・アイデンティティをエスニック・ナショナルな属性と結びつけ過ぎると批判し，他方は，結びつけなさ過ぎると批判した．
　新世代ムスリムは次のように批判した．CFCMは第1世代によって主に管理される礼拝所単位の選挙であり，さらに，その代理人は管理者によって決定される．これは実際の礼拝者の要望に応えるものではない．さらに，シュベーヌマンの求めた署名に関しても，政府主導，安全保障の観点からの制度化であると批判があがり，UJM，EMF，JMFは全てCFCMに反対した（Le monde, 2003/5/30）．出身国との関係が弱い新世代ムスリムにとって，エスニック・ナショナルな属性を評価するCFCMを受け入れることはできなかった．
　とくに激しい批判は，〈世俗的ムスリム〉と自己定義し始めた，そもそもムスリムとして自分達を定義してこなかった新世代ムスリムから上がった．かれ

らのほとんどは五行を実践することもなかったが，CFCM の選挙が終わるや否や，「ライックなムスリムのフランス評議会 CFML」，「権利の平等，フランスのムスリムの参加のためのライックな条約 CLEDPMF」，「民主的ムスリムの連携 CMD」が成立した．かれらは UOIF の CFCM 加入はフランスにおいて狂信的なイスラームを認めることになると警告し，自分達がイスラームを巡る問題を扱うことで狂信的なイスラームに対する防波堤になると主張した．かれらの多くは1980年代前半から盛んになり，後半にはその勢力を失った新世代を中心とした非宗教的な公民主義運動のメンバーであった．かれらはこれまで，そのエスニック・ナショナルな属性から，五行を実践しなくとも（もしくはしないがゆえに），イスラーム脅威論を背景に実際に宗教儀式に関わっているムスリムと関係をもちたくないが，モスク建設など宗教儀式に関する問題を扱わざるを得ない行政にとって好ましい「穏健な」ムスリムとして，自分達の意思と関係なく表象され，自らもこうした状況を利用して地方議員や自治体職員の地位を獲得してきた（Geisser, 1999）．礼拝所という宗教儀式の実践と結びついた CFCM の成立によって，その実践の有無と関係なくしばしば地方自治体においてイスラーム関係問題を扱ってきたかれらは正当性を失うことになる．

3　新世代ムスリム結社連合と CFCM

3.1　多元的なムスリム・アイデンティティ

新世代ムスリム結社は CFCM を批判するが，参加しなかったわけではない．新世代ムスリム結社の典型とされる UJM を中心に構成される新世代ムスリム結社連合[9]，「リヨン大都市圏ムスリム結社連合 CAMGL」を事例に，宗教儀式へムスリム・アイデンティティを還元することを拒否し，「ムスリムであり市民である」と主張する新世代ムスリムの対応を考察する[10]．

CAMGL は，そのムスリム・アイデンティティの下にさまざまな15の代表的な新世代ムスリム結社を集めている．大学の環境改善に取り組む EMF，「パレスチナ募金救援団体 CBSP」を除けば，どれも郊外地域結社である．そのメン

バーは次のようになる．礼拝所を中心に構成される結社が 4 つ（内 1 つは CFCM における UOIF ローヌ・アルプス代表），スポーツ活動，学習補助などを行う結社が 8 つ（内 2 つはそのムスリム・アイデンティティを外部に主張しない），かつて地域結社でありながら，現在はイスラームを巡る出版，情報活動を通じて地域結社間のコーディネーターを務め始めている UJM，サブ・メンバーとしてムスリム結社の男性中心主義を批判し「スカーフ問題」で排除された女性への学習補助，および，法律相談を主とする「活動する女性ムスリム結社 FFEME」が存在し，他に個人として JMF 全国代表を務めるムスリムが 1 人いる．

各結社の活動は，学習補助やスポーツ活動，遠足から集団礼拝の組織，亡くなったムスリムの本国への送還事業，貧困者への食料配給，アラビア語の教授，コーランについての講義，南北問題解決のための活動，エコロジー活動，広告批判活動，ヨーロッパ社会フォーラムなど反グローバル市場化運動への参加，地方選における選挙活動など多岐にわたる．かれらの活動は多様であるが，皆，ヨーロッパムスリム知識人，T・ラマダンの思想に賛同しており，「郊外問題の解決」を中心に「イスラームの普及」，「フランス社会への参加」を組み合わせようとする点で共通している（浪岡，2004：263）．

各結社はイスラームへの信仰に支えられて，郊外地域で新世代を中心とした若者達に教育・社会活動を行う．結社は，イスラームへ直接勧誘することはなく，若者達に模範的な大人とはどういうものかを教えようとする．若者達が差別・分離に抗して，地域生活の具体的な人との関わりに積極的に参加することで，地域住民から認められる「市民」として生活することを促す「親密圏」を形成しようとする．各結社は「共通の価値」をもはや「想像の共同体」のような「超越的なもの」によって支えようとはせず，地域生活への参加からさまざまな価値観の具体的な衝突を通して形成される「具体的な共同性」によって自己限定的に作り出そうとする（同前：273-275）[11]．

3.2 CFCM への参加

こうした多元的なムスリム・アイデンティティをもつ新世代ムスリム結社はCFCM にどのように対応したのだろうか．CAMGL のなかで CFCM の指定する礼拝所の資格をもっていたのは，6結社である．UOIF 系の2つのモスクを除けば他のメンバーは皆，CFCM を批判していた．しかし，実際には UOIF 系を含む3結社が参加し，さらに JMF 代表も代理人，候補者として実際に参加した．

ローヌ・アルプス CRCM では UOIF が44.4％，パリ・モスク系のリヨン・モスクは31.7％，FNMF が13.4％，トルコ系が10.5％の票を獲得した．結果，得票率に応じて，12人 CRCM の行政委員会メンバーは UOIF 5人，リヨン・モスク4人，FNMF 2人，トルコ系1人になった．内務大臣の強い支持，モロッコ外務省の介入もあり，CRCM 代表はリヨン・モスクが務めることになった（Le monde, 2003/5/21）．

かれらはどのような理由で CFCM に参加したのだろうか．CRCM の選挙後の CAMGL の総会で CAMGL メンバーでもある UOIF のリストの代表者は次のように認識を明らかにしている[12]．

かれによれば，5％から10％の礼拝所は，外国出身のサラフィストなどフランス社会との関係を絶とうとするムスリム結社によって運営されている（かれらは政治的な発言を好まない）．25％から30％の礼拝所はマグレブ・中東諸国と直接結びついており，金銭的にも，また，イマームの派遣についても依存している．40％から50％くらいは人々がお金を出しあって作っており，諸外国から時折援助を受けることもあり，単なる礼拝所として機能している．郊外問題に関わっていこうとする礼拝所は20％から25％くらいである．礼拝所と新世代ムスリム結社が協力することはほとんどなく，時として対立するが，たいていは互いに無関心である．

こうした認識から2つの UOIF 系モスクは CFCM 参加を次のように正当化した．現在，郊外問題に取り組む新世代ムスリム結社と，礼拝を中心に活動する第1世代ムスリム結社との乖離が広がっていることを指摘した上で，礼拝所

に興味をもつ新世代ムスリムは，第1世代ムスリムか，サラフィストしか選択肢がなく，礼拝所経由の新世代は出身国の文化を知らないために，かれらに回収されていき，フランス市民としてのアイデンティティをもたなくなっている[13]．さらに，多くの礼拝所の責任者は独断的な傾向があり，礼拝者の意見が反映される場がないことが多い．この状況を変えるためにも，新世代ムスリム結社が礼拝所運営に積極的に関わるべきである．さらに，CFCMが政府主導であるとしても，CAMGLが一体となってCRCMの選挙に取り組めばUOIF系は過半数を取れていただろうし，そのことによってCFCMをより民主的に変えていけたはずである．

　UOIF系はCFCMが新世代ムスリム結社を排除していることを認めながらも，内部から民主化することで，自分達の根拠である，国内の礼拝所の支持と新世代結社の支持の両方を維持したまま，自分達の存在を正統化しようとする．UOIF系は国内ムスリムの経済的独立を保障する手段として，現在リヨン・モスクが独占するハラル肉精肉の許認可権を利用しようと考えている．

　それ以外の結社は，次のようにCFCMへの参加を批判した．参加条件である礼拝所の所有自体が，その維持費用のために諸外国と結びつくことになり，国内ムスリムの存在を軽視することになった．かれらがとくに懸念しているのは，自分達が礼拝所をもち，選挙に参加すると，CFCMがたとえ民主化されるにせよ，ムスリム・アイデンティティ全体を宗教儀式中心に定義する傾向に拍車がかかる点である．かれらは，むしろ，ムスリム・アイデンティティを宗教儀式からさらに切り離し，エコロジー運動などより広範な市民運動との連携のほうへ進むべきであると考えている．

　UOIF系以外の結社は，郊外での活動を中心にして，宗教儀式に還元されるムスリム・アイデンティティを批判してきたために，CFCMの成立によって周辺化される危険がある．その場合，行政との関係がさらに悪化し，かれらの郊外での活動がより困難になり，サラフィストの勢力が拡大するかもしれない．そこでCFCMを批判しながらも，完全に周辺化されるのを避けるために，やむをえず礼拝所の広さを考慮してDECINEモスク，および，JMF代表が選挙

に参加した．CFCM の役割のうち，「正統なイスラーム」を決定することになる教導者養成の問題は利権が絡むだけに，ハラル肉許認可権の問題とならんで動きにくく，自分達が CRCM に参加することでリヨン・モスク主導になるのを防ぎ，CFCM にも影響を与えることができる．

現在，CRCM ローヌ・アルプス内部には 7 つの委員会が存在する．①イマームの養成，②礼拝所の建築，ムスリム用の墓地の建設，③オモニエ，④巡礼，⑤教育，⑥ハラル肉の精肉，⑦法律委員会である．とくに，CFCM と違い CRCM には選挙を通じずに選ばれた者がいないために内部対立は少なく，また，具体的な問題を扱うために，②，④，⑤，⑦の分野において行政との仲介機関として機能し，「スカーフ事件」などにおいても教員がスカーフを「原理主義」の徴と重ねる傾向に歯止めをかけている．しかし，UOIF 系以外の予想通り，教導者の養成，ハラル肉に関して事態は全く進展していない．

3.3 ムスリムの宗教儀式の代表か，ムスリムの代表か

CAMGL が恐れているのは，単に CFCM が宗教的自由を保障するための〈宗教儀式実践の環境に関して，行政と交渉するムスリムの代表機関〉が，出身国を重視するだけではなく，さらに，宗教儀式の実践を中心にムスリム・アイデンティティの意味，形を一義的に代表する〈ムスリムの代表機関〉として機能することである．この懸念は政府の CFCM への対応を見る限り現実化している．政府は問題があるたびに CFCM に「ムスリムの意見」を求めた．2003 年 9 月にサルコジは「原理主義が説かれるようなモスクは閉鎖されるだろう．ラディカルな意見のイマームは国外に追放されるだろう」と述べており，この傾向は，D. ド・ヴィルパン内務大臣にも引き継がれた．かれは就任するや否やいく人ものイマームをその意見の暴力性を理由に国外追放し，CFCM が礼拝所内での言説を管理することを CFCM の責任として求めている．ここには CFCM を「ムスリム」に対する「ムスリム警察 MRS」に変えようとする傾向がある (Geisser, 2004)．この点で，ライシテの観点からすれば，中立性を掲げる国家は宗教の内容にまで踏み込むことはできず，罰せられるべきは，

実際の不法行為，もしくは不法行為への直接的な教唆であり，意見ではないということを思い起こすべきだろう（Willaime, 2004 : 323）．

しかし，UOIF はその影響力を，新世代ムスリム，出身国との関係が弱い礼拝所から得ており，また，FNMF もモロッコ系とはいえ，完全に礼拝所をコントロールしているわけではなく，内務省，出身国からの独立性を主張せざるをえない．そして，UOIF, FNMF が動かなければ，CFCM は動くことはできない．たとえば，内務大臣は，「イスラームのスカーフ事件」に関しても，政府寄りの見解を CFCM が出すことを求めたが，かなわなかった．また，「スカーフ事件」を発端にした「全ての誇示的になりうる宗教的徴」を公立学校で禁じる法に関しても，結局，CFCM, CRCM は「イスラームのスカーフ」の意味を論じる委員会をもつことはできなかった（Le monde, 2003/10/14）．さらに，この点に関して，UOIF は当初，政府の意向を尊重して，この法に対する抗議のデモに消極的であったが，これに EMF, JMF が対立し，UOIF は内務省と新世代ムスリムとの間でジレンマに陥った（Le monde, 2004/2/4）．

こうした状況を背景に，2 年後の CFCM の選挙を視野に圧力をかけることで，CAMGL は UOIF 系に，CFCM が〈ムスリムの代表機関〉になり，多元的なムスリム・アイデンティティを非正統化することがないように求め，同時に，CAMGL，さらに UJM, EMF, JMF は各々ムスリムとしての多元的アイデンティティをメディアにアピールしている．

む す び

今回の CFCM の設立は，次の点で評価される．第 1 に，イスラームと共和制の価値の両立性を主張し，ライシテの枠組みのうちで他の宗教と同じような便宜を与えようとすること．第 2 に，CFCM をイスラームの宗教儀式を扱う代表機関と定義することで，ムスリムが直面する宗教儀式実践に関する困難を解決しようとすること．第 3 に，民主的に CFCM が地方レベルの礼拝所を単位とした選挙に拠ったこと．

しかしながら，共和制の価値と宗教的価値の両立について，なぜ，イスラームは宣言する必要があり，カトリックはないのだろうか．そこには未だに政府主導の安全保障の観点からのイスラームの制度化の傾向がある．さらに，CFCMを礼拝所中心に宗教儀式を代表する機関と定義することによって，儀式に対する実際のムスリムの，とくに新世代の経験，解釈を無視することになった（かれらこそがフランス国籍をもつ，フランスのムスリムであるにも関わらず）[14]．さらに，地方レベルの選挙が行われたとしても，出身国と結びついた礼拝所を中心にしており，また，礼拝所の代理人の選出は各礼拝所に任されている．その上，出身国を考慮してCFCMの代表を初め，行政委員会メンバーは選挙前にその多くが決定されていた．

　CFCMによって，制度化を阻んでいた第1世代ムスリムの出身国による対立はとりあえず乗り越えられており，世代交代が進むなかこの対立関係はさらに弱まっていくが，今後ますます重要になってくる，新世代ムスリムのムスリム・アイデンティティの不定形性，内的多元性の問題は全く解決されていない．フランスは，宗教的アイデンティティを教会中心に把握するカトリック教会をモデルに構成されたライシテをイスラームにも平等に適用しようとするが，このライシテ自体の再検討には向かわなかった．教会による排他的な宗教的アイデンティティの価値付与を前提としてきたフランスの政治文化は，セクト問題を始めとして宗教の内的多元性に充分に対応することができず，教会に組織化されない宗教的アイデンティティ，新世代ムスリムを非正統化し，安全保障の観点から組織化しようとする傾向がある．CAMGLはこうした政治文化に従ったライシテの運用に逆らって，まさに，ライシテの名の下に，宗教的アイデンティティの多元性を政府がコントロールすることに抵抗している．分離が進むなか，政治と宗教が協調して「共通の価値の問題」を扱っていかなければならない今日，イスラームを宗教儀式の実践に還元することは分離をさらに悪化させることになる．CAMGLに見られるように，具体的な生活の場での共通の価値を自己限定的に生み出していく試みを促すような，重層的なライシテが要求されている．そして，CAMGLの試みは，生活の具体的な経験にこだわるがゆ

えに国籍などによって限定されず,地域から出発して国民国家の枠を超えた市民の生成へと繋がっていく可能性がある.その際,政教関係を完結させていた国民国家の公共性は,政教関係を巡る公共性の一部を担うことになり,相対化されざるを得ない.

フランスはそのマジョリティにのみ開かれていた統合モデルの「普遍性」,「多様性」にマイノリティを組み込むだけではなく,さらに,この「普遍性」のモデル自体がマジョリティ中心であったことを認め,差異が最も具体的な形で表明される親密圏に注目し,宗教的属性,関係の公共性への寄与を積極的に認めるような普遍的なライシテを構想する必要がある.ヨーロッパ統合が深化するなかで,「フランス的例外」を貫くことはもはやできないだろう.フランスの普遍性を主張する政治文化が実質的な多元性に裏付けられた時,フランスは,普遍性の観点から他のヨーロッパ諸国が,市民の宗教的属性,関係を実体化しマジョリティ中心に制限することを批判することができるはずである.

1) 〈誰がムスリムであるか〉というのは簡単な問題ではない.この数字は移民出身者の出身国を基準に計算されている(ダセット,2000).フランスの場合,宗派による公的統計は原則禁じられているが,高等統合評議会(HCI)は出身国を中心に計算し,マグレブ系移民出身者を中心に415万5,000人という数字を出している(HCI, 2001).1992年にアルジェリア系移民出身者を中心に行われた例外的調査によれば,第1世代で15%,両親が共にアルジェリア人の新世代で30%の人が自分をムスリムではないと考えており,イスラームの五行(信仰告白,断食,巡礼,一日五回の祈禱,喜捨)を実践するのは第1世代で26%,新世代で10~18%に過ぎない(浪岡,2003:731).ここではとくにフランスで最も可視化し,差別されるマグレブ系移民出身者を対象とする.移民出身者とは移民第1世代およびフランスで社会化された新世代を指す.
2) フランスは政教関係において,フランスの特殊性を主張し,例外扱いを求める傾向があるが,ウィレムはあえてフランス的特殊性の表現とされる「ライシテ」という言葉を西ヨーロッパに共通する政教関係を表現するものとして使用することによって,この傾向を批判している.
3) この点において,フランスには社会的に解釈されたライシテと法的に解釈されたライシテとの間に乖離がある.

4) HCI も含めて，とくに UJM は新世代ムスリム結社のモデル・タイプとして取り上げられることが多い (HCI, 2001 : 42).
5) イスラームの規律に従って精肉された肉をハラル肉と呼ぶ．この精肉にはムスリム結社によってハラルであると保証されることが必要であり，その保証をキロ当りの手数料でムスリム結社は引き受け，それが莫大な収入に繋がる．
6) モスクは当初 6 つ存在したが，新世代に影響力をもつタンジェ・モスクは直ちに参加を拒否した．また，このイスラームに詳しい個人が，どのような資格で代表性を主張できるのか，UOIF を中心に繰り返し批判があった．
7) CONSULTATION (ISTICHARA アラビア語で協議の意味).
8) CFCM が原則の問題を扱うのに対して，CRCM はその原則に従って地域の具体的な問題解決に取り組む．
9) CAMGL はムスリム・アイデンティティの多元性を考慮して各結社を，何らかの代表組織としてまとめるつもりはない．
10) 新世代ムスリムの内的多元性は，日常の生活を支える信仰として，宗教儀式を個人的にブリコラージュし，エキュメニックな方向にいくものと，逆に生活の場を無視して小集団で宗教儀式を厳密に実践しようとするものとがある (Léger, 2000 : 88-89). 後者は，そもそも社会との接点をもとうとはせず，CFCM の成立によってもほとんど影響を受けない．
11) 補助金の対象となるのは結社自体ではなく，その活動であるとしても，行政は，結社のムスリム・アイデンティティが明らかになった時点で補助金を拒否する傾向がある (HCI, 1995 : 41).
12) 2003 年 5 月 30 日，サンテチエンヌ市での CAMGL 主催セミナー報告書による．
13) サラフィストは，非政治的で預言者の生活を文字通りに現代でも生きようとする (Cesari, 2002a).
14) 当初，シュベーヌマンは宗教儀式に還元されないイスラームについても議論の場を設けようとしていたが，果たせなかった．

参 考 文 献

大石真，2001，『憲法と宗教制度』有斐閣．
小泉洋一，2001，「ヨーロッパ人権条約とフランスの宗教的自由」『甲南法学』42 巻 1・2 号，甲南大学．
中野裕二，1996，『フランス国家とマイノリティ』国際書院．
浪岡新太郎，2003，「フランスにおけるムスリムの政治参加と〈新しい市民権〉」『法学新報』110 巻 3・4 号，中央大学．
―――，2004，「フランスにおける移民新世代結社と〈新しい市民権〉」内海愛子・山脇啓造編『歴史の壁を越えて』法律文化社．

南原繁, 1958, 『国家と宗教 (改版)』岩波書店.
フェリーチェ・ダセット, 2000, 「ヨーロッパにおけるムスリムの新旧の存在形態」『応用社会学研究』立教大学.
Bouretz Pierre, 2000, "La démocratie française au risque du monde" dans *La démocratie en France* (dir. M. Sadoun), Gallimard.
Boyer Alain, 1998, *L'islam en France*, PUF.
Cesari Jocelyne, 2002a, "Islamisation de l'espace public français" dans *CEMOTI*, no. 33.
―――, 2002b, "L'islam en Europe" dans *CEMOTI*, no. 33.
Ferjani Moh-Cherif, 1999, "L'islam en Europe" dans *Les Cahiers Millénaires 3*.
―――, 2000, "L'évolution de la politique religieuse en France et la place de l'Islam" dans *Les Cahiers Millénaires 3*.
Frégosi Franck, 2000, "La gestion publique de l'islam en France" dans *Revue d'IRMC*.
―――, 2004, "Quelle organisation de l'islam dans la République" dans *Cités*, Hors-Serie.
Geisser Vincent, 1999, "L'implication des élus français d'origine maghrébine dans la gestion politique des affaires islamiques" dans *Civilisations*, vol. XLVIII, no. 1-2.
―――, 2004, "L'islam consulaire" 2004/7/1 dans *oumma. com*.
H. C. I, 1995, *Liens culturels et intégration*, Documentation Française.
―――, 2001, *L'Islam dans la République*, Documentation Française.
Khosrokhavar Farhad, 1997, *L'islam des jeunes*, Flammarion.
Léger Danièle-Hervieu, 2000, "Le miroire de l'islam en France" dans *Vingtième Siècle*, no. 66.
Messner Francis, 1999, «"Le droit des religions dans une Europe interculturelle. La cohabitation culturelle en Europe. Regards croisés des quinze, de l'Est à l'Ouest"», *Hermès*, no. 23-24.
Whitol de Wenden Catherine, 2003, *La beurgeoisie* (avec R. Leveau), CNRS.
Willaime Jean-Paul, 2004, *Europe et Religions*, Fayard.

8章　地域主義(リージョナリズム)の多様性

グレン・D. フック

1　はじめに

　現出しつつあるグローバルな，そして地域的(リージョナル)な秩序のもつ特質は，冷戦終結を契機として，国際関係論および国際政治経済学の関心を集める最前線になっている．冷戦時代は，その「冷」という静的なメタファーのなかに，東西両陣営の競合という動的なプロセス全般を形づくる断続的な温暖期と寒冷期の連なりを含み込んでいた．しかし，その間，国際秩序全体を覆う構造は，政治的，経済的，社会的な側面を編成する2つの異なる様式がせめぎあう両極体制であった．その一方の極は民主主義的な自由主義経済であり，他方の極は権威主義的な社会主義計画経済である．この対立は東西両陣営の軍事的な対抗関係に最も烈しく露出し，その構造的力学のなかに，アメリカ合衆国とソビエト連邦の軍拡競争が核兵器によるホロコーストに行き着く恐るべき潜勢力を宿していた．寒冷期の時代には，国際システムは典型的な二極体制となった．米国，ソ連という両極と緊密に結びついた，相容れない生活様式をもつ同盟国群が双方の王者を取り巻くようにしてこれを形づくっていた．温暖期の時代には二極体制が雪解けによって弛緩し，国際システムは大きく多極化へと動き出す．その下で，2人の巨人とそれを取り巻く同盟国やその他の国ぐには，各々の国際関係を追求するためにより幅広く自由を行使することができるようになった．

　核兵器を保有する2つの超大国を頂点とした国際システムのアクターとして，諸国家は，東西対立のみならず南北問題にも翻弄されながら自国の航路の舵取りを迫られた．1955年のバンドン会議における非同盟運動の誕生に見られ

るように、どちらの陣営とも結びつくことなく「第三の道」を探ることに活路を見出した国ぐにがあった．また、1957年のヨーロッパ経済共同体（EEC）創設のように、時に東西分裂の固定化を促すような地域的イニシアティブを発揮しようとした国もあった．一方、1966年に西側諸国の意を受けて創設されたアジア開発銀行（ADB）が、設立当初、中華人民共和国（PRC、以後中国とする）の加盟を排除したように、冷戦体制の危機に屈する形となった国もある．さらに、1970年代に原油の生産と価格の管理を目指して出現した石油輸出国機構（OPEC）の創設のように、国際システムの構造そのものに挑戦を突きつけた国があった．アフリカ、アジア、ヨーロッパ、中東、その他いずれの国家においても、国際システムにおける二極対立の冷戦構造は、地域のレベルにおいて発揮される幅広いイニシアティブを排除するものではなかったのである．

それにも関わらず、2つの陣営に分裂した国際システムとは次のような意味をもっていた．すなわち、経済発展に関わる南北問題であれ、政治・軍事面での競合に関わる東西問題であれ、国際的な関心を集める問題では、その解決策が否応なく東西分裂に沿って定式化されていたということである．いいかえれば、世界規模での経済、政治、軍事にわたる分裂状態は、国家、地域、グローバルなレベルにおけるイデオロギー的な分裂と符合していた．結果として諸国家は地理上の隣接に基づくのではなく、むしろイデオロギー的な同質性の観点から国際関係を築き上げようとした．いうなればイデオロギーとは地理的な配置に関係なく、同一ブロック内部での互恵的な繋がりを強化することを通じて諸国家の国際関係を統御するものであった．それゆえ米国のイデオロギー的な軌道上に固定されていた日本と他の地域的諸国は、地理的にはアジアの「極東」の一角をなしながら「西側」の一員と見なされており、事実自らをもそのように位置づけていた．もちろんイデオロギーの近接性と地理的な近接性は、ワルシャワ条約機構（WTO）加盟国の事例が示すとおり相矛盾するものではない．しかしながら、冷戦下でのイデオロギー的な同質性は圧倒的な重みをもっていた．それは、ドイツがイデオロギーの面ばかりでなく物理的にも東西に分割されたということ、あるいは米国がポスト冷戦時代に至っても、依然として地理

的にはフロリダ沿岸のすぐ沖合に位置するキューバとの関係を構築しようとしないことに見てとれるだろう．

2 国際システムにおける移行

　冷戦の終結は，この二極体制の国際システムが崩壊する兆しであった．すなわち，政治的，経済的，社会的側面を編成する相容れない2つの様式が対峙することを止めたのである．あらゆる社会主義計画経済が自由主義経済に飲み込まれたわけではなく，北朝鮮や僅かな国ぐにによって前者への取り組みが続けられているとはいうものの，東西両陣営のイデオロギー的競合は幕を閉じた．しかし，二極体制の国際秩序に代わっていったい何が現出しつつあるのか未だ判然としていない．数々の展望が呈示されているなかで，とりわけ3つのものが注目されている．

　第1に，国際関係論において主流を占める現実主義学派は依然として，国際システムのもつ不変の本質をアナーキーで紛争性が強いことと捉えて関心を注いでいる．そこには国家間に惹起した問題を解決しうる最終的な調停者は存在せず，諸国家は自国の国益を実現することに固執し続ける——それゆえ，最終手段として軍事力に訴えることもありうる．冷戦時代と同様に，ポスト冷戦時代もまた権力政治的な計算が幅を利かせており，国際システムの構造とは関わりなく，依然として国家は国益の防衛と拡張とに分かちがたく結びつけられている．このような国際政治の不変の本質を措定したとき，大国との釣り合いをとるために小国が連帯する勢力均衡システムは，いまなお外交政策における有用な方策として想定されている．いいかえれば，国際システムのアナーキーで紛争性の強い本質と独立国家の権力政治的な計算とを前提として，現実主義学派に，なぜ諸国家は地域のレベルで協調するのかと訊ねるならば，ひとつの解答はこのようになる．より強い国家と均衡するため，すなわち諸国家は，自国の安全保障など純粋な自己利益に動機を得て地域のレベルで協調するものである，と．

第2に，サミュエル・ハンティントン（Samuel Huntington）は以下のように提起している．国際システムは，冷戦時代と同じく諸国家が自国の国益を追求してビリヤード・ボールのようなアナーキーな衝突に終始するものではない．現下のポスト冷戦時代，それは「文明の衝突」（Huntington, 1993＝1993）として立ち現れる．このアプローチは複数の国家が同一の文明圏の一角をなすことから生じる，国家間利害の共通性に光を当てるものである．あるひとつの文明集団を構成する諸国は利害を共有し，他の文明集団に属する国家と衝突する．ハンティントンによれば，世界の支配的な文明には，キリスト教文明，イスラム教文明，中華文明，日本文明などが含まれる．現実主義学派と同様に，国際関係を恒常的に紛争を抱えるものと捉えるこの視座では，次のような事態に注意を喚起している．すなわち，ユーゴスラヴィアから分離独立した諸国，そして1999年戦時下のコソヴォで起きた「民族浄化」に見てとれるように，冷戦終結とともにエスニシティやもっとさまざまな文明の相違に根ざした分裂が生じ，国際的な要路において紛争が勃発しているという事実である．

　第3に，フランシス・フクヤマ（Francis Fukuyama）は冷戦終結の本質を以下のように捉えようとした．かれは政治的，経済的，社会的な側面を編成するものとしての民主主義的な自由主義経済の様式が，社会主義のもたらす様式に勝利したという点に着目したのである（Fukuyama, 1992＝1992）．フクヤマにとって，冷戦終結とは「歴史の終焉」を示す徴候である．それは，資本主義に対する社会主義的オルタナティブとして1917年に立ち上がった大いなる挑戦が完膚なきまでに敗北し，未来は米国の手中にあるということを意味している．生活を編成する競合的な2つの様式の間で，人工的に為された世界分割が根源的に超克され，民主主義と資本主義は地球全体に拡大し，グローバル化の諸過程のもつ力がそれに拍車をかけるであろう．その意味で，この世界観においては米国のグローバリズム・プロジェクトはもはや社会主義的なオルタナティブによる挑戦を受けることはなく，唯一の生活様式となる——それゆえに「歴史の終焉」と称するのである．

3 地域主義,地域化,地域
リージョナリズム　リージョナリゼーション　リージョン

　前節で紹介した3つの見解を用いて,現出しつつあるグローバルな秩序の重要な特質を明確にすることができるだろう.現実主義のアプローチからは,国家に引き続き留意せねばならないこと,そして,力をもたない国ぐにが国際システムのなかで大国との釣り合いを取りながら国益を防衛しようとする様々な戦略,いわゆる勢力均衡についての知見を得た.しかし,現出しつつある秩序を現実主義の視座から捉えるとき,割り切れない難問が残る.すなわち,深遠でかつ広範にわたるヨーロッパの地域主義プロジェクトがそれである.欧州連合(EU)の創設とユーロの導入に象徴される壮大な地域協力として現れたこのプロジェクトは,冷戦下において民主主義と自由主義経済に対するオルタナティブの中核に位置した強国,ソ連への均衡の手段として最も大きく発展を遂げたわけではない.むしろソ連崩壊後――つまり,冷戦時代に均衡を果たそうとしたソ連がもう存在しないなかで――EUは拡大したのである.次に,ハンティントンのアプローチは,超国家的な文明集団の重要性が増し,それが文明の衝突という紛争と政治的な分裂へ繋がりうることを浮き彫りにするのに有益である.その一方で,今日の国際関係におけるもうひとつの潮流を説明するのには不向きである.つまり,新たに地域的な集団や組織を形成し,あるいは既存のものを強化することによって,より緊密な地域協力と地域統合を目指す動きである.この場合の地域のメンバーシップは文明の利害に基づいて形成されてはいない.文明の利益とは,同一文明集団におけるメンバーシップを通じ,広大な地理空間を越えて国ぐにが協力しあうことであり,冷戦時代においては分断された世界のあちら側からこちら側へのイデオロギー的な牽引として説明されていたものである.むしろアジア太平洋経済協力会議(APEC)に見られるような地域主義プロジェクトは,キリスト教文明(米国,オーストラリア),イスラム教文明(インドネシア,マレーシア),中華文明(中国,台湾),日本文明(日本),その他,21世紀において衝突コースに入る可能性を指摘されていたさ

まざまな文明に属する各国を包含することが可能であり，またそれが実現されている．結局のところ，フクヤマは民主主義と自由主義経済のもつ普遍的なアピールに関して，実に効果的に警鐘を鳴らすこととなった．その両者は冷戦世界が崩壊した後に一国また一国と導入されたものの，適用段階における成功の度合いがまちまちなのである．フクヤマは，ポスト冷戦時代の最先端において社会主義というひとつのオルタナティブは最早存立可能なものではないと見なしたが，だからといってこの生活様式が普遍化するといえるだろうか．こうした非歴史的な見解は現実からの挑戦を受けている．それはフクヤマの言う米英型の民主主義と資本主義ではなく，「アジア型モデル」の民主主義と資本主義の存在である．1991年にマレーシアのマハティール・モハマド首相によって「アジア独自の」地域主義プロジェクトを追求するために提唱された東アジア経済協議体（EAEC）がその一例である．この意味において冷戦の終結は歴史の終焉などではなく，むしろ移行の時代の始まりであった．多様な民主主義と資本主義の間の，またその内部における幾多の矛盾は弁証法的なプロセスを生成し，そこから国家，地域，その他のレベルにおいて，政治的，経済的，社会的な側面を編成する新たな形態が立ち現れてくることも考えられる．

したがって，生成期にあるポスト冷戦秩序は複雑であり，かつ未だ不定形のものである．上述の3つのアプローチによってそれぞれ異なる側面が照らし出されているものの，現出しつつある秩序において際立った傾向である地域主義についてはさらなる解明の必要がある．まず，地域主義を地域化（リージョナリズム）（リージョナリゼーション）と峻別することから始めなければならない．地域主義とは政治的なプロジェクトであり，とりわけ国家など，目的を有するアクターがサブ・グローバルなレベルで地域（リージョン）を実現しようとして推進するものである．サブ・グローバルなレベルが「地域」であるか否かは，地理空間内での活動を客観的に測定することで判別できるものではなく，むしろ主観に関わるアイデンティティの問題である．他方で地域化とは，多国籍企業（MNCs）というアクターが地域の実現ではなく利潤の追求を目指すように，地域という目的を有しないアクターに端を発する動的な相互行為のプロセスである．プロセスとしての地域化は，サブ・グロー

バルな規模の限定された地理空間において，とりわけ経済的，社会的，その他の相互行為や相互連関が増大することをさす．この二重の相違——目的を有するアクターによって企図される政治プロジェクトとしての地域主義，そしてその目的を有しないアクターに端を発する動的プロセスとしての地域化——は，地域主義，地域化，地域の複雑に絡み合った関係を示している．端的にいえば，地域化は地域主義と地域，つまり政治プロジェクトとしての前者と，アイデンティティとしての後者に実体を提供するのである．

このことが意味するのは，国家が地域主義に基づくプロジェクトを実現しようと試み，また多国籍企業が利益を実現しようと模索する諸々の過程において，前者は後者によって提供される要素を原材料としながら空間に地域としての意味づけを行おうとするということである．たとえば，それはヨーロッパ，南北アメリカ，アジアの別に関わらずどこであれ，地域的戦略の用法に表れている．貿易流通，投資パターン，国境を越えた生産システムなどは，アクターが介在することによって「地域の」指標となる．アクターはそれらを地理空間に刻み込むことで，地域主義のプロジェクトとアイデンティティに対して現実的な輪郭を与えるのである．なぜなら地域は，客観的な意味で原基的な空間的実体として存在するのではなく，競合しあう社会＝政治的過程の一環として実現するものだからである．どのような空間，アクター，プロセス，指標が地域の中に包摂されるかは，境界における線引きとその主体的表象をめぐる闘争の結果である．地域の主体的表象は，地域的アイデンティティに命を吹き込むそうした競合過程の一環をなしている．目的を有するアクターの動機と，目的を有しないアクターに端を発する経済その他の諸過程の性質によって，ある地理空間はその周辺部を包摂したり，排除したり，置き去りにしたりするであろう．地域の境界はしばしばその縁を「ズタズタ」にしてしまうのである．時に公式のメンバーシップをもつ地域機構が，経済などの指標に基づいた地域アイデンティティの創出のために避雷針［集約点］の役割を果たすことがある．APECや「アジア太平洋」というアイデンティティの出現がそれである．またそれは歴史的遺産に基礎を置くこともある．「東南アジア」の場合，そのアイデンティ

ティは1940年代前半に創出された (Charrier, 2001). さらに, 地域的アイデンティティは規範といったそれ自体のもつ別の側面と結びつくこともある.「東アジア」の場合には, 儒教の影響を受けた文化圏が「地域」を形成しようとする極東アジアの政策立案者たちによって考慮されるといったことが見受けられた.

4 さまざまなレベルの地域主義

これまでの議論においては,「地域」を, 地理空間に刻み込まれた, 競合しあう社会＝政治的過程がもたらすものとして扱ってきた. しかしながら, 何によってそのような空間が形づくられるのかという点は不確かなままである. 空間を構成するのは一連の地域的アクターであり, 国家のみならず, 多国籍企業, 自治体, 非政府組織 (NGO) など, 社会, 経済, 政治, その他の次元における広範な地域化の諸過程もまたそれに含まれる. しかし, 主として地域主義のプロジェクトと地域化のプロセスは, 空間に何らかの質を注ぎ入れることによって異なる地域レベルでの意味づけを行う. 地域主義のさまざまな「レベル」に留意するのは, 地域, サブ地域 (subregion), ミクロ地域 (microregion) といったレベルで結晶化する空間的な配置や活動に目を向けるためである. このような地域空間の3段階は, より高次の抽象的次元でのメタ・レベルや, より低次のミクロ-ミクロな地域レベルを含めればさらに拡張されうる. とはいえ, 分析のための3つのレベルは, 地域主義ならびに地域主義プロジェクトの3類型を帰納的に判別するという重要な目的に適うものである.

地 域 主 義

いかなるレベルの地域主義について議論するときも,「地域主義」という言葉は頻出語句として用いられているが, 概念としては「高位のレベル」での地域活動をさしている. つまり, EUに典型的に象徴され, また北米自由貿易協定 (NAFTA) やAPECに見られるように, 国際システムにおいて大国が推進す

る活動をさすのである (Gamble and Payne, 1996). その際, このように地域主義としてひとくくりにすることに対して, 各々の特質が異なることを考慮して, 二種類の国家プロジェクトに分けて考える方が望ましいとする見方がある. それはサブ地域, ミクロ地域におけるプロジェクトの場合も同様である. 実例として地域のレベルをとりあげよう. 経済学者は「開かれた」「閉ざされた」という隠喩を用いて, EUとAPECでは貿易, 関税, 投資の取り扱いがいかに異なるかということを際立たせようとする (Garnaut and Drysdale, 1994). この観点から見ると, EUはまずまず同等の経済発展のレベルにある国ぐにの間で特恵的な貿易を行っているが, APECは明らかにこれと異なり, 先進国と発展途上国のメンバーが混在する広範な国ぐにの間で無差別的な貿易慣行を促進している. また, 「ハード」あるいは「ソフト」な地域主義という観点から語ろうとする者もいる. この場合, 政治, その他の制度化の度合いにてらして, 「ハード」なEUは「ソフト」なAPECと較べてより制度化されているといえる. ただ, この観点をとると, EUとAPECという2つのプロジェクトは, どちらも地域主義プロジェクトとして国際システムの支配的な勢力である先進国の手によって推進されており, その意味で同じ「地域主義」の枠組みで扱うことになる.

サブ地域主義

　サブ地域をめぐる活動は, 地域主義の中位のレベルで起きている. 大国によって推進される地域主義プロジェクトとは対照的に, このレベルの地域主義は国際システムにおける小国が推し進めるものであるが, それはしばしば強い国家の動きへの反応として起こる. この観点から見ると, 中欧や東欧の力をもたない国ぐにのプロジェクトである中欧自由貿易協定 (CEFTA) や, かつて欧州列強の支配した旧カリブ海植民地諸国の多くが参加しているカリブ諸国連合 (ACS) は, サブ地域主義の事例といえる (Hook and Kearns, 1999). どちらのサブ地域主義でも, ヨーロッパ, カリブ海の小国はともに強い国ぐにに対してそれぞれサブ地域における組織体を創り出そうとした. つまり, EUの深化や拡

大がCEFTA形成の触媒となり，NAFTAの提唱がカリブ海諸国に取り残されまいとする恐怖を抱かせたのである．どちらのケースにおいても大国の手によって新たな地域主義的組織が創設される，または現存するものが強化されるという事態に直面して，ヨーロッパ，カリブ海の小国は自らの利益を集団的に守ろうとした．東アジアでは，EAECから東南アジア諸国連合（ASEAN）プラス3（日本，中国，韓国）への進展が，ASEANという弱い国ぐにの組織がいかにして主導権を取り，より強力な東北アジアの国ぐにを巻き込んでいったのかを示している（Hook, 1999a）．

ミクロ地域主義

　地域主義の第3は，最も低位のレベルをなすミクロ地域主義である．上述の地域主義，サブ地域主義のプロジェクトにおいては国家が主要なアクターであるが，それとは対照的に，ミクロ地域主義ではしばしばNGOや自治体も重要な役割を果たしている．いいかえれば，ミクロ地域主義では必ずしも境界線内部の領域全体を包括する国家が主な役割を果たすわけではない．また，EUやCEFTAのように，多国間機構による明瞭な代表制メンバーシップをもつものでもない．とはいえ，シンガポールとジョホール州［マレーシア］，リアウ州［インドネシア］の結びつきからなるいわゆる「成長の三角地帯」では，小国家であるシンガポールと，マレーシア，インドネシアという国の一部分とが，経済的相補性を基盤とするミクロ地域を形成している．また，サンディエゴ市［米国］とティファナ市［メキシコ］との間で発展しつつある国境を越えた結びつきも同じく経済的相補性を原動力としているが，ここで現出しつつあるミクロ地域は米国とメキシコの部分的領域からなる．そして日本における様々なミクロ地域主義の場合には，日本とその他の東アジアの自治体などが，経済のみならず政治，文化の次元においても活発に国境を越えた連携を展開している．他の二つのレベルの地域主義とは対照的に，国家が主な役割を果たすのではなく，むしろ自治体やMNC，NGO，その他市民社会のアクターが，国境を越えた日本の一部と東アジアの一部との間の結びつきを形づくっている．

上述の分類法では，「高位」「中位」「低位」という3つの隠喩表現を用いて，「地域主義」「サブ地域主義」「ミクロ地域主義」という地域のレベルを手がかりに空間を再構成している．とはいえ，これは各々のレベルが不連続であることを意味するわけではない．むしろ，パッチワーク状に広がる地域主義が今日の姿であり，そこでは競合しあう社会＝政治的過程の一部として，さまざまなレベルや形態の地域主義が共存し，重なり合い，立ち現れては消滅している．いいかえれば，さまざまなレベルの地域主義という隠喩表現は，東アジアの地域主義における日本の役割を理解する一助として思考モデル的に考案されてきたものだが，地域そのものはまったく静的な実体などではなく，生成と消滅，いわゆる生と死の動的なプロセスなのである．そしてこのことが，地域の活動を地域主義というひとつのレベルに固定化して捉えるのを難しくしている．

地域主義のさまざまなレベルを峻別する作業は，困難に充ち満ちたものである．その最たるものは各レベルの概念と国際システムの構造との関係にある．たとえば，冷戦下においては地域的関係が東西対立の拘束を受けることにより，地域主義は，二大陣営を引き離していたイデオロギー的，物理的な溝を乗り越えてというより，むしろそれぞれの内部に出現した．つまり，鉄のカーテンが東西を隔てる障壁として機能したために，最も重要な地域的集団として出現したECは，二極構造という万華鏡を通して地域主義の事例と見なされていたのである．しかし現時点において，ECの発展の経緯や東西分断の終焉，そしてかつて鉄のカーテンの向こう側に閉じ込められていた諸国をも包摂してゆくEUの空間的拡大を顧みれば，当時のECはサブ地域の機構として映じてくる．このように，国際システムの構造変化は，さまざまなレベルの地域主義，およびそのアイデンティティの捉え方に重大な影響を及ぼすのである．

そして，ここから次のような示唆が得られる．国際システムの構造が変化した結果，強国の追求する地域主義プロジェクトであったECは，分断された世界という歴史的文脈においてはサブ地域主義のプロジェクトとして立ち現れる，ということである．これは冷戦イデオロギーのもつ力が地域アイデンティティや地域主義プロジェクトの捉え方に影響を及ぼしたことの証左である．し

かしながら，ヨーロッパのプロジェクトにおいて強国が主たるアクターである以上，プロジェクトは地域主義の事例であってサブ地域主義のそれではない．まさに冷戦の終結に象徴される国際システムの構造変動こそ，二極対立の秩序からではなく，現出しつつあるグローバルな秩序という視座から EC が捉えられる状況を創り出したのである．それゆえヨーロッパのプロジェクトがサブ地域主義の事例と見なされるのは，冷戦下の国際秩序という歴史的偶然のなかにおいてである．単純化していえば，地域主義，サブ地域主義，ミクロ地域主義のプロジェクトとは，競合しあう社会＝政治的過程の帰結として立ち現れる歴史的に偶然なプロジェクトである．それは抽象理論のなかにある非歴史的実体などではない．それでは，さまざまな地域主義の事例をどのようにして説明することができるだろうか．

5　多様な地域主義へアプローチする

　先行研究においては，地域主義へアプローチするためのさまざまな方法が挙げられている．そのうちいくつかを要約しつつ以下簡単に紹介する．本稿で論ずる新政治経済学アプローチを扱う前にそれらを踏まえることとしたい．地域主義を研究するにあたっては，国際システムの視座に基づくものもあれば，機能主義の観点をとるもの，地域主義プロジェクトをつくりあげる上でのアイデア諸力を考慮するもの，国内の政治システムのもつ性質との関連から論ずるものまでさまざまである（詳細は以下を参照のこと，Hurrell, 1995）．既述のとおり，国際関係論において主流を占める現実主義学派は，古典的現実主義であれ新現実主義であれ，国際秩序のもつシステム的特質が地域協力における重要な決定要因であると見なしている．勢力均衡，権力闘争，地政学的環境，どの観点をとるにせよ，現実主義においては国際システムの構造が重要となる．なぜなら，現実主義者は地域主義を合理的な政策立案者の手にする武器のひとつと見なしているからである．かれらはより強力な国家に対して交渉し，釣り合いを取るため，あるいは冷戦下，ヨーロッパのプロジェクトにおける西ドイツのケース

のように，多国間の地域機構の内部に重要な地域的勢力を封じ込めるため，その能力を高めようとする．

地域的関係のさまざまな側面のなかで，現実主義学派による国際システムのレベルからのアプローチにおいて見過ごされてしまうのが，地域主義の経済的次元である．この側面に関しては地域主義の一部分として多様な見地から扱うことができる．たとえば，地域主義の一局面である，国境を越えた経済的な相互依存や相互連関は，コミュニケーションおよび技術の革新によってさらに促進されるだろう．これは地域化の諸過程に内在する力学と複雑に絡み合うものである．それゆえプロセスとしての地域化に焦点が当たる一方で，現実主義は国家によるプロジェクトとしての地域主義を際立たせる．さらに両者はより高次のプロジェクトとプロセスであるグローバリズムとグローバル化によって複雑化する．たとえば，限定的な地理空間における環境破壊への取り組みのように，共同して対処することが求められるグローバルな問題群が出現した場合，グローバル化は国家が地域レベルで積極的に行動するよう促す働きをもつ．また，APECはアジア・太平洋地域に自由市場経済を組み込もうとする，米国のグローバリズム・プロジェクトを推進するための手段として登場してきた．もしその中で米国の主導的役割がますます増大するならば，地域主義プロジェクトはグローバリズム・プロジェクトを追求する国家によって乗っ取られるか，あるいはその貫入を許すことになるだろう．

国際システムという視座から導き出された2つのアプローチに加えて，構成主義，そして新機能主義や新自由主義制度論といったアプローチ（Hurrell, 1995）もある．構成主義は，現実主義学派とは違って国家を合理的なアクターと見なすのではなく，地域協力が追求される際の間主観的な土台を検証しようとするものである．構成主義は相互行為という動的な社会過程の一部として，どのように利害やアイデンティティが構築されるのかということに主たる関心を注ぐ．たとえば「ヨーロッパ」という地域アイデンティティの創出，あるいは「協力」というような地域的な行動に関する規範，または「ドイツとフランスは二度と相争ってはならない」といった地域的相互行為から期待される帰結な

ど，構成主義アプローチはさまざまな地域主義における日本の役割を理解する際に重要な意味をもつ，地域主義のある側面に光を当てている．現実主義，自由主義は地域主義の「ハード」な側面に焦点を定めているが，構成主義アプローチは専ら「ソフト」な側面に関心を注いでいる．このように，ヨーロッパ，アジア太平洋，南北アメリカなどどこであれ，地域主義のもつ規範その他の「ソフト」な側面が地域協力や地域機構の設立においてどのような役割を果たすのか，その理解を促すのが構成主義アプローチなのである．

　しかしながら，これらのアプローチからもたらされるのは，地域主義の「ハード」「ソフト」両面におけるさまざまな強みや識見を活かしてひとつのアプローチが発展を遂げるための基礎部分にすぎない．次節において簡潔に概要を扱うことになるが，新国際政治経済学（new IPE）はこれら多様なアプローチの長所を活用し，同時に短所を克服しようとする試みである．

6　新国際政治経済学

　このアプローチは，政治，経済，安全保障，文化（規範およびアイデンティティ）という4つの次元で，地域主義のもつ「ハード」と「ソフト」の2つの側面に留意することにより，これまで扱ってきたアプローチの長所を活用しようとするものである．この取り組みのなかで力に関する「ハード」と「ソフト」両面の理解を深めるために，新国際政治経済学はロバート・コックス（Robert Cox, 1996）やスーザン・ストレンジ（Susan Strange, 1994＝1994）の研究成果を援用している．地域，サブ地域，ミクロ地域レベルでの分析に，両者の権力に関する洞察をあてることによって，現出しつつあるグローバルな秩序の複雑な性質をより明確に理解することができるだろう．たとえば高位のレベルでは，国際システムにおける大国の地域主義の中にも能動的なもの（proactive）と受動的なもの（reactive）の両方が見られる．つまり，ヨーロッパの地域主義プロジェクトでは，EUの創設が能動的な地域主義の一例といえる．それに対してNAFTAは，グローバル化の動的プロセスという文脈においてヨーロッパ・プ

ロジェクトの定礎と拡大に対する，北米の受動的な地域主義として出現している．しかし興味深いことに，いずれの形態の地域主義も地域ブロックを形づくる方へ向かっているとはいいがたい．グローバル化の諸過程の渦中において異なる地域の間で結びつきが生じていることは，貿易，投資，その他の相互行為のパターンが地域的なものとなると同時に，グローバルなものとなっていることを意味している．後ほど詳しく扱うことになるが，日本経済の影響力は東アジア地域の中に深く浸透している．

しかし，日本の多国籍企業は貿易と投資の両面において，東アジアだけではなく，北米，ヨーロッパ，その他の世界各地にもしっかりと根を下ろしている．いいかえれば，一般に言われているように，新たな世界秩序のシステム的布置として世界を3分するブロック化が現出するという捉え方は，今日のポスト冷戦世界における国家間の複雑な結びつきや相互行為を考慮するならば単純に過ぎる．ただ，現在地域主義プロジェクトにおいて多国籍企業の果たす役割が非常に大きなものになってきているとはいえ，グローバル化の諸過程のもつ力によって国家が一掃され「国境なき」世界が出現するともいいがたい．時としてグローバル化のもたらす圧力を受け，とりわけ財政面で国家が動揺を見せたとしても，依然として地域主義，サブ地域主義の双方においてその先行きを決める中心的役割を国家が担っていることに変わりはない．したがって，現実主義が国家を中心に据える立場は些かも揺るがないのである．

同時に地域主義のソフトな側面に関して，EAECからASEANプラス3へ至るサブ地域主義プロジェクトの変容については「アジア的」な規範とアイデンティティを考慮に入れる必要があろう．マレーシアによるEAEC設立の目的は，後発の発展途上国が地域協力を推進する取り組みの一環として位置づけることができる．つまり，国益を増進させるための手段であり，マレーシアはとりわけ輸出志向型の経済のために開かれた貿易システムを維持しようとしていた．しかしマハティール首相は，米国ばかりかオーストラリアやニュージーランドがEAECへ参加することに対しても異論を唱えたのであり，これは「アジア的」規範やアイデンティティがこの種の特殊なサブ地域主義プロジェクト

では重要な構成要素となっていることを示している．いいかえればマレーシアに限っては，文化の点でこれらの国ぐにを「アジア的」とは見なしていないのである．

　最後に，地域主義のなかでほとんど理解の進んでいないレベルであるミクロ地域主義についてとりあげたい．東アジアに関する最新の研究では，生成期にあるグローバルな秩序の下で，県や市といった自治体がどれだけ活発に国際的な活動を行うようになってきているか明らかになっている．たとえば日本の新潟市の場合，同市は日本海を中心とするミクロ地域の各地の結びつきを構築する上で中心的な役割を果たしている．このミクロ地域は，日本の日本海側地方と，韓国やロシア極東など日本海に接する諸領域とを結ぶものである（Hook, 1999b）．こうした連携を推進するにあたっては経済的動機が強く働いていると同時に，政治，文化，その他の結びつきもまた進展してきている．それは以下のような事例にも見てとれる．たとえば輸送のための社会基盤を整備しようとする県の尽力によって，当のミクロ地域内ではビジネスマンが貿易に乗り出すだけでなく，一般市民が旅行に出かけることもできるようになる．また，ミクロ地域内で人々の間に技術や文化の交換が生じる．そして，ミクロ地域を構成する自治体の政治指導者の間で会合が行われるようになるのである．

7　結　　　論

　本稿で紹介してきたような，地域主義に関する多様なレベルとアプローチは今日の世界における地域主義をより深く理解するための一助となるはずである．地域主義は，21世紀の最先端をゆく世界秩序のなかで主要な潮流のひとつであることは間違いない．しかし地域主義プロジェクトが発展し，地域化のプロセスが展開することによって最終的にどのような結果へと至るのか未だ不分明である．フクヤマの提唱するような楽観的なシナリオも，ハンティントンの悲観的なシナリオも存在する．本稿で試みたのは，両者の極端な見方を排するとともに，地域主義を三つのレベルにおいて素描し，分析するための理論的手

段を取り揃えることであった．新国際政治経済学アプローチは，冷戦後に動き出している世界秩序の複雑な移行段階の中で地域主義の研究を行うための重層的，多次元的なアプローチとして選択されたものである．単に地域主義の3つのレベルに留意するだけで，フクヤマやハンティントンのもたらす世界像よりも遥かに複雑な像を示すことができる．しかし，核心となる問いは残されたままである．すなわち，地域主義へと向かう潮流が21世紀における世界秩序のありうべき輪郭を語っているとするならばそれはいかなるものなのか，ということである．ここでは既に，新国際政治経済学の伝統における数々の研究成果がもたらした経験的な証左をもとに，世界は1930年代のような緊密に組織されたブロック化の方向へは向かっていないこと，第2次世界大戦へと至る悪夢のシナリオを再び繰り返そうとしているわけではないことを示した．では，地域主義へと向かう潮流が示すのはいったいどのような形の未来像なのだろうか．

　時が経つにつれて，これまで述べてきたような多様なレベルの地域主義が，新しいガバナンスのレベルとして立ち現れてくることはありうる．ウェストファリア体制の下で，国家はガバナンスを営むために能力（competency），権威（authority），正統性（legitimacy）を備えた機関としての姿を徐々に現してきた．そして21世紀においてもなお国家は中心的な存在となるだろう．国家は，多様な利害を取り巻く国内的な相違を解消し，国際的には国益を増進させるために重要な政治的役割を果たしてゆくだろう．また，グローバル，地域，サブ地域の規模でのさまざまな圧力に応じて均衡を図るために重要な経済的役割を果たし続けるだろう．そして，国家は自国の政体を形づくる構成員として人々を社会化するために重要な文化的役割を果たしてゆくだろう．さらには，市民を保護するために重要な安全保障上の役割を果たし続けるだろう．しかし，能力，権威，正統性を有するその他の場（site）は国家に取って代わるとまではゆかなくとも，これら4つの側面で国家の役割を補完するものとして現れてくるだろう．

　これは，21世紀においてガバナンスの場がいくつも重なり合う形で出現する可能性を示唆している．そうした場はその責を担うために，まず能力として現

れ，必ずしも権威や正統性をともなわない場合があるかもしれない．いいかえれば，これは能力に負うところの大きい漸進的なプロセスであって，権威や正統性は後から付随する形をとるのである．もし，地域主義へと向かう潮流が何らかの兆候を示すものならば，おそらく新しい世界秩序は国家のみならず，地域，サブ地域，ミクロ地域を含めた重層的なガバナンスをともなうものとなる．また，政治，経済，文化，安全保障に関する権力の多元性，ならびに能力を有する多様な場を含み込むものとなるだろう．いいかえるとウェストファリア体制下での国家は，正統的な現実主義が見なすような唯一的なガバナンスの場から，数あるガバナンスの場のひとつへと変容してゆく．たとえば，酸性雨のような国境を越える問題では，国家ではなく，国家より上位のレベルの地域組織，また，国家より下位のレベルの自治体が問題解決の能力を発揮できるかもしれない．時とともに，地域組織や自治体はその責を果たすために能力ばかりでなく正統性や権威をまとい，新しいガバナンスのレベルとしての姿を現してくるだろう．こうした傾向が続くとすれば，将来，地域主義研究は新たなガバナンスの場の出現と，地域主義が暗示する世界秩序の移行現象とによりよい理解をもたらすはずである．その意味で地域主義とガバナンスの結びつきは，将来的にこの分野における研究の中心を占めるものとなる．

参 考 文 献

Charrier, Philip, 2001, 'ASEAN's inhertitance: the regionalization of Southeast Asia, 1941-61.' *The Pacific Review*, 14: 313-338.

Cox, Robert W., with Timothy J. Sinclair, 1996, *Approaches to World Order*. Cambridge: Cambridge University Press.

Fukuyama, Francis, 1992, *The End of History and the Last Man*. New York: Free Press (=1992, 渡部昇一訳『歴史の終わり』三笠書房).

Gamble, Andrew and Anthony Payne eds., 1996, *Regionalism and World Order*. Basingstoke: Macmillan.

Garnaut, Ross and Peter Drysdale eds., 1994, *Asia Pacific Regionalism. Readings in International Economic Relations*. Pymble, Australia: Harper Educational.

Hook, Glenn D., 1999a, 'The East Asian Economic Caucus: A Case of Reactive

Subregionalism?' in Hook, Glenn D. and Ian Kearns eds., *Subregionalism and World Order*. Basingstone : Macmillan.

―――, 1999b, 'Japan and Microregionalism : Constructing the Japan Sea Rim Zone.' in Yamamoto, Yoshinobu ed., *Globalism, Regionalism and Nationalism. Asia in Search of its Role in the 21st Century*. Oxford : Blackwells.

Huntington, Samuel P., 1993, 'The Clash of Civilization?' *Foreign Affairs,* 72 (3) : 22-49 (=1993, 竹下興喜監訳「文明の衝突―再現した『西欧』対『非西欧』の対立構図」, 『中央公論』1993年8月号).

Hurrel, Andrew, 1995, 'Explaining the Resurgence of Regionalism in World Politics.' *Review of International Studies,* 21 (4) : 331-358.

Strange, Susan, 1994, *States and Markets : An Introduction to International Political Economy*. London : Printer (=1994, 西川 潤, 佐藤元彦訳『国際政治経済入門―国家と市場』東洋経済新報社).

(訳　栗林　大)

9章 逆コンドル作戦
——南米軍政期人権侵害訴追における欧州・南米の
協力ネットワークと国際人権レジーム——

内田 みどり

はじめに

　アメリカ合衆国，というつもりでうっかりアメリカといってしまう粗忽ものに対して「私たちもアメリカ人だ」といいはするものの，「南の円錐」の国々の人々はいつも大西洋の向こう側のヨーロッパにアイデンティファイしてきた．欧州のさまざまな国からの移民であることを示す苗字を持つ人々が，19世紀後半から大恐慌前のアメリカ大陸で再現したのはパリのような町並み，お洒落なカフェのエスプレッソ——そして二つの大陸の政治的運命もまた「亡命」を通じてあざなえる縄のごとく絡み合ってきた．戦間期にはスペイン内戦で敗れた共和派やナチスドイツの迫害を逃れた人々が，ファシズムが戦争に敗れればナチスの戦犯たちが追及を逃れようとして南米にやってくる．この流れが逆になったのは，「南の円錐」諸国の民主政が五月雨式に崩壊した1970年代．軍事政権の弾圧や経済破綻を逃れ，たくさんの移民の末裔が祖先の母国，旧大陸へと渡っていった．軍事政権が行なった人権侵害は，そうした人々によって世界へ伝えられ，そのなかから加害者への「裁き」を求める声があがる．「裁き」を求める運動は，はじめは二つの大陸を結ぶ「血の絆」＝二重国籍を武器として，ついでナチス戦犯への訴追のように「人道に対する罪」という概念を前面に押し立てて，四半世紀以上に及ぶ闘いとなった．そしてその闘いは，かつてナチス戦犯のひとりを遂にブエノスアイレスの街角で捕らえたように軍政の

「A級戦犯」ともいうべき元国家元首や実行犯の身柄を欧州で拘束するに至っただけでない．それは，ある国家が自ら行なう重大な人権侵害・テロリズムは，直接の被害者だけではなく人類全体に対してなされた犯罪であるという概念を広く国際社会に知らしめ，国際条約でそのような犯罪に対する普遍的管轄権を設定するに当たって重要な貢献をなした．また，国家自らがなした犯罪を国家自らが免責することは許されないということもはっきりとさせた．本稿では，南米軍政期の人権侵害事件に対して行なわれた欧州での訴追の試みを概観し，それが南米政治史上，また国際刑法上持つ意義の一端を明らかにしたいと考える．

1 欧州諸国における南米南部諸国軍政期人権侵害の訴追

周知のように，近代国際法ではそれぞれの国家が領域主権に基づいて裁判管轄権を行使するのが基本的原則である．だが，この場合，国家自らが行なった犯罪を裁くことは容易ではない．南米軍事政権の人権侵害事件を訴追するには，領域原則の例外規定に頼るほかなかった．領域原則の例外としては，①外国の領域や公海上で自国籍を有するものがなした行為に対して管轄権が及ぶという「国籍原則」＝積極的属人主義，②外国人の外国における行為であっても自国の安全その他重大な利益に関わるものに対して管轄権を及ぼす「保護原則」＝保護主義が従来許容されており，さらに，③いかなる国籍のものであれ，またいかなる場所で行なわれた行為であれ，それが国際社会全体の利益に関わるものであればすべての国が管轄権を有する，とする「普遍原則」＝普遍主義，世界主義もある．国際慣習法上普遍的管轄権が認められているのは海賊だけである．近年では領域外で行なわれたテロリズムに対して被害者の国籍国が管轄権を主張する消極的属人主義も台頭している（尾崎，2004：68-81）．

南米軍政期人権侵害の訴追は，まず，欧州各国刑法の保護原則を援用しながら進められ，ついで普遍原則に基づく訴追という先駆的な試みに発展した．そして，その際援用されることになる国際条約のひとつである「拷問等禁止条約」

に補完的に普遍原則が明文化された重要な契機となったのが，南米の軍部人権侵害だったのである．

1.1 イタリアにおける訴追の試み：保護原則

アルゼンチンで行方不明となったイタリア人の訴訟に関わってきたマニガ弁護士によれば，イタリアにおける南米軍政期人権侵害事件の訴追は，イタリア刑法第8条と第11条を根拠として行なわれた．イタリア刑法第8条は，国家の政治的利益やイタリア市民の政治的権利を損なう犯罪について，外国で行なわれたもの・あるいは外国人が行なったものであってもイタリアに訴追の権限を認めている．この場合，一般犯罪であっても政治的動機に基づくものは訴追の対象になる．また同第11条は，第8条に定められたケースで，外国で裁かれた外国人について，法務大臣が要求すればイタリアでもう一度裁判をすることができる，と定めている（一事不再理の例外）(Maniga, 1998 : 174-175)．

イタリアにおける訴追の歴史をまとめた El equipo Nizkor のサイトで公開されている文書によれば，イタリアでは政治亡命者のためのワーキンググループを持つ「民衆の権利のための同盟」(la Liga por el Derecho de los Pueblos) が，1976年以来アルゼンチン人亡命者の問題に取り組んできた．1978年，イタリア系苗字を持つ行方不明者のリストを政治家や主要メディアに公開したが，何の反応もなかった．状況が変わったのは，有力マスメディアがアルゼンチンの強制失踪問題を取り上げた1982年のことである．イタリア国営放送が身元不明者(N. N) 墓地を報道し，有力紙コリエレ・デ・ラ・セラが第一面に何枚かの写真つきで不明者リストを掲げた[1]．また82年には，駐イタリア・アルゼンチン大使館の経済担当や秘密収容所・拷問センターとして使われた悪名高いESMA (Escuela Mecánica de la Armada, 海軍機械学校) の生みの親マセラ，ブエノスアイレス州長官スアレス・マソンらがP2のメンバーであることが明るみにでた．

1983年1月7日，イタリアの法務大臣はイタリア刑法第8条に基づいて，アルゼンチンで行方不明になったイタリア人のケースについての裁判を始めるよ

う要求した．同日，ブエノスアイレスのイタリア領事館の弁護士は，イタリアで生まれた45人の市民についてヘービアス・コーパスを請求し，617人のイタリア人行方不明事件を告発した．この事件を扱う予審判事はレナート・スキランテ (Renato Squilante) 博士，検事はアントニオ・マリーニ (Antonio Marini) 博士であった．告発対象の軍人の引渡し請求も行なわれたが，1983年12月10日にアルゼンチンが民政移管すると，イタリアでの裁判は新しい政治システムを不安定にしかねないということになった．亡命者の多くもアルゼンチンに戻り，行方不明問題はアルゼンチンで解決され，訴追されるべき問題となった (nizkor/italia/historia1. 1996 : para 1-10)．だが，1986年12月に成立（1987年2月22日施行）した終止符法と1987年6月の服従法によって，アルゼンチン国内での訴追の道は（幼児誘拐等をのぞいて）たたれてしまった．こうなると，イタリアで裁判を行なうことが以前にも増して重要となる．

　1988年にはクリスティナ・ダミコ (Cristina D'Amico)，リリアナ・グレセ (Liliana Grece) と一緒に行方不明になったスサナ・ロンコロニ・デ・ボツリ (Susana Roncoroni de Borri) の両親が提訴した．スキランテ予審判事は，この3人の事件に関してマセラ，ビデラ，アゴスティ，スアレス・マソンについてアルゼンチンに司法上の情報提供を求めるよう命じた．予審判事にかえて検事局をおく1989年の刑法改正[2]施行直前のことで，それは裁判続行に希望を持たせるものだった．「民衆の権利のための同盟」は，『五月広場の祖母たち』やCELSのミニョーネ会長，ESMA生還者らの証言を集め，身元不明遺体が埋葬された墓地を人類学者の協力を得て捜索し，アルゼンチンで中断された裁判の資料を持ち帰るなど証拠収集に奔走した．とくに証言を基にして犯人を特定することに力が注がれた．しかし，裁判への道のりは平坦ではなかった．1992年冬にいったん審問中止の決定が下ったのだがすぐに再開され，予備審問担当の判事がアルゼンチンに司法共助を要請して1994年2月にはブエノスアイレス地裁で宣誓証言をとることになったにもかかわらず，ブエノスアイレス連邦議会は「すでにアルゼンチンで裁判が終わっている」として司法共助を拒否．1995年12月27日にはイタリアでも検事が調査の終結を申し立ててしまう．1996年1

月,「同盟」のマニガ弁護士らはこの申し立てに「連邦議会の主張は包括的なものであって個々の裁判にふれたものではない」「免責法によってほぼすべての裁判はできなかった」と反論書を提出し (Maniga, 1998: 178), 調査終結に反対する国際キャンペーンを展開. その甲斐あって, 新たに担当になった予備審問担当のダンジェロ判事は同年5月11日, 検事の申し立てを退け, アルゼンチンでの裁判に効力があるかを判断するため法務省にアルゼンチンからの情報を提供するように要求した. 法務大臣は8月8日付で「調査対象となっている事件について免責を許す結果になった一般的な基準と行政令のほかには, アルゼンチンでの裁判がイタリアで無効かどうかを判断するための情報はない」「各判事が (アルゼンチンでの訴訟手続きを考慮せずに) イタリアの法律に基づいて訴訟を続けられるかどうかを判断できる」と回答した (nizkor/italia/historia1, 1996: para. 16-30, Maniga, 1998: 176-179). この結果, 1997年に2つの予審が開始されたのを皮切りに, 7人のアルゼンチン軍人が予審段階を終了し, 訴追されている (Lacabe, 1998: para 12, Maniga 1998: 179, nizkor/italia/acusados/imputados).

1.2 フランスにおける訴追の試み:保護原則による欠席裁判

アルゼンチンESMA関係者のなかでもっとも有名なアルフレッド・アスティス (Alfredo Astíz) 大尉に対してフランスでなされた訴追は, この訴訟に携わったメンデス・カレラス弁護士によれば, 同国の刑事訴訟法に1975年に導入された国籍原則=消極的属人主義に基づいている. それによれば, フランス国の領域外でなされた犯罪の被害者がフランス国籍を有する場合, 当該犯罪の主犯または共犯の疑いがある外国人をフランス法に従って訴追し裁判することができる (刑事訴訟法第689条第1項) (Méndez Carreras, 1998: 180).

1951年生まれのアスティスは, 海軍の誘拐専門グループであるGT (Grupo de Tarea)-3/32の一員だった.「天使のような」と形容された容貌の魅力を最大限に生かし, 彼はグスタボ・ニニョの偽名を用いて行方不明被害者の兄弟を装い,「五月広場の母たち」のグループに潜入した. イアイン・ゲストによれ

ば，母たちは1977年12月7日，聖十字架教会で行方不明者のためのミサを行なった．母たちは地元紙ラ・ナシオンに約250人の行方不明者の名前と「失踪者は生きている？　それとも死んでいる？」という挑発的な問いからなる意見広告を出そうと募金をしたところだった．二人のフランス人尼僧アリス・ドーモン（Alice Domon）とレオニー・デュケ（Réonie Duquet）も参加していた．ミサのあと，教会の階段のところに集まっていたシスター・ドーモンと母たち，そしてUNHCRの庇護下にあったパラグアイ人エスター・カリアガ（Esther Cariaga）が，ナンバープレートをはずした6台の車から飛び出してきた男たちに拉致された．母たちのリーダーと目されていたアスセナ・ビジャフロル・デ・ビセンティ（Azcena Villaflor de Vicenti）はミサに参加していなかったので10日の朝，自宅近くで拉致され，シスター・レオニーも同じ日に拉致された（Guest, 1990：59-60）．

　1982年4月，フォークランド／マルビナス戦争でイギリス軍の捕虜となったアルゼンチン兵士の写真が世界を駆け巡った．ESMAから生還したある女性は，そこにアスティスが写っているのに気づいた．フランス公訴局は人権派で知られるフィリップ・テクシェ（Philipe Texier）予審判事を任命して，二尼僧の事件の審理を開始した．フランスはイギリスにアスティスの引渡しを求めたが，彼は戦時捕虜でありジュネーブ条約で保護されるとして引渡しは拒否された．かわりにイギリスはアスティスをロンドン北部の軍警察内に収監し，フランス人尼僧とダグマーの件について彼を尋問したが，アスティスは（ジュネーブ条約で捕虜に認められている権利を行使して）自分の姓名と階級以外は黙秘，6月10日にアルゼンチンに返された（Méndez Carreras, 1998：180-181, Guest, 1990：342-343）．

　メンデス・カレラスによれば，フランスの刑事訴訟法では欠席裁判で判決を下すことも可能である（ただしアルゼンチンでは効力を持たない）．また欠席裁判は被告人の法的保護を受ける権利や法の下の平等を損なうものではない．被告はいつでも法廷に現れることができる．そうすれば，欠席裁判は破棄され新たに通常の裁判が始まる（刑事訴訟法第627, 629条）．欠席裁判を破棄させ通常の

裁判に移行させる申し立ては，時効が成立する前に（彼の場合は2000年までに），代理人ではなく本人が行なわなくてはならない．ただし刑事訴訟法ではフランスで訴追された外国人が本国で刑の軽減ないし恩赦を受けたことを証明できればフランスでの判決は無効になると定めているので，アルゼンチンの免責法がアスティスに「恩赦」を与えたといえるのかどうかが問題となる，とメンデス・カレラスは指摘する（Méndez Carreras, 1998: 181-182）．アスティスはアルゼンチン国内で訴追されたが，1987年6月の服従法の適用によってその裁判は打ち切られている．これは，のちに考察するスペインの管轄権判決でも指摘されているように，確定し刑に服したのちの恩赦や刑の軽減には当たらないと解すべきであろう．

アスティスは1990年にフランスで終身刑の判決を受けた（Kohut, et. al., 2003: 34）．フランスはアルゼンチンに彼の引渡しを要求してきたが，アルゼンチンは拒み続けてきた．

1.3 アスティスと拷問等禁止条約の普遍原則

アスティスはスウェーデン・アルゼンチン二重国籍の未成年者ダグマー・ハゲリン（Dagmar Hagelin）の行方不明事件にも関わっている．この事件は，拷問等禁止条約に普遍的管轄権の規定が盛り込まれる重要な契機となったとされる．1977年1月27日，アスティスが指揮するグループはモントネーロスの地区細胞の女性を逮捕しようと，そのリーダーの友人宅の周辺で張り込みをしていて，たまたまその家を訪ねてきたダグマーを，モントネーロスの細胞の女性と見誤ってしまった．年齢よりも大人びてみえたといわれるがダグマーは当時17歳で，アスティスたちが追っていた女性はダグマーより11歳も年上だった．恐怖に駆られたダグマーは走って逃れようとしたが，アスティスたちに撃たれて連れ去られてしまう．負傷した彼女をESMAで目撃したという複数の証言や，彼女のシャツを目撃したという証言が残されている．おそらく，彼女はESMAで殺されたと思われる（CONADEP, 1984（1999）: 389-390, Guest, 1990, 46-48, Hagelin, 1998: 189-190）．ダグマーの事件について，スウェーデン外務省

はアルゼンチン軍事政権に強硬な抗議を申し立て，彼女を保護しようとした[3] (Guest, 1990：65, 230-231). が，スウェーデンの刑法には国籍原則が盛り込まれておらず訴追はできなかった（Méndez Carreras, 1998：180）ので，スウェーデンは普遍的管轄権を設定した拷問等禁止条約の草案を国連人権委員会に提出し，拷問犯罪必罰の国際法制定に尽力した．拷問等禁止条約はスウェーデン案を基礎としている．ゲストによれば，普遍的管轄権の導入に当たっては，①拷問犯が特定できるかどうか，②証拠をどうやって集めるか，③どうやって犯人を逮捕するか，の3点が問題となっていたのだが，アスティスがフォークランド／マルビナス戦争で捕虜となったことで，いずれの点もクリアできることが明らかになったという（Guest, 1990：65, 230-231, 342-343, アムネスティ・インターナショナル日本支部編，2000：8-9）．

1984年に採択され1987年6月26日に発効した拷問等禁止条約では，第2条で戦争・戦争の脅威・内政不安定ほかの緊急事態であっても拷問を正当化することはできず（第2項），上司・公の機関の命令であっても拷問を正当化できない（つまり上官命令の抗弁は許されない．第3条）と定める．そして，締約国は領域原則（第5条第1項a），国籍原則（同第1項b），保護原則（同第1項c）に基づいた裁判権を設定する義務を負う．さらに，自国内に容疑者が存在していることが判明した締約国は，上記の裁判管轄権を持つ国（拷問犯罪の行為地，容疑者の国籍国，被害者の国籍国）に容疑者を引渡さない場合は，普遍原則（普遍的管轄権）に基づいて自国の裁判権を設定し（第5条第2項），訴追のため自国の権限ある当局に事件を付託する（第7条第1項）ことと，状況によって正当と認められる場合は容疑者の所在を確実にするため，拘留その他の法的措置をとること（第6条），と定められている．

1.4　スペインにおける訴追の試み：普遍原則

スペインは，コンドル作戦の訴追をもっとも大規模に行なっているだけでなく，南米軍部の人権侵害をジェノサイドとテロリズムであると位置づけて追及している．その過程で，ロンドン滞在中のピノチェト・元チリ大統領（1998年

3月に陸軍総司令官を退任，1980年憲法の規定に基づき元大統領として終身上院議員に就任）を引渡すようスペインがイギリスに請求し，後述するようにイギリスの貴族院（最高裁に当たる）が最終的に引渡しを認めたことは，実際に引渡しは実現しなかったとはいえ重大な人権侵害事件を普遍原則にのっとって裁きうる，という重要な先例となった．

　この訴追は，南米から逃れてきた被害者たちとスペインの進歩派検察官のイニシアチブによってなされた．しかも，イタリアやフランスにおける裁判の動向を踏まえ，単にスペイン人被害者を保護するために訴追するのではなく，それが国際犯罪である国際人道上の犯罪であるとする構成をとった．1996年3月，まずアルゼンチンで行方不明になったスペイン人被害者に関して，進歩的検察官同盟（Unión Progresista de Fiscales）が刑事公訴法（la Ley de enjuicimiento Criminal）第264条によりアルゼンチン軍人の行為をジェノサイドとテロリズムであるとして告発した．続いて，母国で学生運動に関わってクーデターの日に逮捕され，のちに国外追放されてスペインにやってきて弁護士となったカルロス・スレポイ（Carlos Slepoy）が代理人を務めるアルゼンチン人権擁護連盟から公衆訴追がなされた．これを受理したのが全国管区裁判所予審第5部のバルサタル・ガルソン（Baltasar Garzón）予審判事で，彼は同年6月28日にアルゼンチンにおけるジェノサイドとテロリズムに対するスペインの管轄権を認めて予審を開始した．こうした経過を踏まえて，かつて博士論文を書くためにチリを訪れアジェンデの側近となったスペイン人フアン・ガルセス（Juan Garcés）もピノチェト提訴を考え，1996年7月に進歩的検察官同盟が告発，ついでガルセスが代表を務めるサルバドル・アジェンデ財団が公衆訴追を行なった．この公衆訴追（Acusación Popular）とは，19世紀につくられたシステムで，公益に関わる事件についてはスペイン市民なら誰でも，犯罪の当事者ではなくても，告訴できるというものである[4]．チリに関する訴訟を受理したのが第6部のカスティジョン（Manuel García Castellón）予審判事だった．7月25日にはカスティジョンも予審を開始した．アルゼンチンの事件では，チリ秘密警察が関わってアルゼンチンで行なわれたコンドル作戦も調査の対象に含まれた（Anguita, 2001：51-122,

146-172, Dinges, 2004 : 23-40).

　だがスペインに管轄権はあるのだろうか．裁判管轄権の問題は，1997年3月にガルソン予審判事がフォークランド／マルビナス戦争当時の大統領だったガルチエリ（Leopoldo Fortunato Galtieri）元将軍を暗殺・強制失踪・ジェノサイドの罪で逮捕するようアルゼンチンに請求した（el Magistrado-Juez del Juzgado Número cinco de la Audiencia Nacional española. 25/3/1997）ことや，さらに同年10月，予審で証言するためにスペインに赴いたシリンゴ（Adolfo Francisco Scilingo）元アルゼンチン海軍大尉[5]をガルソン予審判事が拘束した（Anguita, 2001 : 216-225）ことからも，早急に決着をつけなければならない問題となっていた．

　全国管区裁判所の検察部は1998年1月，スペインに管轄権はないと主張した．その理由は，①当該犯罪はスペイン国内で発生したわけでも，スペイン国民に対してなされたわけでもない．②ジェノサイドの申し立ては国際法上・国内法上の定義と合致していない．③テロリズムだという訴えも，当時の体制は緊急事態であったので正当化できない．④当該事件はアルゼンチンとチリの恩赦法によって既判事項となっている．というものであった（Rothenberg, 2002 : 932）．

　管轄権を巡って検察部と予審部が対立するなかで，予審第5部のガルソン予審判事が，1996年10月16日，当時ピノチェトが滞在していた英国に対して，アルゼンチン・チリ両国の軍部が行なったコンドル作戦についてピノチェト・元チリ大統領を拘束・引渡しをするよう要請した．容疑は91人の犠牲者を不法監禁し殺人・行方不明に至らしめたジェノサイドの罪，拷問，テロリズムであった[6]．予審第6部のカスティジョン予審判事が扱っていたチリの事件は，10月20日にアルゼンチンに関する告訴に一本化された（nizkor/chile/juicio/inhibe, 1998）．22日には検察部が逮捕請求の無効を訴える（nizkor/chile/juicio/recurso7.html, 1998）．管轄権問題をいよいよ明らかにしなければならなくなった．

　アルゼンチン，チリでなされた行為を，いかなる根拠でスペインの裁判所が裁くことができるのだろうか．この問題を明らかにするためには，アルゼンチン・チリ軍部のジェノサイド，テロリズムとされた行為が，①行為がなされた時点で，スペイン国内法で犯罪とされていたか，②その行為がスペイン国内法

で定める当該犯罪の構成要件に合致するのか，③国外で行なわれたその犯罪に対して，スペインの国内法は管轄権を設定しているか，の3点を明確にしなければならない．

10月30日にスペイン全国管区裁判所はアルゼンチンとチリの軍事政権責任者が行なったジェノサイド，テロリズム，拷問に対してスペインの裁判管轄権を認める決定を下し，11月4日にアルゼンチンの事件につき，5日にチリの事件につきその理由を公表した[7]．以下，その理由書とラカベの論説に従って[8]，スペインの管轄権主張の根拠を考察する．

ジェノサイドについての管轄権は予審第5部への判決に詳しい．判決に従ってまず上記③の管轄権の問題から整理していく．進歩的検察官同盟の提訴は，スペインの司法組織法（1985年7月3日）第23条第4項を提訴の根拠条文に掲げている（Denuncia 28/3/1996）．この条項は「スペイン国民又は外国人が国外で犯した行為であって次に掲げる犯罪に該当するものを，スペインの刑罰法規に従って審理する権限を有する．a. ジェノサイド，b. テロ行為，c. 海賊行為及び航空機の不法奪取，d. 外国通貨の偽造，e. 売春関連行為，f. 向精神薬，麻薬及び麻酔薬，g. 国際条約に従ってスペインで訴追すべきその他の犯罪」と定めている（森下，1999：64）．検察部は，ジェノサイド，テロリズムについては，①ジェノサイド条約第6条は犯罪発生地（と国際裁判所）に管轄権を認めている．②1985年以前は，スペイン憲法第96条と民法第1条第5項の規定では国外で起きたジェノサイドについてはスペインの管轄権を退けている．③拷問については，普遍的管轄権を設定した拷問等禁止条約をスペインが批准した1987年以前の事件には管轄権がない．④スペインにはアルゼンチン・チリの免責法を無効にする管轄権はない，として，スペインの管轄権を否定した（Auto, Madrid, 4/11/1998: Primero）．ガルソン予審判事はジェノサイドについて司法組織法第23条4項の援用を避け，1870年の司法組織法と1971年の刑法第137条を援用して管轄権を認めた．彼によれば，前者は直接ジェノサイドに言及したものではないが，国家の対外安全保障に関わる犯罪への管轄権を設定したものであり，1971年の刑法第137条はジェノサイドを万民法に対する犯罪として規定

しているから，その訴追は普遍的なものと想定していると解すべきである．また国外で行なわれた拷問に対する管轄権の根拠としては，「自由権規約」(1976年発効，スペインは1977年4月27日批准) 第7条，拷問等禁止条約 (1987年発効，スペインは1987年10月21日批准) 第4条，第5条 c (被害者が自国民であるときの裁判権の設定)，1949年のジュネーブ条約第1〜第4条約 (1950年発効，スペインは1952年8月4日批准) の第3条をあげている (Auto, Madrid, 25/3/1998: Noveno-Decimoquintos)．管轄権についての判決は，①ジェノサイドを国際法違反として訴追し，かくも深刻な犯罪を免責することを避けようというのがジェノサイド条約の精神で，そのために国際裁判所や犯罪発生地に裁判権を設定しているのだから，同第6条を，それ以外の裁判権を設定してはならないと解することはできない．ゆえに同第6条を，スペインが国外でジェノサイドを犯したスペイン人を積極的属人主義の原則にのっとって訴追できないとか国外でジェノサイドされたスペイン人のために裁判権を設定したりはできない，と解釈するのはばかげている (Auto, Madrid, 4/11/1998: Primero)．②スペイン憲法第25条は当該犯罪発生時点でその犯罪が処罰の対象になっていることを要求しているのであって管轄権設定や訴訟手続きまで規定していなければならないとは要求していない．国外でスペイン人に対してなされた，あるいは国外でスペイン人が行なったジェノサイドに対する裁判管轄権は，1971年11月15日の法令47号でジェノサイドを国外でスペイン国家の安全が脅かされる犯罪として規定しているので，1870年の司法組織法を援用する必要はない (Auto, Madrid, 4/11/1998: Tercero)．③免責法によって既判事項となるか，については，アルゼンチンに関してもチリに関しても免責法はユス・コゲーンスと両国が負う国際法上の義務違反であることを指摘した上で，これらの免責法はスペインの定める恩赦法には当たらず，既判事項にはならないと判断した．両国の免責法は「行為を処罰しない」という法であって，それを適用されたものは司法組織法第23条2項(c)の規定でスペインの管轄権の適用外とされる「国外で無罪となったり刑を減免されたりした犯罪者」ではなく，事後にその行為を不処罰とした規範によって罰せられなかったケースに当たると判断されたのである．また，チリにつ

いて検察は，免責法で既判事項になるという主張とともに提訴された事件はチリにおいて訴訟係属中であると申し立てていたが，判決では訴訟継続中とされるものが免責法の適用によって却下されたことを指摘している（Auto, Madrid, 4/11/1998：Octavo, Auto, Madrid, 5/11/1998：Octavo）．

　では，ジェノサイドはスペインでいつから刑法上の犯罪となったのか．スペインはジェノサイド条約を1968年9月13日に（第9条を留保して）批准し，同年12月12日から効力が発生した．国内法には1971年11月15日の法令第44号で取り入れられ，前述のように刑法第137条で万民法に対する罪として規定した．ただし，このときの定義ではジェノサイド条約の定義とは異なり，国民的（nacional）と民族的（étnico）の間にコンマがなく，「社会的」（social）集団に対するジェノサイドも含まれている．定義は1983年の改正で，「社会的」を「人種的」（racial）に置き換え，現在の刑法第607条（ジェノサイド罪）の規定ではジェノサイド条約の文言どおりとなっている（Auto, Madrid, 4/11/1998：Quinto）．

　アルゼンチン，チリで起きた事件はジェノサイド罪を構成するか．検察部はアルゼンチンの軍政時代，チリの軍政時代に起きたことが「統治者，軍・治安関係者によって秘密裡に行なわれた，イデオロギー的浄化を理由とする殺人，拷問，不法監禁（アルゼンチンについての判決ではさらに未成年の略取が加わる）[9]があったこと」は争っていないので（Auto, Madrid, 4/11/1998. (Argentine), Auto, Madrid, 5/11/1998 (Chile)：Quatro），これらの行為がジェノサイドを構成するかが問題となる．検察部はこれらが国民的，人種的，民族的または宗教的集団に対するものではないからジェノサイドに当たらないと主張した．確かに，被害者の「国籍」はさまざまであるし，人種もさまざまである．全員が特定の宗教を信じていたというわけでもない．一方，ガルソン予審判事は，「国民的集団」をどう解すべきかについて，一定の領域内で同一の政府に統治される住民を「国民」と解し，そのなかで人種や宗教のほかにも特定の永続的な指標によって他から区別され，その指標を共通の絆とする国民的なアイデンティティを持つ集団が存在することをバスクやカタロニアなどを例に引きながら説明し，加害者が被害者と同一の集団に属するカンボジアの大虐殺も自己ジェノサイドと

考えられると指摘．さらに，被害者たちはいずれも軍政が「新しいアルゼンチン」に不要の人間と判断した人々であったということで同一の集団と考えられる上，軍政のライトモチーフは「国際主義・共産主義すなわち無神論から西欧的・キリスト教的倫理を守る」ことだったことをあげ，弾圧は宗教的動機に基づいて特定の集団に向けられたものであるから宗教的集団の破壊と同一視できるとして，これがジェノサイドに当たると主張している（Auto, Madrid, 25/3/1998: Quatro-Octavo）．全国管区裁判所の管轄権判決では，弾圧に遭った人々は均質的な集団ではないが明らかに特定の，他から区別される集団であったこと，この集団には体制に反対する人々だけではなく，(反対・賛成) どちらでもない人々も含まれていたこと，弾圧は新体制 (軍政) に対して態度を変えさせることを目的としたのではなく，集団の破壊を意図していたことを指摘．さらに判決はジェノサイド条約になぜ「政治的」「又はその他の」という文言がないのかは承知しているとしながら，締約国がジェノサイドを国際法上の恐るべき犯罪ととらえ不処罰を避けようとするならば，「国民的集団」という定義は，「同じ国に属する人々から構成された集団」ではなく，単純に「国民的人間集団」「より広い共同体に統合されている，何かで特徴づけられた人間集団」と解すべきであるとして，検察の主張のような限定的解釈では，エイズ患者や老人，外国人居住者の組織的抹殺をジェノサイドと認定できないと論じている．殲滅の対象になったのは「国の再編成計画」にそぐわないとされて他から区別され，排除された集団であった．このようにみていくと，当該行為はジェノサイドに相当する，と判決は結論づける（Auto, Madrid, 4/11/1998: Quinto）．

また，ジェノサイドに当たるものは同時にテロリズムであるとした上で，司法組織法第23条第4項が管轄権を設定しているテロリズムの解釈として，管轄権判決は，スペインの公秩序を転覆するもの以外は対象にならないというのではなく，犯罪行為地の公秩序を転覆したりテロの対象に直接影響を及ぼしたりするものがテロリズムであると判断する．さらに今日では国家が公的機関を通じて行なう「上からのテロリズム」が大勢を占めていて（国際刑法には人道に反する罪やジェノサイドが盛り込まれているにもかかわらず），国内刑法の埒外となっ

ている．テロリズムのもっとも下劣な側面は，権力や愛国心の衣をまとって権力装置を利用してそうした犯罪をなすことだ，とあえて指摘している点は注目されよう（Auto, Madrid, 4/11/1998 : Sexto, Auto, Madrid, 5/11/1998 : Sexto）．また拷問犯罪への裁判管轄権については，拷問はジェノサイドないしテロリズムの一部をなすので，両者に対して管轄権があるならば当然に拷問犯罪についてもスペインは管轄権を持つ，として，刑法に定める拷問犯罪が拷問等禁止条約とそれに関連する司法組織法第23条4項(g)が定める普遍管轄権の対象になるのかどうかを，この事件に関して判断することはしないとしている（Auto, Madrid, 4/11/1998 : Sexto, Auto, Madrid, 5/11/1998 : Sexto）．

2 第三国での拘禁・引渡しの実例

2.1 引渡しには至らなかったピノチェト事件

ガルソン予審判事は11月3日，ピノチェトらにジェノサイド，テロリズム，拷問の罪で逮捕状を出し，スペイン政府は公式に英国にピノチェトの引渡しを要求した．結局，1999年3月24日の英国貴族院判決は，普遍的管轄権を条約によって設定している拷問犯罪について，その犯罪実行時点でチリ，スペイン，英国の関係国すべてが法律で犯罪と規定し，拷問等禁止条約を批准して普遍的管轄権の対象とした時点（＝1988年9月29日）[10]以降の拷問を，引渡しの対象になる犯罪に当たると判断し，また拷問等禁止条約の趣旨に照らして国家の最高責任者たるピノチェトに元国家元首としての免責特権を認めなかった（薬師寺, 1999：87-89）．しかし英国政府が健康上の理由という「人道的配慮」によって，2000年3月に彼をチリに帰国させたため，スペインへの引渡しは実現しなかった．

2.2 オリベラ事件

シリンゴ，ピノチェトに続き，第三国で身柄を拘束された例として，2000年8月8日にフランス司法当局の要請によってローマの空港で拘束されたオリベ

ラ (Jorge Olivera) の事件がある．これはフランスが保護原則＝消極的属人主義に基づく管轄権を行使しようとしたもので，その点でピノチェト事件とは異なるし，結果的に引渡しも実現しなかったが，加害者意識がない中南米の軍政期人権侵害の加害者たちに，ピノチェト事件に続いて，第三国での逮捕・引渡し・訴追が決して絵空事ではないことを知らしめた事件であった．

オリベラもまたアルゼンチンの免責法によって処罰を逃れた軍人の一人で，イタリアで行なわれているアルゼンチン軍人に対する裁判ではスアレス・マソンの被告側弁護士であった．この夏，彼が欧州にいたのは，2000年7月4日，友人のアッピアーニ (Jorge Appiani) 弁護士とともにストラスブールの欧州人権裁判所にフォークランド／マルビナス戦争時の巡洋艦ベルグラーノ号沈没(1982年5月2日) に関しサッチャー元英国首相を戦争犯罪人として訴えた（裁判所は訴えを却下）のち，そのままイタリアで妻と休暇をすごしていたためである．フランス国籍を有する14人の被害者の家族がフランスで起こした裁判の被告として，フランス司法当局がオリベラの国際逮捕状を出したのは2000年7月21日のことだった．容疑は1976年10月15日に行方不明となったマリアンネ・エリーズ (Marianne Eriz) に対する誘拐と拷問である．アンギタによれば，オリベラ側の弁護士はベルルスコーニやマセラの旧友であるP2事件の関係者と近しいイタリアのシナグラ (Augusto Sinagra) 弁護士に働きかけてオリベラの釈放を画策した上，被害者が誘拐された年の11月11日に死亡したという死亡日付の入った証明書を裁判所に提出して，9月19日オリベラを釈放させた (Anguita, 2001 : 231, 310-312, 339-341, *Clarín* 8/8/2000, 20/9/2000)．

2.3 カバロ引渡し事件

オリベラの事件の直後にやはり第三国のメキシコで身柄を拘束されたある元アルゼンチン軍人は，スペインの裁判管轄権（スペイン国民に対するジェノサイド，テロリズム，拷問）の主張に従って，のちに実際にスペインに引渡された．

問題の人物，ミゲル・アンヘル・カバロ (Miguel Ángel Cavallo) はESMAの関係者で，1987年にアルゼンチン連邦検事ストラセラ (Julio César Strassera) ら

によって告発され（Acta de acusación de la fiscalía en la causa no. 761 "ESMA"），スレポイらがスペインで起こした公衆訴追の104人の被告の一人である．アンギタが描く彼の逮捕劇はサスペンス小説さながらである．2000年，メキシコのレフォルマ（Reforma）紙はメキシコ国営車両登録局の民営化に関わる汚職事件を追っていた．登録局を落札したのはアルゼンチンのタルスド（Talsud）社であった，1998年設立のタルスド社はブエノスアイレスと他の２つの州で免許証引渡し業務を行なう会社だが，エル・サルバドル，ボリビア，ウルグアイなどいずれもかつてアルゼンチン軍人が弾圧作戦に関わった国と関係があり，さらにイスラエルやザイールでは武器の登録や送金業務を行なっていた．レフォルマ紙の特派員として母国に赴任していたアルゼンチン人記者バレス（José Vales）が，このような会社の社長であるカバロ（リカルドと名乗っていた）は会社設立以前に何をしていたのだろう，と疑問を持ったことからこの事件は始まった．記者はリオハ州のエル・インデペンディエンテ紙元社長がアルゼンチンの軍政時代について書いたノンフィクション『ナチスのごとく，ヴェトナムのごとく』のなかに加害者としてカバロの名をみつけだし，さらにESMAでカバロに拷問された被害者を探しあてて，ファクスで送られてきた1970年代と現在のカバロの写真を見せ，同一人物と確認した．この確認を行なった元被害者ビリャニ（Mario Villani）がスレポイに連絡し，スペインからメキシコに逮捕・引渡し請求を行なってもらおうとしたのであるが，1998年７月にガルソン予審判事が公衆訴追を受理したときには被疑者リストにのっていたカバロの名前が，1999年11月２日の審理開始決定の際のリストからは単純ミスで脱落していたという大問題があった．しかも，ガルソンは休暇中な上，代理の予審第１部の判事は請求に及び腰で検事総長も逮捕手続きをしないように通達してきた．フランスからの引渡請求も難しい．８月24日，ついにレフォルマ紙がカバロの前歴を暴露する記事を掲載してしまう．カバロは機上の人となってアルゼンチンを目ざしていた．だが彼にとって不運なことに，メキシコのインターポール局長はアルゼンチンの軍政時代の人権侵害にかねてより関心を持っており，この問題に精通していた．局長はカバロの逮捕命令を出し，彼は飛行機内で身柄を拘束され

た．休暇から戻ったガルソン判事は被害者の証言とストラセラ検事の告訴を根拠として2000年9月1日付でカバロへの審理開始を決定，9月12日にはスペイン国民に対するジェノサイド・テロリズム・拷問犯罪の被疑者として，メキシコに対してカバロの引渡しを求める決定を下した（Anguita, 2001: 310-340, Auto, Madrid, 12/9/2000）．

カバロは司法的保護を求めてメキシコで提訴したが，2003年6月10日，メキシコ最高裁は，1978年11月21日付スペイン・メキシコ間刑事司法相互援助・引渡条約，ジェノサイド禁止条約，テロ・ジェノサイド・拷問の被疑者を引渡すという2001年2月2日付外相合意に基づき，カバリョの申し立てを却下した．カバロは2003年6月28日にスペインに引渡された（『ラテン・アメリカ時報』2003. 8：付録2, Sentencia, México, 11/6/2003）．

おわりに

南米諸国の人権侵害犯罪追及の歴史において，ピノチェトに対するガルソン予審判事の逮捕要請，そして英国貴族院の判決は分水嶺をなすものとなった．免責法を国民投票にかけて追認して以来，国民に沈黙を強いて軍政時代の人権侵害などなかったことにしてきたウルグアイでも，2000年3月に大統領に就任したホルヘ・バッジェが（失効法は無効としない＝訴追はしないという立場をとったものの），行方不明者の運命を明らかにするために「平和のための委員会」を設置し，この問題にやっと光を当てた（内田, 2002）．ピノチェト事件が直接の契機となったわけではないが，隣国アルゼンチンでの訴追の動きとともに，委員会設置にとっては好材料となったであろう．ウルグアイでは委員会設置を契機として，幼児のころに強制失踪させられた被害者がみつかったり，未解決事件に新たな進展がみられるなどの動きがあり，免責の対象にならない文民や国外での事件について再審理を求めたり訴追することも活発になった．

国家が行なう自己免責も，ペルーのフジモリ大統領が制定した免責法について争われたバリオス・アルトス事件に関する米州人権裁判所の判決で，はじめ

て正面きって「米州人権条約違反」とされた（内田，2004）．

　ピノチェトはチリに帰国したものの，チリは自国内で彼を訴追する体裁を整えざるをえなくなった．2000年8月8日，チリ最高裁はピノチェトの終身上院議員としての免責特権を剝奪する決定を下した．これを受けて「死のキャラバン」事件そのほかの事件でピノチェトが起訴されたものの，2001年7月9日サンティアゴ控訴裁判所（高裁相当）は，医療検査で彼が中度の脳血管性痴呆を患っていると診断されたため，チリ刑事訴訟法第409条第3項が定める司法手続きの一時停止事由（精神異常あるいは痴呆）に当たると判断し，司法手続きの一時停止を決定した（舟橋，2002:13-15）．進行性の痴呆と高齢を理由にピノチェトはついに「免責」を確実にし，逃げ切ったかと思われたが，2003年末にマイアミのケーブルTVで放映された彼のインタビューをみた被害者側が「言動に問題はみられず裁判に耐えられる」と司法手続きの再開を求め，2004年8月26日，チリ最高裁はアルゼンチン，ボリビア，パラグアイで失踪した18人のチリ人の事件に関して，ピノチェトの免責を剝奪する決定を下した（*El Mercurio*, 27/8/2004）．

　この決定そのものが直ちにピノチェトへの訴追再開をもたらすとは限らないが，アルゼンチンにとっては好材料となるだろう．アルゼンチンは3万人ともいわれる強制失踪被害者を出しており，それだけに国民の訴追への要求も強い．2003年5月に大統領に就任したキルチネルは軍政期人権侵害の訴追に強い意欲を示している．彼はガルソン予審判事からの元軍人46名の拘束要請に関連して，軍政期人権侵害関係者である自国民の国外引渡しを禁じた2001年12月の大統領令を破棄．8月11日にはアルゼンチン議会が「終止符法」と「服従法」を過去にさかのぼって無効と決議した（篠崎，2003:44-45）．この決議の有効性については最高裁の判断を待たねばならないが，本稿に登場した加害者について付記すれば，アスティスはアルゼンチン国内で2003年8月以来身柄を拘束され，2004年5月にアコスタらとともに審理が開始された（*La República*, 20/5/2004）．また2004年3月19日にアルゼンチンのカニコバ・コラル（Rodolfo Canicoba Corral）予審判事がメネム大統領の恩赦令（1989年，1990年）に違憲判断を下し

たことから，オリベラも20日に身柄を拘束された（ラテン・アメリカ時報2004年6月号付録：1）．

また，欧州における南米の人権侵害への「裁き」の希求は，南米だけにとどまらない効果をもたらした．アスティス事件がひとつの契機となり，拷問等禁止条約には補完性の原則に基づく普遍的管轄権が明記され，人道犯罪にセーフヘブンはない，あってはならないという強いメッセージとなった．またガルソン予審判事の活動は，ルワンダ，旧ユーゴの特別法廷設置と並んで，常設国際刑事裁判所の必要性を多くの人々に痛感させたとはいえないだろうか．

不幸にして自国民に対する組織的な迫害はいまもなおやむことがない．だが，不処罰の連鎖は，断ち切られたとまではいえないものの，確実にほころびはじめている．

1) そのリストには，1977年11月に「五月広場の祖母たち」の会をたちあげたマリア・デ・マリアニ（María de Mariani）の孫クララ（Clara Anahi de Mariani）も含まれていた．母親が軍に包囲され射殺されたとき一緒にいたクララ（当時生後3ヶ月）について，デ・マリアニはある警官からクララは生きているといわれたが消息は教えてもらえなかった（Guest, 1990：56-57）．
2) 改正によって予審段階は公共省の職務の一環となり，ローマ地裁の検察官はマリーニ博士が就任した．
3) ただし，1930年の国籍法抵触条約第4条によれば，ダグマーはアルゼンチンに居住する限りスウェーデンの外交的保護を受けることはできない，とゲストは指摘している（Guest, 1990：65. 465 note 7）．国籍法抵触条約第4条［重国籍と外交的保護］：国は，自国民がひとしく国民として所属している他の国に対抗して，当該自国民のために外国的保護を加えることができない．
4) 公衆訴追については，スペイン憲法第125条，刑事訴訟法第101条，刑事公訴法第270条に規定がある（Rothenberg, 2002：931）．
5) シリンゴは1995年に沈黙を破りESMAで行なった人権侵害を告白した．「薬を投与して生きたまま，犠牲者を飛行機から大西洋に投げ落とした」という彼の証言をジャーナリストが聞き書きしてまとめた『飛行』はベストセラーとなり，アルゼンチン内外に大きな衝撃を与えた（Verbisky, 1995）．
6) スペイン国内法での根拠として第607条（ジェノサイド），第139条（殺人），第163条，第166条，第167条（不法監禁ならびに誘拐），第515, 516. 2, 571, 572 y 577条

（テロリズム），第174条（拷問）があげられている．逮捕要請では，すべての犯罪が発生当時スペイン国内法により犯罪と定義されていたと主張している．
7) 10月30日の全国管区裁判所判断については，吉田，2001b第二部第2章第4節：97-104.
8) 邦語文献としては，（吉田，2001b：97-101）が10月30日の全国管区裁判所判決を，（北原，2001）が1998年12月10日付のガルソン判事によるピノチェト起訴決定判決の抄訳を紹介している．
9) 親とともに強制失踪させられた子供や秘密収容所で生まれた子供は，実の親から引き離され偽のアイデンティティを与えられて軍関係者の養子に出された．今もそうした子供たちの捜索が続けられている．運良く見つかったとしても，TVドキュメンタリー『私の孫を返して』（フランス・テレヨーロッパ1997年制作・NHK教育TV 1999年9月24日放送），で取り上げられたマリアナのように，実の祖母を嫌い「両親（＝養親）は私を宗教的戒律によって育ててくれた．よいカトリックにとって宗教はアヘンではなく，逆にあなた方のような人々と戦う力となるものなのです」という手紙を送ったケースもある（マリアナの両親は左派活動家だった）．ナチス・ドイツの養子犯罪を想起させるエピソードである（Abuelas de Praza de Mayo, 1997：118-119）．なお，アルゼンチンの免責法である「終止符法」（Ley de Punto Final）第5条では，本法は未成年者誘拐・隠匿と身分登録の書き換え（sustitución de estado civil）については適用しないと定められている．
10) 拷問等禁止条約の批准は，スペインが1987年10月21日，イギリスが1988年12月8日，チリ1988年9月30日，アルゼンチン1986年9月24日，ウルグアイ1986年10月24日である．外務省HPによる．

参 考 文 献

阿部浩己，1991，「国連人権委員会と『失踪』―『失踪』ワーキング・グループの成立経緯と活動の実態」『富山国際大学紀要』1，113-159.

阿部浩己・今井直，1996（第一版），『テキストブック国際人権法』「第6章 国連の人権活動」日本評論社．

アムネスティ・インターナショナル日本支部編・今井直監修，2000，『拷問等禁止条約：NGOがつくった国際基準』，現代人文社．

内田みどり，2002，「ウルグアイにおける軍部人権侵害をめぐる政治力学」『国際政治』第131号，49-63.

―――，2004，「米州人権保障システムとフジモリ政権：ペルー恩赦法への判決を中心に」『和歌山大学教育学部紀要・人文科学』第54集，1-9.

北原仁，2001，「チリ憲法とピノチェト事件―付録［抄訳］「アウグスト＝ピノチェト＝ウガルテに対する起訴決定」『駿河台法学』第15巻第1号，360-295.

篠崎英樹, 2003,「キルチネル政権の100日と展望」『アジ研ワールド・トレンド』第98号（2003年11月号）, 39-46.

船橋恵美, 2002,「チリにおけるピノチェット問題の行方―「ピノチェット裁判」の司法手続き一時停止とその意義―」『ラテン・アメリカ時報』2002年2月号, 13-20.

村上正直, 1997,「重大な人権侵害の加害者に対する訴追の免除―規約人権委員会および米州人権委員会の実行」『阪大法学』47（4・5）, 319-346.

森下忠, 1999,「海外刑法だより（171）ピノチェトの引渡問題(2)」『判例時報』1678号, 64-65.

─────, 2000,「海外刑法だより（195）ピノチェトの引渡問題(3)」『判例時報』1751号, 52-53.

薬師寺公夫, 1999,「ピノチェト仮拘禁事件（英国貴族院）」『国際人権』10, 87-89.

吉田秀穂, 2001a,「1997年最高裁改革の歴史的意義：『1978年恩赦法』再解釈問題との関連で」『ラテンアメリカ・レポート18(1), 日本貿易振興会アジア経済研究所, 25-32.

─────, 2001b,『チリの人権侵害真相究明事件と民主化：ピノチェー将軍訴追事件との関連で』日本貿易振興会アジア経済研究所.

㈶ラテンアメリカ協会, 2003,『ラテン・アメリカ時報』2003年8月号付録「最近のラテン・アメリカの動き」.

─────, 2004,『ラテン・アメリカ時報』2004年6月号付録「最近のラテン・アメリカの動き」.

Abuelas de Praza de Mayo, 1997, *Restituición de ñinos*, Editorial Universitaria de Buenos Aires.

Anguita, Eduardo, 2001, *Sano Juicio : Baltasar Garzón, algunos sobrevivientes y la lucha contra la impunidad en Latinoamérica*. Editorial Sudamericana.

Comisión Nacional sobre la Desaparición de Personas (CONADEP), 1984, (5ª edición, 1999), *Nunca Más*, Editorial de Universitaria de Buenos Aires.

Dinges, John, 2004, *The Condor Years*. The New Press.

Guest, Iain, 1990, *Behind the Disappearances*, Univ. of Pennsylvania Press.

Hagelin, Ragnar Erland, 1998, "Secuestro-Asesinato-Impunidad", en Plataforma Argentina contra la Impunidad Barcelona ed., *Contra la Impunidad*, Icaria Editorial, s. a. pp. 183-192.

Kohut, David, Olga Vilella and Beatrice Julian, 2003, *Histrical Dictionaly of the "Dirty Wars"*, The Scarecrow Press.

Maniga, Giancarlo, 1998, "El proceso en Italia contra los Responsables de las Desapariciones en Argentina", en *Contra la Impunidad*, pp. 171-179.

Méndez Carreras, Horacio, 1998, "Los juicios en Francia". El caso Astiz, en *Contra la*

Impunidad, pp. 180-182.
Rothenberg, Daniel, 2002, "Let Justice Judge : An Interview with Judge Baltasar Garzón and Analysis of His Ideas", *Human Rights Quarterly* 24, pp. 925-973.
Verbitsky, Horacio. 1995, *El Vuelo*, Editorial Planeta Argentina.

ウェブサイト

http://www.derechos.org/nizkor/（スペインの人権団体のサイト，南米軍事政権の人権侵害に関する資料を多数ウェブ上で公開している）
イタリアでの裁判　http://www.derechos.org/nizkor/italia/ から
Equipo Nizkor, El Juicio por los desaparecidos italianos.
―――, Juicio en Italia : Introducción al Juicio.
―――, Juicio en Italia : Acusados : Militares Implicados en Desaparición de Ciudadanos Italianos en Argentina.
―――, Juicio en Italia : Acusados : Listado de Militares Argentinos imputados en Italia.
スペインでの裁判について　http://www.derechos.org/nizkor/arg/espana/ から
―――, el Magistrado-Juez del Juzgado Número cinco de la Audiencia Nacional española. 25/3/1997, Orden de prisión provisional incondicional de Leopoldo Fortunato Galtieri por delitos de asesinato, desaparición forzosa y genocidio.
Margarita Lacabe, 1998, The Criminal Procedures against Chilean and Argentinian Repressore in Spain : A Short Summary.
　（http://www.derechos.net/marga/papers/spain.html）
ピノチェト事件について　http://www.derechos.org/nizkor/chile/juicio/ から
Ampliación y Fundamentación del Auto ordenamiento la Prisión provisional incondicional de AUGUSTO PINOCHET y su detención, Madrid, 18 de octubre de 1998.
Auto de inhibición del Juzgado Central de Instrucción Nó de la Audiencia Nacional Española, encargado de la causa por desaparecidos durante dictadura militar chilena, en favor del Juzgado Cntral Instrucción N 5, donde se sigue la Causa por Desaparecidos durante la dictadura argentina. Madrid, 20 de octubre de 1998.
Recurso de la Fiscalía contra la ampliación de querella formulada por la Secretaría de Derechos Humanos de IU en la que se solicitaba la prisión de Augusto Pinochet Ugarte, Madrid, 22, de octubre de 1998.
カバロ引渡しに関して　http://www.derechos.org/nizkor/arg/espana/ から
Acta de acusación de la fiscalía en la causa no. 761 "ESMA" Hechos que se denunciaron como ocurridos en el ámbito de la Escuela de Mecánica de la Armada"
　（http://www.derechos.org/nizkor/arg/doc/esma.html）
Auto de Procesamiento a 98 Militares Argentinos, Madrid, 2 de noviembre de 1999.

íntegro del auto de procesamiento de Miguel Angel Cavallo. Madrid, 1 de septiembre de 2000.
Auto solicitando la extradición de Ricardo Miguel Cavallo (Madrid, 12/9/2000).
Texto del Auto de ratificación de la Prisión incondicional y cominicado de Miguel. Angel Cavallo Madrid 29 de junio de 2003.
Sentencia de la Corte Suprema ante el caso de la extradición del oficial de contrainteligencia de la Armada Argentina, Ricardo Miguel Cavallo, Corte Suprema de México, 11 jun 03.

米州人権裁判所，
バリオス・アルトス事件判決（2001年3月14日付 Serie C No. 75）.
http://www.corteide.or.cr/serie_c/Serie_c/75_esp.doc
新聞社のウェブサイト
Clarín (Argentina), http://www.clarin.com から
――, A dos semanas del pedido de captura (8/8/2000)
――, Sorpresivo : Italia liberó a un represor argentino (20/9/2000)
El Mercurio (Chile) http://www.elmercurio.cl/ から
――, Pinochet en desafordado por segunda vez (27/8/2004)
La República (Uruguay) http://www.diariolarepublica.com/ から
――, Ex marinos procesados por torturar a monjas (20/5/2004)

（2004年8月31日脱稿）

10章　ヨーロッパとアメリカ
―― リベラリズムの夢と現実 ――

黒　田　俊　郎

はじめに

　まず最初にヨーロッパとアメリカをめぐる以下の3つの文章を読んでいただきたい．

　　ヨーロッパは，軍事力への関心を失った．少し違った表現を使うなら，力の世界を越えて，法律と規則，国際交渉と国際協力という独自の世界へと移行している．歴史の終わりの後に訪れる平和と繁栄の楽園，十八世紀の哲学者，イマヌエル・カントが『永遠の平和のために』に描いた理想の実現に向かっているのだ．これに対してアメリカは，歴史が終わらない世界で苦闘しており，十七世紀の哲学者，トマス・ホッブズが『リバイアサン』で論じた万人に対する万人の戦いの世界，国際法や国際規則があてにならず，安全を保障し，自由な秩序を守り拡大するにはいまだ軍事力の維持と行使が不可欠な世界で，力を行使している（Kegan, 2003 = 2003 : 7-8）．

　　政治は戦争の仮装ではない．「他の手段」は政治の終焉を意味しさえする．戦争は挫折の告白である．あらゆる政治的方途を尽くしたので，残されているのは暴力に訴えることでしかない，というサインである．武器がものをいうときスピーチはやむ．ところで，政治は本質においてスピーチ，交渉，妥協の模索，コンセンサスの問題である（Todorov, 2003 = 2004 : 62）．

現在，ヨーロッパは，豊かではあるが，まとまりがない．明日のヨーロッパがどのような姿になるかは，いぜんとしてわからない．というのは，このまとまりのなさは，ヨーロッパの将来についての相容れない仮定から生じており，豊かさは，それ自体が目的となりがちだからである．今日のヨーロッパには，はっきりとしたアイデンティティも，工業化と経済統合の過程がもたらすもの以外にはなんのプロフィールもない．ヨーロッパは，現在，進むべき方向性も果たすべき目的ももっていない．この試論では，その不在を嘆き，その再生を祈念する（Hoffmann, 1995b : 9）.

　第1の文章は，述べるまでもなく，ロバート・ケーガンの世界的ベストセラーからの引用である．アメリカの現政権（ブッシュ共和党政権）で支配的だとされるネオコン（新保守主義）の思想のエッセンスを語って，余すところない．その主張は単純明快で，国際的な反感を承知でなぜアメリカが武力行使をするかといえば，それはアメリカが他国の反発など気にしなくていいくらい軍事的に強いからである．なぜヨーロッパが反戦を唱えるかというと，武力行使の意思も能力もないくらい弱いからである．「ヨーロッパとアメリカは同じ世界観を共有しているという幻想にすがるのを止めるべき時期にきている．同じ世界に住んでいるとすら考えるべきではない」とケーガンは欧米関係の破綻を冷たく告げている（Kegan, 2003＝2003 : 7）.
　第2の文章は，ブルガリア生まれのフランスの知識人ツヴェタン・トドロフによるイラク戦争批判の著書の一節である．アメリカのおこなう野蛮な「戦争」に対してヨーロッパが体現する文明の技法としての「政治」を擁護し，イラク戦争開戦前夜にシラクとド・ヴィルパンによって主唱された帝国の支配に対する多極世界の構築を1人のヨーロッパ市民として支持したものである．その思想的含意は，トドロフの本に熱烈な賛辞ともいえる序文を寄せたスタンレー・ホフマンの言葉を借りれば，「多元主義を弁護し，メシア思想――民主主義の輸出という欺瞞――に反対する」ということになろう（Todorov, 2003＝2004 : 2）.
　そして最後の文章は，そのホフマンの今から40年前の論文の冒頭である．ホ

フマンは，この論文でタイトルにもあるように自らの忌まわしい過去と強大な米国とのあいだで呆然と立ちすくむヨーロッパの姿を描きだし，ヨーロッパがヨーロッパであるためには，明確な方向感覚と目的に裏打ちされた政治的意思の統一が不可欠であると主張している．ホフマンは，30年後の1994年の論文でこの64年論文の診断の有効性を確認しているが (Hoffmann, 1995c: 51)，それから10年が経過した現時点では，はたしてその診断はいぜんとして有効なのだろうか．

ホフマンは，さきにあげたトドロフの本の序文の末尾でつぎのように語っている．「半世紀近く前にアメリカ合衆国に移住したヨーロッパ人である私は，その英知と博識にずっと以前から瞠目している人物のこの作品に序文を書くという特権と名誉とを誇りとする．彼がこの書物で展開している思想を本質において共有しているからである．」(Todorov, 2003=2004: 3) とするならば，イラク戦争は，冷戦後，とりわけ力と意味の乖離に苦しみ，方向感覚を喪失していたヨーロッパがその新たなアイデンティティを確立する契機となるのだろうか[1]．ホフマンは，そう考えているのだろうか．

この章では，以下，ケーガン，トドロフ，ホフマン三者の議論を比較検討しながら，現在のヨーロッパとアメリカの関係について，主にヨーロッパと国際政治理論の観点から考察することとしたい．ちなみにケーガンとトドロフの著作はすでに翻訳もあり，両者の比較も多数おこなわれているので，この点で以下の論述に新鮮味があるわけではない．ただ私としては，ケーガンとトドロフにくわえて，ヨーロッパと国際政治理論をめぐるホフマンの何本かの論文を参照することによって，議論に少しでも深みがあたえられればと願っている．

1　ヨーロッパ：楽園での微睡み——ケーガンの議論

簡潔明晰な立論と洗練された表現技法で，ケーガンの議論は，一読して鮮烈な読後感を残す．ケーガンは，まずヨーロッパによるアメリカ批判を要約し，なぜそのような対米批判が生まれたのかを説き明かす．そしてその説明にもと

づいて，アメリカはなぜヨーロッパの見解には同意できないのかを述べている．以下，順を追ってみていくことにしよう．

　　ヨーロッパの見方では，アメリカはヨーロッパとくらべて軍事力にすぐに訴えようとするし，外交にあたって忍耐強さが欠けている．アメリカ人は世界を善と悪，敵と味方で割り切ろうとするが，ヨーロッパ人は世界がそれほど簡単に割り切れるものではないと考える．敵対勢力があらわれるか，その可能性がでてくると，アメリカは説得するより力で押さえつける政策，敵対行動をとらないように相手をうまく誘導するより制裁行動によって相手を罰する政策，飴より笞を選ぶ傾向がある．国際問題に最終的な決着をつけようとする．問題を一挙に解決し，脅威を取り除こうとする．そしてもちろん，アメリカは国際問題で単独行動主義を強めている．国連などの国際機関を通じた行動を重視しなくなり，他国と協力して共通の目標を追求しようとしなくなり，国際法を懐疑的にみるようになり，必要だと判断すれば，その方が都合がよいと考えたときすら，国際法の枠外で行動する傾向を強めている．ヨーロッパ人はこう主張する．自分たちは問題をもっと繊細で洗練された方法で扱う．微妙で間接的な方法で他国に影響を与えようとする．失敗を許容する我慢強さがあり，問題が素早く解決しない場合にも忍耐強い．問題に対しては全般に平和的な解決を好み，力で押さえつけるより，交渉，外交，説得を進めることを選ぶ．国際法，国際協定，国際世論に訴えて紛争を解決しようとする．貿易と経済の結びつきを使って，他国との関係を強化しようと試みる．結果よりも過程を大切にすることが少なくなく，これは長期的にみて，過程が実質になりうると考えているからである（Kegan, 2003＝2003：9-10）．

　ヨーロッパがこう語るとき，そこには2つの背景があるとケーガンは指摘している．すなわち欧米間の軍事力格差とヨーロッパの新しい戦略文化である．第1に武力よりも国際法と国際世論をヨーロッパが重視するのは，ヨーロッ

パがアメリカにくらべて軍事力で劣るからである．建国期のアメリカも，弱者として，ヨーロッパ列強の権力政治を野蛮な愚行と批判し，法の支配と国際協調を主張した．当時，国際法による制約を歓迎しなかったのは，強者，すなわちヨーロッパ列強のほうであった．それから2世紀が経過し，欧米の力関係は逆転し，そして国際政治に対する見方も逆になったのである．現在，アメリカは，大量破壊兵器の拡散，テロ，ならず者国家といった外国の「脅威」に注目するが，他方，ヨーロッパは，民族紛争，移民，組織犯罪，貧困，環境破壊などの「課題」を重視する．なぜか．アメリカは，軍事的に強いがゆえに脅威に対抗できるから，脅威に注目するのであり，ヨーロッパは，脅威に対抗できるほど軍事的に強くないので，脅威に対する許容度を高く設定するか（フセインは許容可能である），あるいは脅威を無視し，自らのソフト・パワーで対応できる世界の諸課題（「ならず者国家」ではなく「破綻国家」）を重視するのである（Kegan, 2003＝2003：42-46）．

また多国間主義をめぐる対立を例にとれば，ヨーロッパがアメリカの単独行動主義に反発し，多国間主義を擁護するのは，むろんそれが後述するように自らの信じる世界秩序の理念と原則にかかわる問題だからであるが，それだけではない．ヨーロッパの多国間主義擁護は，自己利益にもとづく行動でもある．すなわち「ヨーロッパは軍事力で劣ることから，当然ながら，力の弱さが不利にならない世界を築くことに強い関心をもって」おり，多国間主義はそのような世界の構築に資するからである．「軍事力を中心とするハード・パワーより経済力を中心とするソフト・パワーが重要になる世界，個々の国の力より国際法と国際機関が重要になる国際秩序，強力な国による単独行動が禁止される国際秩序，軍事力の大小にかかわらず，すべての国が同じ権利をもち，同意された国際的な行動ルールのもとですべての国が同等に保護される国際秩序」，これがヨーロッパがその弱さゆえに欲する世界である．

他方，アメリカにとっては事情は異なる．むろんアメリカにとっても，他国との協力は望ましいし，そのほうが成功の可能性は高くなる．おそらく経費も削減できるだろう．しかしアメリカは，冷戦後，唯一の超大国として自国の行

動を制約しかねない多国間主義を国際関係の一般原則として強く支持する理由はない．というのは，アメリカは軍事面で優位にたち，最終的には一国でもやっていけるからである．必要が生じれば，単独で行動し，問題を解決すればいいだけである (Kegan, 2003 = 2003 : 51-54)．

　第2に現在のヨーロッパの戦略文化は，1世紀以上にわたりヨーロッパに悲惨と廃墟をもたらした権力政治を超えて，「弱さから理想を生み出そう」とした試みの果実である (Kegan, 2003 = 2003 : 20)．対話と交渉，国際法と多国間主義の尊重は，「過去のヨーロッパを意識的に拒否した結果であり，権力政治の悪を拒否した結果である.」「外交，交渉，忍耐，経済関係の深化，政治的な包容，制裁ではなく誘導，対決ではなく妥協，小さな手段の積み重ね，問題を一挙に解決しようとする性急さの抑制」，戦争と革命で荒廃した世紀の教訓としてヨーロッパが国境を越えて獲得したこのような実践知と非暴力の原則（ポストモダンのヨーロッパ）が，第二次大戦後，欧州各国の「覇権主義的野心」の衝動を封印し，ヨーロッパの国際関係に安定と平和をもたらしたのである．そしてEUに象徴され体現された戦後ヨーロッパの経験を，もしヨーロッパが世界の現実に適用しようと真剣に考えているならば，思慮分別を欠いたアメリカの行動は，ヨーロッパにとって最大の脅威となるであろう．それは「ヨーロッパの新たな理想を脅かし，その理想の普遍性を否定することになる」からである (Kegan, 2003 = 2003 : 75-83)．

　以上みたように，ヨーロッパは，その軍事的弱さゆえにアメリカに反抗し，その新しい戦略文化のかけがえのなさゆえにアメリカと対決するのであるが，それは，ヨーロッパの立場に身をおけば充分に理解でき，納得できるものなのである．しかしケーガンによれば，アメリカは，そのようなヨーロッパの声に耳を傾けることはないという．なぜだろうか．それは，なによりもまず，対話と交渉を重視するヨーロッパの新しい戦略文化をヨーロッパ域外に移植することは，現状では不可能だからである．世界はいぜんとして暴力に満ちており，冷戦が終わっても，秩序維持にとって軍事力がなによりも重要な状況に変化はなかったとアメリカが認識しているからである．さらにヨーロッパが権力政治

を超えて，リベラリズムの楽園の夢に微睡めたのは，域外からアメリカが安全を保障していたからだとアメリカが考えるからである．ある意味でつぎの2つの文章は，ケーガンがおそらくもっとも言いたかったことなのであろう．

　現状は皮肉に満ちている．ヨーロッパが権力政治を拒否し，国際紛争を解決する手段としての軍事力の役割を軽視しているのは，ヨーロッパにアメリカ軍が駐留を続けている事実があるからなのだ．ヨーロッパがカント流の永遠平和を実現できるのは，アメリカが万人に対する万人の戦いというホッブズ流の世界の掟に従って軍事力を行使し，安全を保障しているときだけである（Kegan, 2003＝2003：99）．

　アメリカはヨーロッパがカントのいう永遠平和の天国に入るにあたって決定的な役割を果たしてきたし，この天国を成り立たせるうえで，現在でも決定的な役割を果たしているが，アメリカ自体はこの天国に入ることができない．天国の周囲に築かれた壁を守っているが，門の中に足を踏み入れることはできない．アメリカは自らが保有する強大な力によって，歴史から抜け出せない状況にあり，イラクのフセイン政権，イランの聖職者，北朝鮮の金正日政権，中国の江沢民(アヤトラ)政権に対応する責任を担い，その恩恵の大部分は他国が受ける仕組みになっているのだ（Kegan, 2003＝2003：102）．

アメリカがヨーロッパの意向を無視して行動する第2の理由は，たんにアメリカがヨーロッパより軍事的に強いからではなく，自らの掲げる大義に対する揺るぎない確信があるからである．アメリカはたしかに怪物である．しかし「良心をもった怪物」であるとケーガンはいう．そしてヨーロッパは，この怪物の「良心」に訴えて行動を抑制し，アメリカを多国間主義に誘導したいと望んでいるのだが（Kegan, 2003＝2003：56），しかしそれは難しい．「揺りかごのなかのヘラクレス」「自由の帝国」「世界の問題を解決するアメリカの責任」，ア

メリカにはアメリカ独自の大義があるからである．

　　アメリカは偉大な国にならなければならない．そしておそらくもっとも偉大な国にならなければならないと，独立当初の世代もその後の世代も信じてきた．建国の原則と理念が疑問の余地なく優れていたからであり，十八世紀から十九世紀にかけてのヨーロッパの腐敗した王国のものより優れていたのはもちろん，人類の歴史のなかで登場したどの国，どの政府の理念よりも優れていたからだ．アメリカの実験がいかに重要であったかは，国内の制度を完全なものに近づける努力がたえず続けられてきたことに，そしてそれ以上にアメリカの影響力が世界全体に広がったことに示されている．したがって，アメリカ人はつねに国際主義者であったが，その国際主義はつねにナショナリズムに付随したものであった．アメリカが国外での行動について正統性を主張するとき，その根拠を国際機関に求めることはなく，自国の理念に求めてきた．だからこそ過去のどの時代にも，現在でも，アメリカ人の大多数は，自国の利益を追求すれば人類全体の利益を追求できるとの見方を容易に受け入れられるのだ（Kegan, 2003＝2003：119-120）．

　したがってもしヨーロッパがアメリカになんらかの影響力を行使しようと決意するならば，唯一の手段は軍事力の増強であり，暴力に彩られた世界の現場でアメリカとともに戦うことである．それは，たんなる物理的な軍備の拡大という問題にとどまるものではなく，その拡充された戦力をヨーロッパ域外に展開する政治的意思があるかどうかの問題，すなわち冷戦以来こびりついてきたヨーロッパの戦略面での対米依存意識からの脱却の問題である．さらにそれは，ブレア首相の側近ロバート・パーカーがいう「二重基準」に耐えることでもある．すなわち「ヨーロッパ域内では『法律に基づき，開かれた協力関係に基づいて』行動できる．しかしヨーロッパ域外との関係では，『昔の荒っぽい方法に戻る必要があり，軍事力，先制攻撃，策略など，必要な手段を使わなければ

ならない.』」という事実を直視することである（Kegan, 2003＝2003：100-101）．直截に述べれば，世界の秩序と安定のために血を流す覚悟と汚れ役を引きうける勇気をもった同盟国の助言になら，アメリカは喜んで耳をかすというわけである．

しかしながらケーガンの見立てでは，「ヨーロッパを軍事力が重視される世界に導こうとするブレア首相の努力」はほぼ失敗に終わり（Kegan, 2003＝2003：101），ヨーロッパは，アメリカに庇護されたリベラリズムの楽園のなかで微睡んだまま，域外の出来事には，アメリカの武力行使に反対すること以外にはさしたる関心も示さず，むろん軍事力の強化にも熱意はみられない（Kegan, 2003＝2003：91-93）．そうであるならば，ヨーロッパは，その最低限の義務として，自らの無力を潔く認め，アメリカの圧倒的な力がヨーロッパにとってなによりも大切なものであることを「天国に暮らすことの対価」として率直にうけいれる必要があるだろう（Kegan, 2003＝2003：137）．もしもそれさえもおぼつかないとするならば，欧米関係は，かつてド・ゴールが称揚した内実のほとんどすべてを失い（Kegan, 2003＝2003：135-136），思い出も色あせた旧友同士の社交儀礼以上のものではなくなるだろう．おそらくそれがケーガンの結論である．

2　ヨーロッパ：楽園からの覚醒——トドロフの議論

イラク戦争直後に執筆されたトドロフの本は，訳者である大谷尚文も指摘しているように，ある意味でケーガンの議論へのヨーロッパからの返答である．トドロフは述べている．

> 2003年前半，アメリカ合衆国とイラクの間でおこなわれた衝突ほど，私たちの都市と農村から遠く離れたところで展開した出来事が私たちの情熱と言説をかき立てたことはほとんどないだろう．戦いは私たちの大陸の土地の上では起こるべくもなかったが，すべてのヨーロッパ人がこれに関わ

っていると感じていた．まるで自分たちの運命もこれにかかっているような気がしていたのである．私がこれほどたくさんの新聞を読んだことはめったになかったし，これほどたくさんの声明に耳を傾けたこともめったにない．私だけではなかったはずである（Todorov, 2003 = 2004 : 5）．

戦わされた論点は明白であり，民主的な秩序と人権の観点から，フセイン独裁の命脈を絶った戦争を擁護するか否かであった．「戦争を断罪するか，それともサダム・フセインの独裁を断罪するかである．」（Todorov, 2003 = 2004 : 6）どちらがより人間の尊厳にかなうものなのか．さらにトドロフによれば，そこで問われていたのは，ヨーロッパのアイデンティティそのものでもあった．第二次大戦終了後はじめて，ヨーロッパがアメリカの世界戦略に追従するのをやめようとしているこのとき，自分たちが何者であるかを確認し，明日のヨーロッパを構想しなければならなかったのである．

そこで以下では，まず最初にトドロフによるイラク戦争批判のポイントを要約し，ついでその論理の延長線上に描かれる「明日のヨーロッパ」を支える価値とアイデンティティの有り様を検討することにしたい．

トドロフのイラク戦争批判は，すべてリベラリズムの擁護から出発し，そこに帰着する．ブッシュ政権は，イラク戦争を「他者に自由をもたらし，自己において安全を保障するため」の予防戦争としておこなった（Todorov, 2003 = 2004 : 18）．国際関係では，自己の安全と他者のための自由が一見目的として両立するようにみえる状況はたしかにありえるが，価値的には，自己の安全がつねに他者のための自由に優先する．したがって抑圧からの他者の解放は，軍事力の行使を正当化し，自己の安全を確保するレトリック上の武器，「美徳の言葉」以上のものではありえない．世界の多元性を前提として成立する無政府的な現在の国際政治のもとでは，一貫して「美徳の言葉」を「権力の言葉」の上位における国はなく，アメリカが中東やラテン・アメリカでおこなってきた剥きだしの権力政治的行動（たとえばチリ・サンチャゴの悲劇［1973. 9. 11］）を想起すれば，アメリカとてその例外でないことは容易に想像がつくだろう．にもか

かわらずアメリカ政府のイデオローグたちは，もうひとつの「9・11」を契機として，「世界に〈善〉を押しつける」自らの使命を称揚し（Todorov, 2003＝2004：25），卓越した軍事力を背景にテロとの戦いを予防戦争にまで推し進めて指導する「新原理主義者」として振る舞おうとしている．そこに問題の根本があるとトドロフは指摘する．

かれらは，「万人に押しつけようとする絶対的な〈善〉」を標榜するがゆえに原理主義者であり，かれらの新しさは，「この〈善〉が神によってではなく，自由民主主義の価値観によって形成されているからである．」（Todorov, 2003＝2004：27）統一への渇望によって特徴づけられるかれらの思考様式は，古くは宗教的メシア思想，近くは共産主義ユートピアと相似形であり，「世界は造り直すべきである，世界の諸問題は，場合によっては武力によって，これを最後と解決されなければならない，自由は勝利しなければならない」という一文で要約できる．「世界の不完全さに甘んじることを拒絶する」その介入主義的で暴力をも辞さない積極的な国際行動主義は，かれらが掲げる価値が自由であるにもかかわらず，あるいはそれゆえにトドロフが語るリベラリズムの精神とはけっして相容れることはない（Todorov, 2003＝2004：28）．

トドロフが主張するリベラリズムとは，政治的多元主義の擁護を骨子とし，国内的には権力の分立にもとづく世俗的で民主的な政治体制を，国際的には国家主権の相互尊重にもとづく諸国民から成る世界秩序を支持している．そのかぎりではきわめてオーソドックスな言説なのだが，ただ非宗教性（laïcité）の価値を強調する点に，いくぶんフランスが香るといえるかもしれない[2]．重要なことは，この穏健で常識的な考えかたがアメリカの戦争に異議を唱えるヨーロッパの知識人によって対抗政治原理として選びとられたことの意味である．以下，印象的な文章を2つ引用する．

　　政治的自由主義は――このことは念を押しておかなければならない――宗教的寛容の要求から誕生した．たとえ私たちの宗教があらゆる宗教のうちでもっともすぐれていると確信していても，これを力で他者に押しつけ

ることを放棄するときから政治的自由主義は開始する．自由主義思想は多様性・束縛の解除・自由放任の承認の側にある．自己の安全の必要から他者のもとに行き，私たちが最善だと判断する体制を押しつけるとき，自由主義を選択することから離れ，帝国の論理に踏み込むことになる（Todorov, 2003 = 2004：22-23）．

　民主主義が意味するのは，各国家が主権者であり，したがって各国民は外部から押しつけられるのではなく，自分自身のために〈善〉を規定する権利を有しているということである．……他者が自分自身の運命を決定するがままに放任しないのであれば，他者の「人間の尊厳を奨励する」ことがどのようにして可能なのだろうか．他者に自由を押しつけるのであれば，他者を屈服させることになる．他者に平等を押しつけるのであれば，他者を劣ったものとして判断していることになる（Todorov, 2003 = 2004：31-32）．

したがって国際社会での守るべき行動規範は，他国の主権の尊重と軍事力行使の自己抑制であり，例外は自衛とジェノサイド阻止のための軍事介入のみとなる．諸国家は，いかに不完全であろうとも既存の国際秩序を擁護し，またこれによって守られる体制がいかに唾棄すべきものであろうとも他国の主権を最大限尊重し，しかしそれらの体制を平和的な手段で内から変えようと努力しなければならないだろう（Todorov, 2003 = 2004：69）．政府は，自らの市民とかれらの財産を守るために戦うのであって，「万人に理想を命じるために」戦うのではない．予防戦争は，たとえ世界を救い，世界を変えるためであっても，この原則からの決定的な逸脱であり，世界を混沌に帰せしめる恐れがある．「他者の――自己のではなく――完成のために戦うこと」は，リベラリズムの道徳律からの決定的な離反なのである（Todorov, 2003 = 2004：34-35）．
　それでは，以上のようなリベラリズムの原則にもとづいて，アメリカの行動を抑制するために，ヨーロッパはいかなる道をとるべきなのか．現在，ヨーロ

ッパは，対米関係上，無条件の服従，中立的な平和主義，軍事力の強化という3つの選択肢をもっているが，トドロフによれば，リベラリズムの原則を守るためには，第3の選択肢以外の決断はありえないという．すなわち第1の選択肢，つまりイラク戦争開戦時に東欧諸国が示したような戦略面でのアメリカへの全面的な依存は，東欧諸国の地政学的条件（ロシアの脅威とアメリカの庇護）を考慮にいれれば充分理解できるものであるが，現在のアメリカの行動がリベラリズムからの逸脱である以上，明日のヨーロッパの選択肢にはなりえない．第2の選択肢，中立的な平和主義は，平和主義それ自体に問題（未来への幻想と浅薄な人間理解）があるし，それは結局，自己保身（ヨーロッパ域内平和への執着）と無責任（世界への関与の放棄）に至るので採用できない[3]．したがって第3の選択肢，すなわち「欧州連合を軍事大国に変化させること，つまり欧州連合もまた，世界の均衡を保障するこの多元主義的秩序の当事者になること」しか，道はない（Todorov, 2003 = 2004 : 94）．

トドロフのこの判断の前提には，国際政治はしょせん疑似政治であり，国連は烏合の衆，力なき法は現実の前に無力であるというリアリズムの，あるいはルソー流の国際政治観がある．そのような世界にあって，正義は選択的正義（ミロシェビッチは裁かれ，NATOの戦争犯罪は免責される！）でしかなく（Todorov, 2003 = 2004 : 81-82），諸国民の正義に代わって普遍的正義を夢見ても，それで問題が解決するわけではない．

　ある政府が過去の内戦に関して大赦を宣言したが，国際裁判所はその内戦で犯された犯罪を絶対に取り消さず，どうしても裁かれるべきだと決定すると想像してみよう．新たな内戦に火をつける危険を冒してまで国際裁判所に従わなければならないのだろうか——内戦に苦しむのはその国の国民だけで国際裁判所の裁判官ではないのだ．ピノチェトを裁かなければならないのかどうかを決定するのはチリではないだろうか．ポル・ポトの共犯者の裁判をするかどうかを決定するのはカンボジアではないだろうか．というのも，国民の名においてでなければ，誰の名において，何の名にお

いて裁判がおこなわれるのだろうか（Todorov, 2003＝2004：83）．

　その卓越した軍事力に誘惑され，その建国の理念の不滅性に幻惑されたアメリカの人類と正義の名のもとでの行動を抑制し，「よき垣根こそよき隣人をつくる」世界へとアメリカを引き戻すためには，誠意あふれる旧友の良心の声では不充分であり，力と意思を兼ね備えた尊敬すべき友人の諫言が必要なのである．ヨーロッパにとってそれは，軍事力の抑制された使用を可能とする政治的意思の確立を要請し，アメリカへの戦略的依存を前提に微睡んできた楽園の夢からの覚醒を意味するものである．そのためにヨーロッパは，EU原加盟6ヵ国を中核とする欧州連邦，それを取り囲む現在の形態での欧州連合，そしてその外延部を形成するロシアとマグレブ諸国の3つの同心円に再構築されねばならないというのがトドロフの提案である（Todorov, 2003＝2004：125-138）．

　いかにして世界に平和を保障することができるのだろうか．いくつかの国（フランス）は答える——国際法と国連のような機関を信頼することによって．不幸にしてこの解決策は不完全である．周知のように，国際関係は法には服さない．国が自発的に法に服するのでなければ．他の国（アメリカ）は答える——世界最大の自分たちの力を信頼することによって．他のすべての国は服従し，この政治に追随する以外にない．たとえ，この政治が気に入らなくても．これが平和という恩恵のために支払わなければならない代償である．私たちはこの二者択一を余儀なくされているのだろうか．いや，そうではない．「法による平和」と「帝国による平和」だけで可能性を有するすべての方途が汲み尽くされているわけではない．これら二つの答えは統一の中に救済を求めるという共通点をもっている．一方にはアメリカ帝国のまさしく現実の統一，他方には世界政府という夢見られた統一．これら二つの選択に対してつけ加えなければならないのが，多様性の選択である．これがいくつもの大国の間の均衡による平和の維持に一役買うのである．明日のヨーロッパが自らの位置を見出すことができるの

はこの枠組みの中である (Todorov, 2003＝2004: 84-85).

ヨーロッパは，なぜ独自の軍事力を構築しようとするのか．ヨーロッパの利益を，そしてなによりもヨーロッパのアイデンティティと価値を，最悪の場合，テロなどの破局から守るためである．そしてできれば，その価値にもとづいて世界を変えるためでもある．多元主義の擁護は，相対主義を意味するものではない．ただしヨーロッパは，現在のアメリカとは異なって，ジェノサイドの防止等，緊急避難的措置を除いて，武力ではなく言葉によって，強制ではなく説得と誘導によって世界の変化に静かに，しかし着実に関与するのである．アメリカの暴走を抑制するヨーロッパの軍事力は，そのための前提でもある．合理性，正義，民主主義，個人の自由，非宗教性，寛容，トドロフが掲げる価値のリストから，共鳴しつつも緊張関係にある2つのテーゼを引用することによって，この節の結びとしたい．ホフマンが序文でいう「カミュの思想に通じる思考」のエッセンスがここにある (Todorov, 2003＝2004: 2). そう考えるのは，私1人ではないであろう[4]．

　ヨーロッパ人は，最後の選択は直接に客観的認識に支配されてはならないし，不偏不党の理性によって決着をつけられることもできないことを理解した．彼らは科学主義を捨てる．行動は政治と道徳によって，つまり自分たちの意志，欲望，理想によってみちびかれるべきであると望むのである．認識によってではないのだ (Todorov, 2003＝2004: 110).

　人間は断固として不完全である．人間社会は批判の余地を残している．そして人間社会は批判の余地を残したままであるだろう (Todorov, 2003＝2004: 119).

3　リベラリズムの夢と現実――ホフマンの議論を媒介として

　ここまで読み進めてきた読者諸賢ならば，ケーガンとトドロフの以上の議論のなかに，2つの共通点と相違点があることにすでにお気づきだと思う．ひとつはヨーロッパ認識をめぐる一致と不一致であり，もうひとつは国際政治理解の仕方にかかわる合意と不同意である．

　まず第1にヨーロッパ認識について．「欧州全部が仏独のようだと思っているかもしれないが，そうではない．あれは古くさい欧州だ．」いかにもラムズフェルドらしいこの発言（2003. 1. 22）をまつまでもなく，イラク戦争前夜の欧州がけっして政治的に一枚岩でなかったことは，ケーガンもトドロフも充分に意識している．英仏独の政治文化の違いや西欧と中東欧の地政学的相違は自明であり，両者はそれを前提に議論を進めている（Kegan, 2003＝2003 : 10, Todorov, 2003＝2004 : 127-128）．しかし2人は，ヨーロッパを虚像ではなく実像として認識し，その政治社会には現在共通の志向性（ポストモダンの戦略文化［ケーガン］あるいはリベラリズムの伝統［トドロフ］）があることを強調する点では，つまりヨーロッパレベルでのネーションの実在性を主張する点では，おなじ立場にたつ．

　他方，両者は，この実在するヨーロッパの政治的意思の有り様をめぐっては，すでに論じてきたように対立した意見をもっている．ケーガンがヨーロッパの軍事化を一種の時代錯誤と指摘し，「ヨーロッパの統合は，提唱者がどう考えていたとしても，ヨーロッパの軍事力とは矛盾する概念であり，ヨーロッパが世界で重要な役割を果たすこととも矛盾する概念である」と主張するとき（Kegan, 2003＝2003 : 87），トドロフがその言い分をうけいれることはありえないだろう．

　第2に両者の国際政治理解にかんしては，共通点は，述べるまでもなく，2人がともに無政府的国家システム（anarchic system of states）を前提として，基本的にリアリズムの立場から世界をみていることである．そして相違点は，国

際政治の場で道義の問題を考えるさい,自らのリアリズムをリベラリズムとどのように結びあわせるか,その結びあわせかたの違いである.この点でケーガンとトドロフの見解の相違を浮き彫りにするためには,ジョセフ・ナイの国際倫理をめぐる議論の整理が有用である.ナイは,国際関係における倫理のありかたについて,懐疑主義(skeptics:力こそ正義),国家中心的道義主義(state moralists:国境には道義的意味がある),世界市民主義(cosmopolitans:個人から出発せよ)の3つの見方を提示し,リアリストは懐疑主義か国家中心的道義主義を,リベラリストは国家中心的道義主義か世界市民主義を採用する傾向にあるとしている[5].この分類に従えば,ケーガンの議論は,懐疑主義と世界市民主義との奇妙な結合(アメリカの力のまえで国境は無力化し,アメリカの正義のもとで人類は幸福になる)であり,トドロフの議論は典型的な国家中心的道義主義であるが,ここでの国家イメージが国民国家(英仏独等)ではなく,すでに地域連邦(ヨーロッパ)であることに留意されたい.

以下では,この文章の結びの意味もこめて,ホフマンの議論をいくつか借用しながら,それを媒介として,ヨーロッパ認識と国際政治理解をめぐるケーガンとトドロフの共通点と相違点について,議論をもう少し深めてみたいと思う.それはまた,現代国際政治におけるリベラリズムの夢と現実をめぐる考案ともなるだろう.

さてトドロフの本の序文にもあるとおり,ホフマンは,アメリカに移住したヨーロッパ人である.ウィーンで生まれ,パリで教育をうけ,戦後アメリカに渡ったかれの回想記を読むと,ほとんど記憶に残っていないアメリカ人の父,ユダヤ系オーストリア人で自由主義思想に心酔する母,ニースでの幸福な幼少期,パリ陥落とボルドーへの逃避行,ロンドンからのド・ゴールの呼びかけ,ヴィシーの終焉,ハーバードでの若き才能(バンディ,シュクラー,ハンチントン,ブレジンスキー,キッシンジャー)との出会い,さらにその文化的嗜好(カミュ,マルロー,アヌイ[アンチゴーヌ],マティス)や学問的発想の原点("think against")など,多彩な話題が,雄弁かつ詳細に語られており,趣向つきることがない[6].

フランスとアメリカ，2つの祖国をもつホフマンは，その学問をとおして，ヨーロッパとアメリカに倦むことなく繰り返しただひとつの助言をあたえてきた．すなわちヨーロッパには，その独自性認識のもと，もっと自由に自分自身で考え行動することを，アメリカには，欧米間の相違に気づき，ヨーロッパをアメリカの双子にしたいなどと思いあがらないことを (Hoffmann, 1995b：10)．ホフマンは，この章の冒頭で引用した64年の論文で，ヨーロッパ社会のアメリカ化は，その本質においてアメリカ化ではありえず，50年代アメリカ生まれの「豊かな社会」のヨーロッパへの移植であり，そのヨーロッパ的変容であると述べている．そしてさらにアメリカとヨーロッパのあいだには，社会の成り立ちや歴史の記憶の面で決定的な違い（新世界の創設と旧体制の革命による転換，勝利の記憶がもたらす価値への確信と敗北の悪夢に苛まれた価値への不安）があることを指摘し，ヨーロッパは，この相違をバネにして，自らの負の遺産を直視しながら，国家間の経済的利害と政治的思惑の違いを乗り越えて，ヨーロッパ統合を推進する政治的意思をもたねばならないと語っている (Hoffmann, 1995b)．そして結論として，ヨーロッパのアイデンティティについて，つぎのように指摘する．

> アメリカは，社会のモデルであり，政治のリーダーだった．生徒が自らを解放すべき時がきた．2つの奴隷的行動様式である追従と反抗を乗り越えようではないか．追従と反抗，そのなかにヨーロッパのアイデンティティを探しても見つからないだろう．アイデンティティは，分離のなかに探しだせる．欧米社会が異なり，欧米に利害の違いがあることを，アメリカ人もヨーロッパ人もともに喜ぶべきだ．まさにアメリカと違っているからこそ，ヨーロッパは，自らの創造性を今一度確かめられるのだ．米国についていえば，アメリカは，つぎの2つの事実を自覚しなければならない．第1に，欧米間の相違によって，ヨーロッパは自尊心をもったアクターとして振る舞え，それゆえヨーロッパ独自の貢献をなしえるという事実である．帝国的支配に不慣れで，重荷を自分1人で背負い込みたくないと思っ

ている国は，このことを尊重しなければならないだろう．というのは，支配は，支配に信服している人びとと支配に抵抗する人びとのあいだに，ともに責任を負わなくてよいという感覚を育み，支配は，更新される一方で，結局そのことによる心理的・政治的コストが嵩んでいくからである．第2に，欧米間の相違は，疑心暗鬼を正当化するほど根本的なものではないということである．人びとが緊密に結びあわさっている場合，分離は，完全な離婚を意味するものではないし，必然的な敵対を生むわけでもない．それは，たんに自律を，非人格的で制御不能な諸力が許す範囲内で自らの運命の主人でありたいと願う感覚を意味するにすぎない．自律の要求を離婚訴訟や敵対性の徴としてしばしば解釈したことは，アメリカの誤りである．そしてド・ゴールのショック戦術がそのような誤解を正当化することにもなった．しかしもしかしたら，あからさまな対立をつくりだし，はっきりと離婚を要求することが，自律に至る唯一の道なのかもしれない(Hoffmann, 1995b : 49)[7]．

　このような欧米観をもつホフマンの立場からは，ケーガンとトドロフのヨーロッパ認識はどのように評価できるだろうか．まず両者の見解の相違についてだが，ケーガンの欧米関係理解は，ホフマンの忠告の完全な無視である．ホフマンは，相違を認め，パートナーとして助け合おうと助言しているのに，ケーガンは住む世界が違うから別れようと言っている．ホフマンとしては，「私は暗闇のなかで口笛を吹き続け，人の道を説き続けてきたのだ」と嘆くしかないかもしれない (Hoffmann, 1995a)．
　さらに，欧州は，たとえ域外の出来事に関心があったとしても，剥きだしの裸の政治が跋扈する世界では，しょせん「二重基準」に耐えられまいとするケーガンの主張には，議論の前提となっている「二重基準」そのものがまず問われねばならない．その妥当性を現代国際政治の構造と過程のなかで詳細に吟味する必要がある．もしも妥当性があるとするならば，その妥当性の程度を測量し，その度合いに見合ったかたちで「二重基準」を飼い慣らし，基準の統一

（不偏性 [impartiality]）にむけて努力する道義的義務がわれわれにはある．ホフマンならそう考えるはずである．結局，新しい欧州にみられる非暴力的な政治文化が，ヨーロッパが世界で行動するさい，どの程度の制約要因となりうるか（あるいは逆に利点となるか），その理論的・実践的検討がケーガンの議論のなかで唯一傾聴に値する論点なのかもしれない．

　それではトドロフの議論についてはどうか．まず第1の印象は，トドロフのEU軍事化提言は，驚くほど60年代のド・ゴールの対米自立化戦略（NATO軍事機構からの脱退とフランスの核武装）に似ていることである．「60年代にド・ゴールが発揮しようとしたフランスの『偉大さ』は，戦後米ソ支配の二極国際システムの異質性（国際平和への危険性）を同質的な多極性（民族国家の復権）に転換し，世界の均衡（国際平和の条件）とヨーロッパの再生に寄与することにあった．」（高柳，1994：15）この文章のフランスをヨーロッパに，米ソ支配の二極国際システムを米国の一極支配へと，固有名詞を現状にあわせて適宜置き換えていくと，論理はほとんどトドロフの議論と同型になる．とすると，EUの軍事大国化の主張は，ド・ゴールの外交政策を高く評価したホフマンの目からすると（Hoffmann, 1974=1977, 黒田，2003），アメリカに対する自立化手段としては，ド・ゴールの戦略につきまとった「一国防衛主義」の陥穽について慎重に対処することを前提とすれば，一定の合理的な政策選択であるといえるかもしれない[8]．

　しかし他方で，「脆弱な統治制度と未発達の市民社会という欠陥を持つグローバル社会と，国家間の格差が大きく，破綻国家を内包する国際社会が重なりあう世界」というホフマンの国際関係の現状認識からすれば（Hoffmann, 2002=2002），EUの軍事化は，たんに主要国家・地域間の均衡の回復という視点だけでは構想として不充分であり，そこには，予防外交，平和維持，平和構築などの面でEUと欧州市民社会が相互協力することによってグローバルな市民社会の制度化と民主化に資するという視点が付加されるべきだろう[9]．

　この点は，おそらく人道的武力介入をめぐるトドロフとホフマンの微妙な意見のズレと関連しながら，リアリズムとリベラリズムの結びあわせかたという

第2の論点にもつながるのだが,その問題に移るまえに,トドロフとケーガンのヨーロッパ理解の共通点,すなわちヨーロッパ・ネーションの実在性についてすこしふれておくことにしたい.というのは,周知にように,ホフマンのヨーロッパ論の一貫した主題のひとつが,「ヨーロッパ」という政治プロジェクトの実現可能性に対する疑問符だったからである.すでにみた64年と94年の論文でも,その執筆動機は,各国の思惑と利害の相違を克服して,統一した政治意思を生みだすだけの「精神的活力（spiritual vitality）」が今のヨーロッパにはないのではないかという危惧だった.93年の別の論文でも,ホフマンは,「経済的で官僚制的な構築物,それ以外のなにものでもない〈ヨーロッパ〉,ネーションになるわずかばかりの気配もみせない〈ヨーロッパ〉,そのようなものに多くのヨーロッパ人が自己を一体化できないのは,なんら驚くべきことではない」と結んでいる（Hoffmann, 1995d: 311）.

しかしトドロフも指摘するように（Todorov, 2003＝2004: 103-104）,ド・ヴィルパンの国連安保理演説（2003. 2. 14）の一節,「あなたがたに今日語ることにしよう,フランスは,そして私たちの大陸ヨーロッパは,戦争と占領と蛮行を経験してきた古い国だと.……この古い国は,その信じる価値に忠実であることによって,ともに手を携えてより良い世界を創っていく私たちの能力を信じているのである」に喝采したのは,ヨーロッパ各国政府ではなく,ヨーロッパの市民たちだった[10].その意味で現在,ヨーロッパの市民社会は,ヨーロッパをネーションに創り替えていく原動力となるのかもしれない.ホフマンは,その点に同意しつつ,しかしおそらく,同時にこう付け加えるだろう.すなわち国境を越えた市民たちの願いを欧州の意思に転換するためには,なによりもまず卓越した政治的リーダーシップが必要であると.欧州統合の原点には,モネ,シューマン,アデナウアー,デ・ガスペリら統合の父たちがいたし,80年代後半から90年代前半の転換期には,ドロール,サッチャー,コール,ミッテランが影響力を行使した（Hoffmann, 1995c: 66）.市民社会の影響力が増した今日,指導者はかならずしも政治家にかぎる必要はないだろうが,指導者,それも魅力あふれる複数のリーダーの登場が欧州の政治的復権には不可欠であると

いうホフマンの指摘には，説得力があると思う．

　以上をふまえて，それでは最後に，残された論点，すなわち国際倫理をめぐるリアリズムとリベラリズムの関係について検討してみよう．ただ，すでに予定の枚数を超えてしまったので，議論はできるだけ簡潔におこなうこととする．まず最初に，この問題にかんするホフマンの基本的立場をみておこう．

　この点では，ホフマンもまた，ケーガンとトドロフと同様，共通価値の不在 (dissensus) を前提として展開される国家間政治の現実 (logic of interstate politics) から出発し，そのなかでリベラルな価値の実現を目指している．ホフマンは，自分のなかにあるリアリスト（ルソーの誘惑）とアイデアリスト（カントへの憧憬）の併存をはっきりと自覚しながら，両者の緊張を維持することこそが世界にかかわる最良の方法であると考えている (Hoffmann, 1993a, 1987a)．国際政治学者としてのホフマンの原点は，歴史の激動のなかで人間的自由の可能性を追求することであり，それは，国際関係，とりわけ戦争と平和の問題における個々の行為主体の選択の自由度の問題を考察することでもある．そして述べるまでもなく，選択の自由がある程度存在し，人びとのまえに複数の選択肢が提示されるとき，そこでは選択をおこなう人間の道義的責任の問題が生じてくるのである (Hoffmann, 1987c)．ホフマンは，リベラリストとしての自分の立場をつぎのように語っている[11]．

　　現在，リベラリストは，3つのグループに分かれているように思われる．第1のグループは，自由と全体主義の偉大な闘争の場として世界を分析する．このグループに属するリベラルたちは，全体主義に対する十字軍の闘士となってきた．その代償は，「自分の国が自由かつ自由のリーダーであるかぎり，正しくても間違っていようとも，わが祖国」と声高に叫ぶことであった．第2のグループは，ユートピアへの追求をあきらめておらず，国家の武装解除や共同体主義的な慣行・規範・制度の普及をとおして，国際政治の論理が最終的に破棄され代替されるための仕掛けを構想し続けている．しかしかれらはいぜんとしてつぎの問いに答えてはいない．すなわ

ちいかにしてその変容を達成でき,私たちは,どうやったらこの世界を離れてそこにたどり着けるのか.私の属する第3のグループは,おそらくその発想の源としてシシュポスを掲げてきたが,カミュとは異なって,自分たちが幸福だとは思えないでいる.かれらは,国際政治のゲームにできるかぎり多くの自由主義的な価値と配慮を浸透させようと努力しているが,そのゲームがこの世界から一掃されてしまうことがないこともまた知っている.しかし国家間の危険なゲームは,もしもそれが過去と同様のやりかたで再演されるとしたら,それは,私たちすべてを破壊と混沌に導くリスクをもっているのである(Hoffmann, 1987b : 394-395).

このような国際政治観をもつホフマンには,懐疑主義と世界市民主義の奇妙な結合であるケーガンの議論は許容できるものではないだろう.ケーガンは,アメリカは「良心をもった怪物」だというが,ホフマンにすれば,歪んだ良心をもった怪物ほど,国際政治上,危険なものはない(世界の多元性の否定と他者の尊厳の軽視は,良心を歪ませる).ケーガンの議論には,出来事の複雑さへの配慮が欠けており,複雑さから可能性(複数の選択肢)が生まれ,可能性が人間を倫理的存在とする事実("ought" implies "can")への無視がある[12].したがって検討すべき論点は,トドロフとホフマンとの関係になる.

両者の関係は,基本的には,リベラリズムにおける国家中心的道義主義(state moralists)と世界市民主義(cosmopolitans)との関係,あるいは中本義彦の言葉を借りれば,「リベラリズム自体に内在する共同体主義(communitarians:引用者注)と世界市民主義をどう関係づけるか」という問題である(中本,2003b: 77)[13].そしてこの点では,ホフマンのほうがトドロフよりいくぶん世界市民主義に近い位置にあるといえよう[14].この両者の違いは,たとえば人道的武力介入の評価をめぐって浮き彫りとなる.軍事力の行使を自衛とジェノサイド防止のための軍事介入に限定するトドロフは,いわゆる「人道的な戦争」にきわめて懐疑的であり,ボスニアからコソボに至る旧ユーゴ内戦についてつぎのように述べている[15].

当初，考えられていた「干渉」は人道的であった．外国の傷ついた者たち，苦しむ者たちを援助するためにイニシアティブを取ることは，国家主権を脅かすことには少しもならなかった．第二段階で引き合いに出されたのは，人道的介入者を軍事的に保護する必要性である．最後に第三歩目である．だがこれが当初のやり方の精神と矛盾する．すなわち，軍事攻撃が人道的な次元で嘆かわしい状況によって正当化される．そして戦争の主たる結果が人権を尊重させることであるかのように振る舞うのである．かくして新言語の傑作にたどり着く．すなわち，「人道的な戦争」である (Todorov, 2003 = 2004 : 36).

これに対して，ホフマンは，人道的武力介入を国際社会に潜在的に存在しはじめた価値の共同性を実際の政治行動のガイドラインに転換する好機ととらえたうえで，介入の倫理的正統性（すべきこと）とその政治的実現可能性（できること）とのあいだには無視できないギャップがあると指摘する．そしてそのうえで，そのギャップに橋を架ける努力の重要性を強調し，結局，人道的武力介入の成功の鍵は，つまり倫理的正統性と政治的実効性をもった武力介入がおこないえるかどうかは，経験豊かな政治家の手腕にかかっていると論じている (Hoffmann, 1998, 黒田, 2001b). また旧ユーゴ内戦をめぐる事例にかんしても，ホフマンは，トドロフよりも一歩踏み込んで，人道的武力介入の是非の基準を慎重に吟味している (Hoffmann, 1996, 2003).

詳細に検討する余裕はもはやないが，トドロフとホフマンの相違というこの問題は，リベラリズムの価値と配慮（個人の尊厳と品位ある社会）を現実の国際政治のなかで少しでも実現しようとするとき，あるいは統一欧州の政治的意思の内実（たとえば EU 憲法条約の射程）を世界の行末をみつめて真剣に検討するさい，イラク戦争後の今日の国際関係においてもなお，いやだからこそ，いぜんとして重要な論点であることは間違いないだろう．パレスチナ，マドリード，チェチェン，ダルフール，やむことのない惨劇のさなかで，そのことを確認して，この章の結びとしたい．

1) 冷戦後世界における力と意味の乖離については，[Laïdi, 2001] を参照.
2) 「民主主義思想が明確になり得たのは，神学的なものと政治的なものとの統一が揺らぐにつれてでしかなかった．ルネッサンスと古典主義時代の哲学者たちによって要求された神学的なものと政治的なものの断絶は，教会と国家の決定的分離に到達する前に，実際にはアメリカとフランスにおける初期の民主主義の確立にあらわれる．」(Todorov, 2003 = 2004 : 30) 自由への憧憬ゆえに築かれた2つの共和国，フランスとアメリカが現在，その市民性と宗教性ゆえに対立している．その歴史的意味を政治の諸原理との関連で検討することは，重要で意義深いものとなろう．「9・11」以降の仏米関係の動向は，さしあたりコンパクトかつ啓発的な [軍司, 2003 : 8章] を参照.
3) 「2003年4月の初旬，私はたまたま車でドイツを横切っていた．私はしばしば窓に貼り紙がしてあるのを見た．Nie wieder Krieg！［戦争は二度とごめんだ！］この願いが実現することを誰が望まないはずがあるだろうか．だがそのためには，自分自身が武装解除するだけで十分だろうか．……平和主義の基礎にあるのは，ある場合には間違った思想である．すなわち，人間の攻撃性が衰えつつあり，この世界から暴力が徐々になくなっていくという思想である．ある場合には臆病な思想である．すなわち，いかなる善も，いかなる理想も，そのために我が身を犠牲にする価値はないという思想である．」(Todorov, 2003 = 2004 : 92-93) トドロフのこのような平和主義理解の当否はここではおくとして，平和主義の拒否が，フランスの政治文化のなかでは，数少ないコンセンサスのひとつであることは否定できないだろう．「ヨーロッパのユダヤ人が犠牲を払ったすえに学んだことは，死を免れるためには暴力を拒絶するだけでは十分ではない，ということである．」このレイモン・アロンの言葉は，ユダヤ人を見殺しにしたすべてのフランス人の言葉でもある (高柳, 1999 : viii-ix).
4) ホフマンにとって，カミュの思想の魅力とは，「不条理な世界のただなかにあって正義と幸福を要求する」その声の力強さ，「不確かな明日のために今を生きる人間を犠牲にしてはならない」という箴言の真摯な倫理性にあった (Hoffmann, 1993a : 8, 1987c : 444).
5) 無政府的国家システムの特徴，そこで展開される無政府的政治 (Anarchic Politics) についてのリアリズムとリベラリズムの見解，そして懐疑主義，国家中心的道義主義，世界市民主義を中心とした国際倫理をめぐる諸問題の概要については，[Nye, 2003 = 2003 : 1章] を参照.
6) Hoffmann, 1993a, 1993b. 自分がユダヤ人かと聞かれたら，自由主義者の母親のもと，宗教とは無縁な環境でユダヤ人として育てられなかったので，文化的なユダヤ人意識はないと答えると思うと述べたのち，ホフマンは，元来はポーランドのユダヤ教徒だったパリ大司教 (Mar. Lustiger) のつぎの言葉を肯定的に引用している．

「ナチスのユダヤ人の定義に従えば，私はユダヤ人である．そしてもちろん私は，ナチスによるユダヤ人迫害の犠牲者，母の身内，友人，妻など，ナチスに苦しめられたすべての人びとに連帯を表明する．私が経験したまさにこの連帯の意識が私につぎの権利を与えてくれる．そのような権利は，いずれにせよ人として当然私が所有するものであるとは思うのだが．その権利とは，イスラエルの政府や国民が，私がとりわけ非難に値すると考えるやり方でパレスチナ人を扱おうとするとき，人間性剝奪のかつての犠牲者が今度は逆に人間性を剝奪する側にまわり，人間に犠牲を強いる存在となるとき，そのときはいつでも，イスラエルの民と国家を批判する権利である．」(Hoffmann, 1993b : 46)

7) 宇野重規は，トクヴィルを対象としたリベラリズムと共和主義をめぐる論考のなかで，「フランス・ユマニスムにおける自由とは，むしろ自律として理解するのがふさわしい」とするトドロフの主張(Todorov, 1998 = 2002 : 71-72)を紹介し，つぎのように述べている．「自律とはこの場合，カントの定言命法にように，万人にあてはまる普遍的な理性の格率に従うことではなく，文字通り自らの『ノモス』を自ら定めそれに従うこと，外から強制された原理ではなく自らの内的な原理に従って選択を行うことを意味するという．このような意味で自由＝自律を理解するフランス・リベラリズムの思想家にとって，個人の自由＝自律と政治体の自由＝自律とは無縁のものではない．むしろ両者は連続的なものとして論じられる．」(宇野, 2004 : 95)

8) なお EU の軍事化がもつ意味を冷戦後の欧州軍事産業再編の観点から論じたものとしては，[黒田, 1994, 1996, 1999, 2001a, 2004] を参照．いずれの論考も西欧諸国の軍事産業に焦点をあて，それとの関連で米国軍事産業の動向にも言及している．

9) この点で注目に値するのが，EU の諮問をうけてロンドン大学政治経済学院 (LSE) のメアリー・カルドーを主査とする研究グループが作成し，2004年 9 月，EU の共通外交安全保障政策 (CFSP) を担当するハビエル・ソラナ上級代表に提出したレポート『ヨーロッパのための人間の安全保障ドクトリン』である．*A Human Security Doctrine for Europe : The Barcelona Report of the Study Group on Europe's Security Capabilities* (Presented to EU High Representative for Common Foreign and Security Policy Javier Solana, Barcelona, 15 September 2004) cf. http://www.lse.ac.uk/Depts/global/StudyGroup/StudyGroup.htm

10) ド・ヴィルパンの国連安保理演説を敷衍したものに，シラクのサンクトペテルブルク大学講演 (2003. 4. 12) がある．cf. Jacques Chirac, "Sécurité mondiale et droit international : Regard sur le futur." (http://www.elysee.fr/cgi-bin/auracom/aurweb/search/file?aur_file=discours/2003/03PETER04.htm) なお同講演については，[軍司, 2003 : 187-189] も参照．

11) ホフマンのリベラリストとしての自己認識については，[Hoffmann, 1981 =

1985：ii-v, 10-13］も参照．
12）「倫理は選択を前提とする」ということの意味については，［Nye, 2003＝2003：32-33］を参照．
13）伊藤恭彦は，「リベラルなコスモポリタンは可能か？」を問うその論考のなかで，マイケル・イグナティエフの警告を引きあいにだしながら，「コスモポリタンを気取ることは，自国の惨状を自らの手で克服し，国民国家形成という困難な課題を背負っている途上国の人々に対する無理解へとつながる」危険性を指摘したうえで，つぎのように問いかけている．「富裕国の満ち足りたコスモポリタンという警告を受容しつつも，世界的な貧困に対するグローバルな正義はやはり『コスモポリタン的構想』でなくてはならない．……コスモポリタンたらんとするグローバルな正義を掲げるリベラリズムは，ナショナリティをどのように引き受けたらいいのだろうか．この引き受け方の内実如何が，リベラリズムをそれが歴史的に背負ってきた領域性から実践的に解放することにつながるだろう．」（伊藤，2004：168-169）
14）中本は，イラク戦争後の国際倫理をめぐる議論（ホフマン的精神にあふれる秀逸な論考）で，ホフマンの思考の特徴をレイモン・アロンのそれと比較して巧みに描写している（中本，2003a：88-89）．その比較との関連で述べれば，トドロフは，ホフマンよりアロンの見解，すなわち「人間（とくに大衆）がおちいりがちなさまざまな幻想やファナティシズム［トドロフ流にいえば，〈善の誘惑〉：引用者注］に対する警戒を優先」する立場に近いといえるかもしれない．他方，世界市民主義により親近感をもつホフマンには，つぎのような倫理的ジレンマがつねにつきまとう．「私たちは，国際社会における平和の条件に（おそらく最大の）関心を抱いている．というのは，市民にとって，秩序，自由，倫理性の源泉として称揚されてきた国家制度それ自体が，他方では，国際的なカオスの元凶でもあり，物理的危険と道義的苦悩を引き起こすからである．国家と世界，その双方にとって良き市民であるためには，どうしたらいいのだろうか．国際競争の圧力のもとで，国家が市民を抑圧したり，外部の人に対して倫理に反する行為を市民に強いるのをどうやったら防ぐことができるのか．そしてさらに，そのような市民擁護の方策は，個々の市民を同胞に結びつけている忠誠の絆とアイデンティティの感覚を破壊することなしに実施されねばならないのである．」（Hoffmann, 1987a：25-26）
15）この点をめぐるより詳細な議論は，［Todorov, 2000：257-309］を参照．

参考文献

以下，翻訳書を付記してあるものについては，引用は，当該訳書のページ数で示す．

伊藤恭彦，2004，「リベラリズムとグローバリゼーション――リベラルなコスモポリタンは可能か」『思想』（岩波書店）No. 965．

宇野重規，2004，「リベラリズムと共和主義的自由の再統合――トクヴィルの遺産」『思想』

（岩波書店）No.965.
黒田俊郎，1994,「欧州兵器産業と武器移転―軍事化と非軍事化の狭間で」『軍縮問題資料』（宇都宮軍縮研究室）No.170.
———，1996,「EUの防衛政策と軍事産業―独・仏を中心として」『軍縮問題資料』（宇都宮軍縮研究室）No.187.
———，1999,「岐路に立つ欧州軍事産業―EUの軍事政策を中心に」『軍縮問題資料』（宇都宮軍縮研究室）No.219.
———，2001a,「欧州地域秩序の再編と軍事産業―欧州軍事産業の今」『軍縮問題資料』（宇都宮軍縮研究室）No.244.
———，2001b,「政治的思考の自律性と平和研究―ヨーロッパの経験から」『文明21』（愛知大学国際コミュニケーション学会）第7号.
———，2003,「『言葉と武力』再考」『法学新報』（中央大学法学会）Vol.110, Nos.3, 4.
———，2004,「欧米の軍事産業と政府の思惑―イラク戦争後に考える」『軍縮問題資料』（宇都宮軍縮研究室）No.281.
軍司泰史，2003,『シラクのフランス』岩波書店（岩波新書）.
高柳先男，1994,「ナショナリズム〈問題〉の位相―〈ヨーロッパ統合〉とフランス」日本政治学会編，年報政治学1994『ナショナリズムの現在・戦後日本の政治』岩波書店.
———，1999,『パワー・ポリティクス（増補改訂版）』有信堂.
中本義彦，2003a,「現代世界の国際倫理(上)―武力行使をめぐる若干の考察」『国際問題』(日本国際問題研究所）No.521.
———，2003b,「現代世界の国際倫理(下)―武力行使をめぐる若干の考察」『国際問題』（日本国際問題研究所）No.522.
Hoffmann, Stanley, 1974, *Decline or Renewal?: France since the 1930s*, Viking Press（＝1977, 天野恒雄『革命か改革か―フランス現代史1』『政治の芸術家ド・ゴール―フランス現代史2』『没落か再生か―フランス現代史3』白水社）.
———, 1981, *Duties Beyond Borders: On the Limits and Possibilities of Ethical International Politics*, Syracuse University Press（＝1985, 最上敏樹訳『国境を超える義務―節度ある国際政治を求めて』三省堂）.
———, 1987a, "Rousseau on War and Peace," in Hoffmann, *Janus and Minerva: Essays on the Theory and Practice of International Politics,* Westview Press（初出：1965）.
———, 1987b, "Liberalism and International Affairs," in Hoffmann, *Janus and Minerva: Essays on the Theory and Practice of International Politics,* Westview Press（オリジナル講演：1984）.
———, 1987c, "The Sound and the Fury: The Social Scientist Versus War in History," in Hoffmann, *Janus and Minerva: Essays on the Theory and Practice of International*

Politics, Westview Press（初出：1965）.
―――, 1993a, "A Retrospective on World Politics," in Linda B. Miller, Michael Joseph Smith eds., *Ideas & Ideals : in Honor of Stanley Hoffmann*, Westview Press（初出：1989）.
―――, 1993b, "To be or Not to be French," in Linda B. Miller, Michael Joseph Smith eds., *Ideas & Ideals : in Honor of Stanley Hoffmann*, Westview Press.
―――, 1995a, "Introduction," in Hoffmann, *The European Sisyphus : Essays on Europe, 1964-1994*, Westview Press.
―――, 1995b, "Europe's Identity Crisis : Between the Past and America," in Hoffmann, *The European Sisyphus : Essays on Europe, 1964-1994*, Westview Press（初出：1964）.
―――, 1995c, "Europe's Identity Crisis Revisited," in Hoffmann, *The European Sisyphus : Essays on Europe, 1964-1994*, Westview Press（初出：1994）.
―――, 1995d, "Goodbye to a United Europe ?" in Hoffmann, *The European Sisyphus : Essays on Europe, 1964-1994*, Westview Press（初出：1993）.
―――, 1996, *The Ethics and Politics of Humanitarian Intervention*, University of Notre Dame Press.
―――, 1998, "The Politics and Ethics of Military Intervention," in Hoffmann, *World Disorders : Troubled Peace in the Post-Cold War Era*, Rowman & Littlefield Publishers（初出：1995/96）.
―――, 2002, "Clash of Globalizations," *Foreign Affairs*, Vol. 81, No. 4（＝2002,「グローバル化の衝突」『論座』9月号［朝日新聞社］).
―――, 2003, "Intervention : should it go on, can it go on ?" in Deen K. Chatterjee, Don E. Scheid, eds., *Ethics and Foreign Intervention,* Cambridge University Press.
Kegan, Robert, 2003, *Of Paradise and Power : America and Europe in the New World Order*, Alfred A. Knopf（＝2003, 山岡洋一訳『ネオコンの論理――アメリカ新保守主義の世界戦略』光文社).
Laïdi, Zaki, 2001, *Un monde privé de sens : Nouvelle édition avec une préface inédite de l'auteur*, Hahette Littératures (Pluriel 1003).
Nye, Joseph S., Jr., 2003, *Understanding International Conflicts : An Introduction to Theory and History*, Fourth Edition, Longman（＝2003, 田中明彦, 村田晃嗣訳『国際紛争――理論と歴史［原書第4版］』有斐閣).
Todorov, Tzvetan, 1998, *Le Jardin imparfait : La pensée humaniste en France*, Grasset & Fasquelle（＝2002, 内藤雅文訳『未完の菜園――フランスにおける人間主義の思想』法政大学出版局).
―――, 2000, *Mémoire du mal, Tentation du bien : Enquête sur le siècle*, Robert Laffont.

――――, 2003, *Le nouveau désordre mondial : Réflexions d'un Européen*, Robert Laffont（= 2004，大谷尚文訳『イラク戦争と明日の世界』法政大学出版局）.

追記（2004.12.8）
　ホフマン自身のイラク戦争論については，ケーガンとトドロフの議論の比較を主眼とする本稿の目的上，さらには刊行時期や紙幅の都合で，残念ながら，ここでの議論に反映させることはできなかった．稿を改めて論じることにしたい．ただ一読後の感想を簡潔に述べれば，たとえば最新刊（2004.11）でホフマンが展開するイラク戦争論は，本稿で私が論じた主要な論点を豊かに補強してくれるものではあったが，その基本的変更を迫るものではなかったように思われる（Stanley Hoffmann [with Frédéric Bozo], *Gulliver Unbound : America's Imperial Temptation and the War in Iraq*, Rowman & Littlefield Publishers, 2004）．イラク戦争をめぐるホフマンの他の論考としては，上記最新刊のベースとなっている仏語版（*L'Amérique vraiment impériale?* Editions Louis Audibert, 2003）や刊行が予告されている著作（*America Goes Backward*, New York Review of Books [NYRB], 2004.12）のほかに，『ニューヨーク・レビュー・オブ・ブックス』誌上に掲載されたつぎのような論文もある．cf. "America Goes Backward," *NYRB*, Vol. 50, No. 10 (June 12, 2003), "Out of Iraq," *NYRB*, Vol. 51, No. 16 (October 21, 2004).

11章 イラク戦争と「安全保障」概念の基層
　　——「ヨーロッパ」再考——

　　　　　　　　　　　　　　　　　　　　　　　佐々木　寛

はじめに——「楽園と権力」?

　あらゆる「文明論」と同様,「ヨーロッパ」を一義的に定義しようとするすべての試みは失敗に終わるだろう.「ヨーロッパ」とは, 何よりもその歴史的, 文化的多様性そのものを意味し, その意味で,「現実に存在しないがゆえに存在する何ものかである」(トッド, 2002). きわめて多様かつ重層的な「ヨーロッパ」のアイデンティティは, それゆえ, 歴史上も常にヨーロッパの「他者」との関係においてしか存在しえなかった.

　近年, この「ヨーロッパ」のアイデンティティをめぐる問題が政治の舞台で顕在化した背景のひとつに, 世界政治における冷戦後のアメリカの存在があげられる. とくにイラク戦争をめぐる米欧の対立は, これまで常に語られてきた単に外交方針をめぐる従来の米欧対立を越えて, 少なからず, 歴史観や世界観をめぐるより根源的, 文明論的な対立の文脈でもとらえられた. 2003年1月22日の記者会見におけるラムズフェルド米国防長官の「古くさいヨーロッパ」という発言は, 対イラク攻撃に反対する仏独への米国の苛立ちを表明したものだったが, それはその後すぐに当の「古いヨーロッパ」による反撃を招いた[1]. たとえば同年2月14日の国連安全保障理事会におけるドビルパン仏外相の演説は, そのもっとも象徴的なできごとであった. かれは, 武力行使を急ぐ米国を痛烈に批判し, 査察継続と平和的な手段によるイラクの武装解除を訴えたが,

その際,自国を「戦争と占領と蛮行を体験した古い国」と断ることを忘れなかった.かれの演説が,当惑するパウエル米国務長官を尻目に,国連の議場で各国外交官による異例の総立ちの拍手で迎えられた光景は,未だに記憶に新しい.

このような冷戦後の「米欧対立」を,より根源的な歴史的,文化論的な位相からとらえかえそうとする視点は,むしろ米国ブッシュ政権の中核からも発せられていた.あまりにも有名になったロバート・ケーガンの『楽園と権力』(邦題『ネオコンの論理』)は,かれが米ブッシュ政権の強硬路線を背後で支える「アメリカ新世紀プロジェクト」(PNAC)の思想的支柱であったというだけでなく,「米欧対立」が「文化」的対立でもあることを明確に主張した点でも,未だに検討に値する(ケーガン,2003)[2].

ケーガンの主張は単純かつ明解であった.ヨーロッパとアメリカとではそもそも世界観が違う.ヨーロッパは,未だにイマヌエル・カントの世界に生きているが,アメリカはその強大な軍事力と責任感ゆえにトマス・ホッブズの世界で生きざるをえない.理想主義は弱者の戦略にすぎず,歴史上,常に強者は「力」の論理に従ってきた.冷戦の終焉は大きな画期点であったが,軍事力が何よりも重要である状況は依然として変わっていない.グローバルな安全保障を維持する上で,「力」は不可欠であり,その公共財を提供するのがまさにアメリカ軍にほかならない.それゆえ,ヨーロッパが「ポストモダンの楽園」で生きられるのも,ヨーロッパに米軍が駐留しつづけているからである.

ケーガンによれば,このような「米欧の違いをもたらした原因は根深く,長年にわたって形づくられてきたものであり,今後も長く続く可能性が高い」(ケーガン,2003:8).また「アメリカは9月11日の同時多発テロで変わったわけではない.本来の姿に近づいただけ」である(ケーガン,2003:117).そしてアメリカは,「良心をもった怪物」として今後とも新たな覇権時代を築きあげる「使命」を担っているのだという.ここで,ケーガンの議論自体に,いつの間にかアメリカの「良心」や「使命」といった,一種の「理想主義」が忍び込んでいることにも着目しておく必要がある.

いうまでもなく，このようにいわゆる「新保守主義（ネオコン）」[3]の主張にも見られる「アメリカニズム」そのものは，これまでくりかえしアメリカ史の中で登場してきたのであり，その内容は，新奇な政治現象であると考えるよりも，アメリカ文化に深く内在したものであるととらえるべきであろう（古矢，2002）[4]．またそれに対する「ヨーロッパ」の拒否反応もこれまでくりかえし見られたものであり，それがただちに大西洋の同盟関係を無効にしてしまうものでもない（Gordon = Shapiro, 2004）．しかし，ケーガンの主張の最大の特徴は，その議論が他国に比して歴史上例を見ないほどの圧倒的な軍事力を背景にして展開され，米国の対外政策が，何よりもその事実から一元的に導き出されている点にある．ケーガンにとって「力」とは何よりも軍事力であり，むしろ軍事力が「権力」および世界観の源であると考えられる[5]．世界秩序も国際安全保障も，結局は軍事力によって確保される．そしてここから，戦争は必ず勝つならば遂行するべきであるという「戦争の合理性」を追求する場合には，それは，強者による軍事力の無限行使，すなわちブッシュ政権が主張した「先制攻撃権」の思想にまで道をひらくことになる．このように，「楽園」と「権力」との素朴な2分法が成り立つのは，ひとえに絶対的なアメリカの「力」が所与の条件とされ，また同時に「楽園」の「理想」そのものにも検討の余地がないからである[6]．一方で，「理想主義」を批判しながら，他方で自らの「理想」を無条件に前提とし，冷徹な計算の上にのみ成り立つ「力」の行使ではなく，そこに「正義」や「良心」の実現が必要であるとするケーガン流の「リアリズム」とはいったいどのように理解すればよいのであろうか．

　本論では，主にイラク戦争をめぐって展開した「安全保障観」をめぐる個々の議論の相違に着目し，それをごく簡潔に整理するなかで，この「理念」と「権力」との結びつきに関する国際政治の原理的な諸問題を再び思い起してみたい．ただその際の「ヨーロッパ」とは，もちろん，ブッシュのアメリカによって逆照射された「ヨーロッパ」にすぎない．本論は，イラク戦争が予想通りゲリラ戦へと転化し長期化する〈状況〉のなかで，「ヨーロッパ」とは何か，とくにその「精神」が存在するとすれば，それはいかなるものであるのか，と

いう大きな問いに答えようとするものである[7]. だが，浮き彫りにできるのは，せいぜいその残像のようなものにすぎない．またその結論も，おそらく無数のヨーロッパ論の伝統をなぞる何ら新味のないものであろう．しかし，この「第二次湾岸戦争」以後の国際政治を考える上でも，このような「力」の定義をめぐる基本的な諸問題を整理しておくことはきわめて重要であると思われる．

1 「リアリスト」たちによる反論——言論はなぜ分裂したか

1.1 「力」と「価値」

ところで，ケーガンのこのような「力」の思想，およびそれを体現するブッシュ政権の対外政策に対しては，当の「古いヨーロッパ」のみならず，アメリカ国内からも当初から多くの反論が寄せられた．その際，注目するべきは，いわゆる「リベラル」派や平和主義者による批判ではなく，伝統的な「リアリスト」たちによるものである．なかでも，2003年10月の「現実主義的外交政策のための連合（Coalition for a Realistic Foreign Policy）」（以下 CRFP）の結成は，このような「ネオコン」の思想的位置を浮かび上がらせたという意味で興味深い．同年12月の CRFP の宣言では，

> 「この現実主義的外交政策のための連合は，<u>アメリカ帝国</u>（筆者傍線）に反対することに結束した学者，政策決定者，市民による（超党派の）集団である．この連合は，アメリカの伝統や価値に調和する合衆国の国家安全保障のもうひとつのあり方を促進することに取り組む．……たしかに，<u>政治的，経済的</u>な自由化という目標それ自体について異を唱える人間はほとんど存在しない．しかしこの目標に到達するための軍事力や外交的圧力を行使する際の<u>道義性</u>およびその効果については多くの個々人が疑問を呈しているのである．」[8]

と明記されているように，イラク戦争におけるブッシュ政権の対外政策につい

てそれが「帝国の危険」をもたらすものであるとし，結果的に「合衆国の死活的な国益」を損ねていると批判している．

「帝国は，人々が世界に向かう意志を妨げ，国内において市民的自由や権利を転覆するがゆえにきわめて問題をはらんでいる．……また経済的には，帝国主義的な戦略によって経済を過剰に拡大，浪費し，わが国の軍事予算や連邦予算を逼迫させ，国家そのものを弱体化させてしまうのである．」[9]

このCRFPは，クリントン政権時の国家安全保障会議（NSC）補佐官であったチャールズ・カプチャン（ジョージタウン大学）のようないわゆる「中道派」や，チャーマーズ・ジョンソンのような「リベラル派」[10]のみならず，レーガン政権期の特別補佐官だったダグ・バンドウや『アメリカン・コンサーバティヴ』誌のスコット・マコーネルなど，共和党員たちも名を連ねていることが特徴的である．さらに重要なことは，ケネス・ウォルツ（コロンビア大学）を筆頭に，ジョン・ミアシャイマー（シカゴ大学），スティーヴン・ウォルト（ハーバード大学），ロバート・ジャーヴィス（コロンビア大学）など，いわゆる広義の「リアリスト」国際政治学者たち[11]も数多く参加していたことである．
 なぜ，これら「リアリスト」の理論家たちは反論するべく結束したのだろうか．それは単に，アメリカに顕著なアカデミズムと権力との癒着構造，そしてそれを背景にした学説上の権力闘争という文脈からだけでは説明できない．いうまでもなく，これらアメリカの「リアリスト」たちは，ケーガン同様，国際政治における「力」の決定的な重要性についての認識を共有している．しかしかれらの多くは，イラク戦争という形でのブッシュ政権の中東への介入が，地政学的にも戦略的にもあまりに粗雑かつ場渡り的であるため，アメリカの真の「国益」を損ねる危険性が高いという点を主張した．たとえばミアシャイマーは，『大国権力政治の悲劇』と題する近著のなかで，穏健な「人間的」・「防衛的」リアリズムをさらに進めたいわゆる「攻撃的リアリズム」の重要性を説く

一方で，アメリカの外交に見られる国際政治の理念化——楽観主義と道徳主義——を厳しく批判した（Mearsheimer, 2003）．

これは立場は違っても，かつてハンス・モーゲンソーがベトナム戦争への米国の介入をアメリカの「国益」の観点から批判したことを想起させる．「国益」それ自体はきわめて曖昧な概念であるものの，それは状況のなかでの冷徹な「力」の計算によって導き出されなければならないというのが，「リアリスト」の共通認識である．またこの原則は，「国際政治の倫理化」についての厳しい戒めをともなっている．つまり，イデオロギーや一定の価値が対外政策上前面に出て自己目的化することは，しばしば自国の真の利益を損ねる結果をまねくという教訓である．

ひるがえってブッシュ政権では，その真の目的が何であれ，しばしば「利益」と「理念」との混同が見られただけでなく，その両者の乖離や矛盾が生じた場合に，政策の再調整ではなく，当初の「帝国」の目的を貫徹するべく，逆に対外的脅威や現実認識を変形・捏造するという倒錯が見られた．それはもはやとうてい「リアリズム」に基づく政策とはいえない．CRFPの「リアリスト」たちの批判の要は，世界大に拡張しようとする「帝国」の発想が，いつしか「力」と「価値」との混同をまねき，しばしばそのもっとも重要な国家的「利益」への配慮を越えて展開することで，それを損ねてしまう恐れがあるということにほかならない．

1.2 「力」と「他者」

ブッシュ政権の政策に反対した多くの米国の「リアリスト」のなかでも，もうひとつの重要な論点を提起したことによって，小さな輝きを放ちつづけたのがスタンリー・ホフマン（ハーバード大学）であった．かれもまた他の「リアリスト」と同様，「対テロ戦争」にともなう国内の閉塞状況や権利侵害を批判し，また，素朴な英雄主義によって複雑な国際政治の懸案を単純化してしまうことの危険性に警鐘を鳴らしつづけた．しかし加えて彼は，終始一貫して，ブッシュ政権が進める「対テロ戦争」の対象となった「脅威」の実体，つまりアメリ

カにとっての「他者」の問題についての注意を喚起しつづけた．たとえば，「なぜ米国は嫌われるのか」というエッセイのなかで，

> 「私たちは歴史の経験が足りず，いろいろな時代を通じて，覇権国というものが誰にも——あるいはほとんど誰にも——愛されたことがないということを知らなかったのである．……米国の今日の自己イメージは，現実よりもラインホルト・ニーバーなら「プライド」と呼ぶだろうものから引き出されており，このため，私たちが見ている自分自身と，外国からの理解と誤解との衝突が深まっている．」(ホフマン，2002a)[12]

と記し，アメリカが世界からどのように見られているのかを慎重に見据えることの必要性を指摘しつづけた．ホフマンが卓越していたのは，かれが世界に広がる「反米主義」のさまざまな系統を歴史的に腑分けし，詳細に検証しようとしたその姿勢にあった．現代の統治には他国の政府や民衆からの「広範な支持」が不可欠であり，そのためには「単独行動主義」や「ボス主義」(Hoffmann, 2001) に陥ることなく，まずアメリカに対する憎しみが多層的であることを理解しなければならない．思慮深い外交政策はそのような世界の現実を見据えることから始まる．それゆえ，

> 「いまや国益（筆者傍線）とは，複雑な世界において，生命や自由や幸福を追求するための，多様な方法を共に探すうえでのパートナーを求めることにあるのである．」(ホフマン，2002c)

いうまでもなく，ブッシュ政権には，このようないわば国際的な相互主義を極度に軽視する傾向があったことは否めない．ホフマンによれば，アメリカを脅かす「テロリスト」のネットワークに対抗するためにも，アメリカは今後とも他国との協力関係が不可欠である．ABM条約，京都議定書，国際刑事裁判所などに背を向けつづけるアメリカが，今後もさらに国際法や国連の諸原理を

軽視するならば，アメリカはついには「世界の孤児」になってしまう危険性がある (Hoffmann, web-site)．そしてアメリカがそれによってもっとも損ねてしまうものは，何よりも，現在合衆国が国際システムで享受しているその「正当性」そのものにほかならない (Hoffmann, 2003)．

「リアリスト」たちの描く国際政治の舞台では，「力」はそれ自体手段であり目的である．しかしまた他方で，「力」は通常，自己にとっての一定の「利益」や「価値」を最大化し，またこれを脅かす「脅威」を回避するべく合理的に行使されなければならない．したがって，「力」の行使には，それによって実現される「利益」や「価値」，そしてそれを脅かす「脅威」の評価に関する細心の注意が要求される．つまり，「力」は，独りよがりに定義されるのではなく，常に他国の意図や国際情勢，あるいは国際システム（構造）のなかで勘案されるのであり，その意味で「他者」の存在抜きにはありえないものである[13]．それゆえ，「力」を軍事力のみに還元することは時代錯誤であり，多様にはたらく「力」のありようを注意深く検討しなければならない．

ホフマンによれば，このように多様な「力」が複雑に相互影響を及ぼし合う「グローバル化」の時代に，もし真の「国益」や「安全保障」を模索するなら，たとえば「安全保障」の概念は，今後は国家に対する物理的な脅威のみならず，国際関係において国家およびその人民にふりかかるさまざまな不安をも射程に入れたものに再定義されなければならない (Hoffmann, 1998)[14]．「9・11」はまさにそのことを意味していたのである．

2 「ヨーロッパ」のアイデンティティと「安全保障」

2.1 「全体主義」の呪縛

一方，イラク戦争をめぐっては，当のヨーロッパにおいても議論は分裂した．とくに最初に表面化したのは，東西ヨーロッパの知識人たちの亀裂だった（リラ, 2004）．2003年1月のアメリカ支持声明には，英国やスペインやイタリアとならんで旧東欧諸国も含まれていたが，これら政府の決定について，たとえば，

ポーランドのアダム・ミクニフ，ハンガリーのゲオルグ・コンラッド，チェコのヴァーツラフ・ハヴェルなど，かつて東欧革命を導いた知識人たちはこれを容認し，「フセイン打倒」を唱えるアメリカの政策を支持した（ミクニフ，2004）．また，フランスにおいても，たとえば哲学者のアンドレ・グリュックスマン，ドイツにおいては，作家のハンス・エンツェンスベルガーなどの著名人も軍事行動支持を表明した[15]．それらの主張に共通して流れる通奏低音に耳をすませば，そこには「全体主義」（絶対悪）への不介入が不正義であるという歴史的教訓が再び浮かび上がってくる．たとえばアダム・ミクニフは，「全体主義」ということばをくりかえし用いて，次のようにイラク戦争についての道徳的，政治的判断基準を示した．

「道徳的規準は，「正義の戦争であるか否か」である．私の答えはイエスだ．ヒトラーに対するポーランド，スターリンに対するフィンランドの戦争と同様である．政治的基準は，「この戦争の政治的意味は何か」だ．私はテロリズムを支援して大量破壊兵器の保有を企てる独裁者を倒すことは，政治的に正当であると信じて疑わない．……世界貿易センタービルが崩れ落ちるのを目にして，私は世界が新たな全体主義（筆者傍線）の挑戦に直面したことを理解した．威圧と狂信と虚言が，民主主義の価値観に挑みかかったのである．」（ミクニフ，2004：182）

もちろん，この「全体主義」という用語は，たとえばシェルドン・ウォーリンが「逆・全体主義」ということばでアメリカこそ「全体主義」の渦中にあると断じたように（ウォーリン，2003），さまざまに利用可能である．ただ，このミクニフの叫びには，ようやく「全体主義」のくびきから脱し，民主主義や人権の価値に基づいた自由世界の建設に邁進しつづける「新しいヨーロッパ」としての自負と，いわゆる「古いヨーロッパ」に対する若干の苛立ちが感じとれる．民主主義と人権は，もはや疑うことのできない普遍的な価値として地球上のどこにおいても守られなければならない．これらの価値を否定する抑圧的な

政治体制に対しては，時として，国境を越えて軍事的な強制力ですら行使されなければならない場合がある．さらに，旧東ヨーロッパ諸国における「全体主義」のイメージには，ナチス・ドイツのみならず，未だ大国ロシアの存在が投影されていることは容易に想像がつくだろう．また，ヨーロッパの大国に裏切られた歴史的記憶，バルカンの民族紛争や地域紛争に対する切実な不安，アメリカの経済援助などもまた，かれらのアメリカへの接近を説明する背景として考えられる．いいかえるなら，旧東ヨーロッパ諸国を新たに率いる指導者たちにとって，イラク戦争への参加は，冷戦後「何が自分たちを守ってくれるのか」という安全保障をめぐる，すぐれて政治的な判断でもあったのである．

　しかしこういった主張に対し，たとえばユルゲン・ハーバーマスやジャック・デリダ，ウンベルト・エーコなどの多様な知識人が強烈な反駁を加えたことは日本でもよく知られている（ハーバーマス＝デリダ，2003，エーコ，2003）．とくにハーバーマス＝デリダは，一次元的世界観に基づくアメリカ政府の単独行動主義を，逆に多様なものの存在を認める寛容の歴史としての「ヨーロッパ」のアイデンティティを対置させることによって，批判を試みた．

　　「ヨーロッパとは，幾世紀ものあいだ都市と国との抗争，教会権力と世俗権力との抗争，信仰と知との競合，政治権力間あるいは対立する階級間の闘争によって，他のいかなる文化よりもはげしく引き裂かれてきたひとつの文化なのだ．それは，異なる者たちがどのようにコミュニケートしあうか，対立するものたちがどのように協力関係にはいるか，諸々の緊張関係がどうしたら安定させられるかを，多くの苦しみのなかから学ばなければならなかった．諸々の差異を承認すること——他者をその他者性において相互に承認すること——このこともまた，われわれに共通するアイデンティティのメルクマールとなりうる．」（ハーバーマス＝デリダ，2003：90）

　かれらは，新しい「ヨーロッパ」，すなわちエマニュエル・カントの伝統を共有し，国連と国際法とを基盤に現在生まれつつある「ヨーロッパ」に未来の

希望を託す.「ヨーロッパ」は,人類の未来に実現するべき世界規模の政治（内政）のデザインを形成するために先導的な役割を果たしうる.そしてそれはまさに「ヨーロッパ」が,かつて自らが「全体主義」を生み出したがゆえに,その歴史の痛覚に基づいた自己批判の上に新しい政治的,倫理的基盤を築くことができるからである.かれらによれば,「全体主義」の痕跡を自己の外側に置かずに,まさに自らの問題として内省するがゆえに,「ヨーロッパ」は「全体主義」の克服を目指す新しい理念をつくりだすことができるのである.

2.2 「ヨーロッパ」のアイデンティティ

このように,イラク戦争をめぐる米国への批判は,ヨーロッパでは知識人による新たな「ヨーロッパ」アイデンティティの発掘,再構成と密接に連動していた.そのもっとも典型的な例のひとつとして,ツヴェタン・トドロフの議論を挙げることができる（トドロフ,2004）.トドロフは,ケーガンの「自由主義的帝国主義」というヴィジョンを,いわば「全体主義」世界における「二重思考」の例として厳しく批判した.

> 「オーウェルは,この告発された手法（「戦争は平和である」,「自由は隷属状態である」）が今日,ヴァーツラフ・ハヴェルの「人道的な爆撃」から元将軍ジェイ・ガーナーの「慈悲深い戦争」とかケーガンの「普遍主義的ナショナリズム」にいたるまで,これほど多くの実践者をもつことになろうとはおそらく想像だにしなかっただろう.」（トドロフ,2004：23）

トドロフによれば,ケーガンをはじめとする「新保守主義者（ネオコン）」たちの思想は,多元主義を否定し,絶対的な〈善〉を標榜するという意味では,本来の意味における「保守主義」ではなく,むしろ「新原理主義」と呼ぶべきものである.そしてそこから自ずと導かれる「予防戦争」の暴力は,ヨーロッパの歴史が培ってきた,合理性・正義・民主主義・個人の自由・非宗教性・寛容といった価値とは真向から対立するものにほかならない.つまりトドロフは,

このような歴史や文化や自由といった多元主義的価値を「アメリカ帝国」から防衛し，次の時代を担う積極的な役割を「ヨーロッパ」に託すのである．

しかし，トドロフの議論が，「ヨーロッパ」に「アメリカ後」を託す同様な議論を展開するエマニュエル・トッドやチャールズ・カプチャンなど（トッド，2003，カプチャン，2003）ともっとも異なっているのは，かれがその手段として，明確に強力な軍事力を想定する点にある．かれが「静かなる大国」と呼ぶ，EUの未来像は，同時に軍事的にも世界の主要な〈極〉を形成するものでもある．

「最後に，残るのは三つ目の解決策である．それは欧州連合を軍事大国に変化させること，つまり欧州連合もまた，世界の均衡を保証するこの多元主義的秩序の当事者になることである．」（トドロフ，同：94）

ここでの重要な問いは，「ヨーロッパ」の新しいアイデンティティ，理想を語るなかで，なぜ「力」の論理が並行して議論されるのかということである．それは，ヨーロッパのアイデンティティが歴史的に常に対抗的・防衛的に形成されてきたという側面に着目することなしに考えることはできないだろう．

もともと「ヨーロッパ」ということばが一般化したのは，15世紀半ばに，ビサンチン帝国がオスマン帝国の進出によって崩壊した頃からだと言われている．つまり「ヨーロッパ」はオスマン帝国の支配する東の勢力に対する，自己防衛的なアイデンティティの表示でもあった．十字軍時代のような，イスラム対キリスト教といった，宗教上の対立に基づくものというよりは，地理的歴史的な存在としてのヨーロッパという概念が根底にあったと思われる．偶然15世紀の終わりに，ヨーロッパ人によるアメリカ大陸の発見ということもあり，「ヨーロッパ」ということばは新大陸に対する旧大陸という意味合いももつようになるが，当時の大部分のヨーロッパ人にとって，アメリカはヨーロッパの延長線上にあり，異質な存在だとは見なされていなかった（入江，2003）．さらに，フランス革命後の「ヨーロッパ」は，たとえばエドマンド・バークやメッ

テルニヒといった保守思想家にとっては，革命のイデオロギーに対して国際的な結集をはかる政治的な「抗争的概念」であり，また，いわば「大革命の硝煙を通して顧みた，イメージとしての抽象的なアンシャン・レジームであった」（坂本，2004）．そして現在の「ヨーロッパ」もまた，いわば，グローバル化に対抗する自己防衛という観点から分析することが可能だろう（高橋，2002）．さらにヨーロッパにおける反米主義の歴史をふりかえった場合でも，それがいつもヨーロッパ統合の展開と手を携えてきたことがわかる（渡辺，2003）．「ヨーロッパ」的な価値をいかに見出し，守るのかという問題は，同時に「力」の論理をも包摂した広い意味での「安全保障」の問題と歴史的にも不可分であった．

2.3 構成概念としての「安全保障」

いずれにせよ，このようなイラク戦争を契機に顕在化した，来るべき世界についての「理念（理想）」をめぐる多層的な対立の背景には，具体的に個々の価値をどの範囲でどのように守るべきなのかという「安全保障」の具体像をめぐる現実的な問題が横たわっていた．その意味で，このような「安全保障」をめぐる議論を，本論のように〈言説＝政治〉の観点から考察することは不可欠であると思われる．そもそも，「安全保障」とは，実際には現実政治のなかで日々構成されつづける相互主観的な構成概念である[16]．

「安全保障」には，あらかじめ客観的な「脅威」や「敵」，明確なアジェンダが存在するのではなく，それらは具体的な歴史的条件や現実の権力関係のなかで継続的に構成される．いいかえれば，「安全保障」をめぐる問題には何よりもまずその対象や範囲を限定しようとする「言語行為（speech act）としての安全保障」の次元が存在するということである．この点，近年ヨーロッパを中心に展開するいわゆるコペンハーゲン学派の成果は注目に値する．とくに O. ウェーバーの「安全保障化（securitization）」の概念はきわめて重要である．かれが指摘するように，実際に何を「安全保障」の争点とするのか，その定義や決定こそがそれにつづく政策や実践を方向づける以上，安全保障研究は，現実に

何が「安全保障化」され何がそこからはずされる（脱安全保障化（de-securitization）される）のか，そのプロセスにこそ中心的な焦点が当てられなければならない（Waever, 1995）[17]．

上記のような，ヨーロッパにおける「安全保障」の具体的未来像をめぐる内的な葛藤，――一方で，ドイツやフランスといった「中核ヨーロッパ」の知識人たちと，他方でそれを鼻持ちならないとする旧東ヨーロッパの知識人たちとの対立――もまた，新たな「ヨーロッパ」アイデンティティの形成プロセスという大きな文脈に位置づけて考えることができる．それゆえ，個々の構想の対立や葛藤が，たとえば共通の外交安全保障政策（CFSP）やヨーロッパ安全保障防衛政策（ESDP）などの新たな「ヨーロッパ共通の安全保障」の内実を，今後どのように再構築してゆくのかという点にこそ注目すべき論点があるといえるだろう．つまり，ヨーロッパ内部のさまざまな対立も，それを新しい「ヨーロッパ」の多元的現実として積極的にとらえ，その内発的な展開の可能性を議論する視点も欠かすことはできない（ポミアン，1993，蠟山・中村，1999，デイヴィス，2000，ゾンマー，2000，羽場，2004）．このように，「安全保障」問題が現在，「どんな価値をどんな範囲でどのように守るのか」というすぐれて原理的な問題をかかえているという現実は，地域的アイデンティティの再構築のプロセスと密接に関連しているのである（Grudzinski = Van Ham, 1999）．

3 重層的安全保障――ヨーロッパのリアリズム

3.1 「安全保障」概念と古典的リアリズムの論理構成

ここで，このまさに「古いヨーロッパ」で生成を遂げた「安全保障」概念の原理的側面を思い起こし，その歴史的な含意をごく簡単にふりかえっておきたい．「安全保障」という理念は，歴史的な構成概念であり，非常に長い時間と経験の上に生成を遂げた，いわば国際政治の腸（はらわた），あるいは「文化」ともいえる概念である[18]．つまり，「安全保障」の問題は，まず近代国際システムの生成というより大きな歴史的文脈と関連づけて理解されなければならならな

い．

　いうまでもなく，近代国際システムにおいて，安全・治安・そして福祉（social security）を保障するのは第一義的には近代国家であり，したがって，「安全保障」とは何よりもまず「国家安全保障（national security）」[19]にほかならない．国家主権の確立によって曲がりなりにも「国家」の内的秩序と安全とが維持されることにより，もっともよく人々は暴力や不安から逃れる（se-cura）ことができる．このような世俗内秩序の人為的な確立という近代政治の主要テーマは，まさに17世紀，内戦の時代に構想されたトマス・ホッブズ『リバイアサン』のテーマであった．そしてこのテーマは，とくに冷戦後，たとえば「破綻国家」の存在や米軍による空爆後のイラクの混乱など，政治的無秩序がもたらす悲惨さを知るわれわれにとって，今日古びるどころか，まったく新たな課題として浮上しているといえる．

　さらに，このような内的秩序と個々人の安全を保障する「容器」としての主権国家が，すでに獲得された利益や共同性をその〈境界〉をはさんだ外部の脅威から守る手段として，他国との権力闘争がくりひろげられる．ただこの場合の「闘争」とは，あくまで関係論的・相互的なものであり，自国のみの安全を追求することによって逆に自らの安全を損ねてしまう「安全保障のジレンマ」（Herz, 1951）を回避するべく，外交上の「節度・慎慮（プルーデンス）」が極力重視される．ここで重要なことは，この伝統的な「安全保障」概念が世界秩序についての体系的なひとつの世界像にほかならず，近代ヨーロッパにおいて展開したひとつの「文明」でもあったという点である（高柳, 1991）．

　しかしまた同時に，この近代的プロジェクトとしての「安全保障」概念は，「世界戦争」と核テクノロジーの軍事的利用を経験した20世紀を通じて，徐々に論理的なほころびを見せてきたということも事実である．もともと「安全保障」の問題領域は，「何を」「何から」「誰が」「どのように」そして「何のために」守るのかという基本的な争点から構成されているが，主に20世紀を通じて，またさまざまな社会関係が脱領域的に連結するようになったグローバル化のなかで，とくに「安全保障」の主体と対象の次元においては，多くの矛盾や葛藤

が顕在化するようにもなった．

　端的にいって，「安全保障＝国家安全保障」の基本前提は，国家が主体となって，国民を「外からの」敵や脅威から主に軍事的な手段で防衛するというものだが，その前提は必ずしも自明のことではなくなりつつある．まず，「何から」という「安全保障」の対象の問題を見ても，たとえば「テロリズム」やネット犯罪，経済危機や麻薬の密売，環境問題や難民問題など，国家に対する脅威が単に多様化しているのみならず，内と外との明確な境界を徐々に相対化しつつある．またさらに，「誰が」「何を」という「安全保障」の主体や客体（目的）をめぐる問題に関しても，近年さらにラジカルな問題提起もなされるようになった．すなわち，「本当に国家というものは国民を守るのだろうか」という素朴な問いである．バリー・ブザンは，彼自身伝統的な「安全保障」研究の擁護者であるにもかかわらず，個々人の安全保障がむしろ自分たちの国家によって脅かされてしまうパラドクスをくりかえし強調している（Buzan, 1991）．また，20世紀を通じてもっとも多くの国民を殺戮したのは，実はその外敵ではなく，むしろその国民を庇護するはずの国家であったという統計的事実（Rummel, 1994）も，「国家安全保障」という壮大な歴史的実験がもたらした結論についての反省をうながす．つまり，「安全保障」の問題領域は，グローバル化を背景に，ホッブズ以来再びその正当性（legitimacy）の問題を浮き彫りにしつつあるといえる．

　「新しい中世」という議論の成否はともかく（Waever, 1997），近代的諸制度のゆらぎを背景に，近年，「人間の安全保障（human security）」論をはじめとする多様な「安全保障」議論が展開されるようにもなった．こういった「安全保障」研究における新たな潮流を正確に位置づけるためにも，古典的な「安全保障」概念が生成を遂げてきた過程やその論理を再度ふりかえってみることは不可欠であると思われる（佐々木, 2005）．「安全保障」問題は，時代や状況の中で，常に「何を何から守るのか」，「誰にとっての安全なのか」という原理的かつ現実的な問題として鍛え直されるものであり，ヨーロッパにおいては，冷戦後においてのみならず，そのような原理的なつきつめが歴史的にくりかえしなされ

てきた．たとえば，冷戦期に構想され，冷戦後の「協調的安全保障（cooperative security）」概念の母胎ともなった「共通の安全保障（common security）」の概念もまた，このようなヨーロッパ独自の現実主義的・かつ重層的な「安全保障」追求の産物であったともいえる（Windass/Grove, 1988）．

3.2 「社会的安全保障」の概念——可能性と問題

近年，ヨーロッパで議論されている新しい「安全保障」概念のひとつに，バリー・ブサンやオル・ウェーバーらによる，「社会的安全保障（societal security）」の概念がある（Waever, 1993）．ウェーバーによれば，

> 「社会的安全保障とは，起こりうる，あるいは現実の脅威やその条件が変化する中で，社会（筆者傍線）がその本質的な特徴を維持する能力に関わっている．より厳密に言えば，言語，文化，自発的結社，宗教，ナショナルなアイデンティティや習慣の持続可能性に関するものである」
> （Waever, 1993 : 23）

この「社会的安全保障」概念の意義は大きく二つある．第一に，これまでの「国家安全保障」の枠を越えた「安全保障」の社会的次元に光を当てることによって，国内政治と国際政治とを架橋した重層的な「安全保障」の議論が可能になるということ．第二に，アイデンティティや文化などに着目することで，一方で個人的権利や人権を強調する「人間の安全保障」ではとらえきれない「安全保障」の集団的・共同的側面に光を当てることができるということである．それゆえ具体的には，たとえば，大量の移民の流入によって既存の社会の一体性や社会福祉の水準が損なわれてしまうこともまた，重大な「安全保障」問題となりえるのである．

現に統合が進むヨーロッパにおいて，今まさに「安全保障化」されている問題とは，アメリカにおけるような大量破壊兵器の拡散，テロリズムなどの新たに国外からやってくるものではなく，移民，組織犯罪，民族紛争，貧富の格差，

環境破壊など，むしろ慢性化し，体制内化した問題である．たとえばイラク戦争に反対したフランスにとって，アラブ世界や「イスラーム」との戦いは，すでに植民地主義の長い歴史を経た結果としての深刻な国内問題でありつづけてきたのである．その意味で「社会的安全保障」の概念は，多様な種類の「リスク」をも含んだ広範な「脅威」の現実，またそれが現に「安全保障化」されているヨーロッパの現実をとらえるためにも有効な概念であるといえるだろう．また，「安全保障」をめぐる問題がすぐれて集団的アイデンティティの問題でもあることに光を当てたという意味でも，画期的であったといえる．

　しかし，すでに多くの批判がなされているように，「社会的安全保障」はまた，むしろエスニック・アイデンティティやナショナリティの一体性に重点が置かれるため，それよりさらに周辺的なコミュニティへの視点を排除してしまうという問題が残されている (Jones, 1999)．旧ユーゴスラヴィア紛争でも見られたように，内戦において個々の「安全保障化」が相互に矛盾をきたす「社会的安全保障のジレンマ」が生じた場合，それがジェノサイドや民族的差別につながる可能性も存在する．これまでの安全保障研究においては，たとえ「安全保障」の対象が多元化しても，結局は理論以前の国家（ネイション）中心主義的諸前提によってあらかじめ特定の争点が周辺化（非安全保障化）されてしまうという問題が見られた．その意味で，既存の安全保障研究と，国家そのものの相対化を排除しない平和研究（批判理論）との間には，依然として深い溝が横たわっているといえるのかもしれない．

3.3 「市民社会」のリアリズム

　しかし，「人間の安全保障」も含めて，「安全保障」の問題をさらに広く解釈するなら，それは「民族」にとどまらない広い意味での「社会」の安全，すなわち「民衆の安全保障 (people's security)」という概念にまで行きつくだろう．実際，イラク戦争で本当に一貫して異議を唱えつづけたのは，ヨーロッパの民衆，市民だった．イギリスやスペインやイタリアだけでなく，ドイツやフランスも含め，国際勢力はそれを最後まで忠実に代弁したとはいえない．実際の軍

事介入の前に，これほど多くの民衆が国境を越えて「同時多発的に」街頭に繰り出し，戦争反対の国際世論を形成したのは歴史的にも始めてのことだった（加藤 2003）．ブッシュ大統領によって「終結宣言」がなされた後も，アメリカ政府の政策に対する民衆の不信感はまったく払拭されることはなく，たとえば，ヘラルドトリビューン紙と PEW リサーチセンターによる2004年3月時点の世論調査でも，フランスでは75％，ドイツでは63％，イギリスでも56％の国民がヨーロッパは一国主義のアメリカからは独立した外交・安全保障を追求すべきだと考えていることが示された[20]．こういった戦争反対の国民世論が，陰に陽にヨーロッパ各国の対外政策にも何らかの影響を与えつづけたことは多くのレポートが示すところである．

なぜ人々は反対の声をあげたのだろうか．そこには，ヨーロッパの指導者たちが「統合」を合言葉にカントを掲げておしすすめる「理想主義」というよりも，むしろヨーロッパの民衆や平和運動が受け継いできた「民衆的リアリズム」の伝統を見てとることができるかもしれない（高柳，1987, 2000）．ヨーロッパの市民たちは，アメリカ一極主義による「力」の論理が世界にまかり通ることが，ひいては弱者である民衆の生活や生命（サブシステンス），人間同士のつながりを脅かす暴力の予感を敏感に感じとったのではないだろうか（ジョクス，2003）．歴史的に「血塗られたヨーロッパ」の民衆にとって戦争とは抽象的なものではなく，まさに内戦という意味での身体的な記憶にほかならない（ミラー，1993）．検証には別稿を要するが，「戦争に反対するヨーロッパ」という新たなヨーロッパ・アイデンティティを真に下から支えていたのは，こういった歴史的経験を背景にした，平和運動や反グローバリズム運動，環境運動や労働運動，学生運動や各種 NGO など，無数の潮流が結集した結果としての「市民社会」の存在であった．

おわりに——権力と楽園

グローバルな「リスク社会」のなかで，「安全」を「保障する」という価値

は死活的なものとなる（ベック，1998）．これまで見てきたように，イラク戦争を契機に展開された「安全保障」をめぐる議論は，「何を何からどのように守るのか」という原理的な問題をめぐっていくつかの論点が複雑に交錯し，いわば液状化の様相を呈していた．その際重要なことは，「安全保障」の議論が，一方では「守られる」ものとしての文化的，社会的なアイデンティティの問題と密接に関連していたということである．

冒頭でも述べたように，「ヨーロッパ」を一義的に議論することはできない．しかし，これまで見てきたように，イラク戦争を契機に浮き彫りになったいわば「理念型」としての「ヨーロッパ」とは，ときに「精神（魂）」や「文明」として，すでにアメリカのなかに息づいていたのであり，また当のヨーロッパのなかでも，きわめて多元的かつ重層的に日々模索され構築されつづけているものであった．あえていえば，この多元性（複数性）と重層性，そしてそのような「文化」の保持存続こそが，イラク戦争をめぐるグローバルな文脈の中で再び照らし出された「文明としてのヨーロッパ」（アイゼンスタット，1991）の重要な一側面であった．

そしてこのような多元性や複数性を前提とする「安全保障」，および世界秩序像を前提とした場合，そういった個々の多元的価値を守るための自立的な「力」の存在と行使は必ずしも否定されることはないだろう．ただその「力」とは，あくまで多元性を維持するために行使される防衛的なものであり，特定の価値の実現に一元的に結びつけられるものではけっしてない．またさらに，そのような「相手」や「他者」を想定する相互主義に基づく「力」は，長期的にもできるだけ多くの主体にとって「正当である」と認められなければならないだろう．それゆえその際の「力」は，もはや他者を脅す最終手段としての軍事力のみならず，「他者」を説得し，敬意をかち得るためのいわゆる「やわらかい力」をも含み，むしろ後者こそがより重要視されるようになるだろう（Nye, 2004, ナイ，2004）．根源的な「他者」を前提とすれば，「力」が異なる価値を媒介する唯一の言語であるという現実は，しかし必ずしもそれによって「他者」との共存や共生という理念と矛盾するわけではないということは，ま

さに「古いヨーロッパ」で培われた政治的伝統がこれまでくりかえし示唆するところであった．

　その意味でイラク戦争は，国際政治学における古典的リアリズムの価値を再度見直す契機となったといえるかもしれない．しかし，また同時に，現在生成しつつある新たなヨーロッパ・アイデンティティが，これまでたびたびそうであったように，こういった多元性や重層性の論理を喪失し，「外部」に対してむしろ新たな〈排除の論理〉を顕在化させるのだとすれば，「ヨーロッパ」もまたこれまで通りの「帝国」の道を歩み，冒頭のケーガン流の世界像こそが，やはり次の時代を彩る主要な原理となるだろう．そもそもイラク戦争は「ブッシュの戦争」である以上に，石油消費文明の臨界点，欲望と暴力の解放と制度化，そしてその外部化という近代文明の限界点という文脈で考えることもできる．そしてその場合，今後「ヨーロッパ」は，まったく新しい「力」を創造し，それによって真の「ポストモダンの楽園」に向かって歩きつづけることができるのだろうか．

　だがその課題こそは，「ヨーロッパ」のみならず，現代に生きるすべての人間にとっても普遍的な課題であるにちがいない．

1) 『朝日新聞』2003. 1. 24.（朝刊）．これに対して「新しいヨーロッパ」とは，いうまでもなく実戦に200人以上もの特殊部隊を送り込んだポーランドなどの東欧諸国を指す．同国防長官は，さらに6月11日にも米独安全保障問題研究所の創立10周年式典講演のなかで，欧州の新旧の違いが「米欧協力関係に対する態度の違い」に基づくものだとし，米英主導のイラク戦争に反対した独仏を「古いヨーロッパ」として再度批判を加えた．
2) ちなみに，『文明の衝突』のなかで，冷戦後の政治対立の構造を「文明」間の断層の観点から説明しようと試みたサミュエル・ハンチントン（ハーバード大学）であったが，今では同じ文明圏の中で生じた米欧対立を説明するために，「文明」概念に加え，新たに「力（パワー）」概念が不可欠であることを弁明している（Huntington, 1999）．
3) 「ネオコン」ということばは，このほか通常，ポール・ウォルフォヴィッツ（現国防省副長官）やウィリアム・クリストル（『ウィークリー・スタンダード』編集長），マックス・ブート（外交問題評議会（CFR）上級研究員）などといった論者

に代表されるが，否定的な印象を与えるいわば「レッテル」にすぎない．本論では不可能だが，個々の論者の差異についての検討とそれら個々の思想に内在する真摯な「生真面目さ」の理由については，さらなる検証が必要であろう．

4) 古矢によれば，アメリカ社会の自己認識としての「アメリカニズム」は，建国の理念に根ざしているが，時代とともにその内容を変化させてきた．建国まもないアメリカは，腐敗するヨーロッパに対して共和制と自由という新たな理想，天命を担う「理念国家」であったが，19世紀のそれは基本的に防衛的，例外的なものであった．しかし20世紀になると，「ほかの世界の汚濁の浄化をもなしうる」と考える関与的，侵略的な「アメリカ的帝国主義」へと傾斜していった．また「アメリカニズム」は，ヨーロッパ文明との連続性の自覚にその歴史的起源があったにもかかわらず，それは常にヨーロッパ文明に対する批判と拒絶という契機をも内包していた．

5) それは，かれの以下の表現にもっとも端的に表れている．「ヨーロッパで現在，脅威に対する許容度が高いのはなぜかは，アメリカに比較して力が弱いからだと考える方が分かりやすい．強さの心理と弱さの心理の違いは，簡単に理解できる．ナイフしか持っていないものは，森林をうろつく熊を，許容できる危険だと考えるだろう．……しかし同じ人が銃をもっていれば，許容できる危険についての見方がおそらく変わるだろう．戦うことだってできるのに，かみ殺される危険をおかす必要があるだろうか．」（ケーガン，2000：44）しかしケーガンはその後，イラク情勢の悪化の中で，「アメリカの正当性の危機」という論文を書き，ヨーロッパ諸国の協力の重要性を指摘するようになった（Kagan, 2004）．

6) ケーガンは，F. フクヤマの「歴史の終焉」論をたびたび引用する．かれによれば，もはや米欧の連帯が不要になりつつあるのは，「欧米の自由主義」がすでに歴史的に完全に勝利し，深刻な敵が存在しなくなってしまったからである．

7) その意味で本稿では，その制度の機能やガバナンスの実態としての「ヨーロッパ」ではなく，そのアイデンティティや「精神」のあり方に視点をおいた，いわば「理念型」としての「ヨーロッパ」について論じようと思う．

8) http://www.realisticforeignpolicy.org/content/view/3/26/ を参照．

9) http://www.realisticforeignpolicy.org/content/view/17/26/ を参照．

10) 「リベラル派」としては，ほかにシェール・シュウェニガー（『ワールドポリシー・ジャーナル』）や環境系シンクタンク「アレティア」のフィリップ・ゴールドやエリン・ソラロなどが名前を連ねている．
http://www.realisticforeignpolicy.org/content/view/4/27/ を参照．

11) このほかには，コロンビア大学のジャック・スナイダーやリチャード・ベッツ，マサチューセッツ工科大学（MIT）のスティーブン・バン・エヴェラやバリー・ポーゼン，ケイト研究所のテッド・カーペンターやクリストファー・プレブル，チャールズ・ペニャの名前がある．

12) 「脅威」の真の姿を見ようという同様の姿勢については，ホフマン（2001, 2002b）も参照．
13) このような相互主義的な権力観からさらに一歩進んで，ホフマンの「リアリズム」では，国際政治における「規範」や「倫理」の問題がどのように「力」の論理と切り結ぶのかについて多様な考察が展開される．その意味で，ホフマンの「リアリズム」は，「規範」，「倫理」や国際組織についての評価という点において，前述の「ネオ・リアリスト」たちとは一線を画する．比較文献の一例として，Mearsheimer, J. J.（1994/1995）を参照のこと．
14) とくに第1章（Introduction: From This Century to the Next）を参照．
15) 2003年3月4日の『ルモンド』誌の一面には，グリュックスマンとともに，作家のパスカル・ブルックナー，映画監督のロマン・グーピルとが連名で「自発的であれ強制的であれ，サダムは退くべきだ！」という声明文が掲載された．また，エンツェンスベルガーは，2003年4月15日の『フランクフルター・アルゲマイネ』誌の「盲目の平和」というエッセイのなかで，かつてのナチスドイツの経験を想起することによってイラク戦争への支持を表明した．
16) 「安全保障」を実体的なものに還元することなく，心理やコミュニケーションの問題として状況論的・関係論的にとらえているのは，むしろ古典的なリアリストたちであったといえる．たとえば，H. J. モーゲンソーは，「軍備が一定の心理的要因の結果である」こと，そして安全保障が諸国家の「安全感」に基づくものであることを強調している．モーゲンソー（1986）を参照．また同様の観点から，Wolfers,（1962）を参照．
17) とくに，これまで概観してきたようなイラク戦争を契機に噴出した安全保障論争の背景を見通すためには，特定の安全保障政策や対外政策を成立させ，方向づけるために，「敵」や「脅威」が社会的に構成される，あるいは権力によってつくりだされるという側面を分析することが不可欠であると思われる．「戦争」「国益」「民主主義」といった政治上の基礎概念の意味や範囲がどのように定められるのか，そのいわばことばの定義をめぐる争いこそ，現代のグローバルな権力闘争の重要な一側面を構成している．それゆえ，現在生起する「安全保障」概念の意味の多様性を分析することは，それ自体，単に観念的な問題ではなく，むしろすぐれて政治的な実践に関わる問題であり，今後の新しい安全保障研究はこの点を明確に自覚することから出発するといえる．このようないわば「批判的社会構築主義」の立場からの安全保障研究は，まだ始まったばかりである．一例として，Der Derian（1995），Campbell（1998），土佐（2003），南山（2004）を参照．ただしこの後述べるように，ブザンやウェーバーなどの「構築主義」は「批判的安全保障研究」であるとはいえない．
18) 「安全保障」概念の変遷を歴史的文脈から整理したものとして，中西寛（2001）

を参照. 歴史的・社会的な文脈をふまえることなく,「安全保障」概念を安易に拡大すること（拡大主義）に対するリアリスト国際政治学者たちの抵抗や反論には充分根拠があるといえる. ちなみに, これらいわゆる「リアリスト」とは異なる立場から, 近代国際システムの生成と「安全保障」との関連を歴史的に俯瞰したものとして, ヘルド（2002）を参照.
19)「国家安全保障」ということばが生成・展開を遂げたのは, 20世紀前半以降のアメリカにおいてである. 日本の「安全保障」概念もアメリカから受け継いだものである.
20) *International Herald Tribune* 3.17.2004：1, 8.

参 考 文 献

アイゼンスタット, S. N., 1991,『文明としてのヨーロッパ―伝統と革命』（内山秀夫訳 刀水書房）.
入江昭, 2003,「米欧関係の行方」朝日新聞, 9月2日.
――――, 2004,「米欧関係の行方」朝日新聞, 9月3日.
ウォーリン, シェルドン, 2003,「逆・全体主義」（杉田敦訳『世界』岩波書店, 第717号：75-77）.
ウォーレス, ウィリアム, 1993,『西ヨーロッパの変容』（鴨武彦・中村英俊訳, 岩波書店）.
エーコ, ウンベルト, 2003,「自由の国アメリカを, それでも私は信じる」(『アスティオン』第59号：170-175).
加藤周一, 2003,「なぜ同時多発的反戦デモか」（『No War―立ち上がった世界市民の記録』岩波書店：38-41).
カプチャン, チャールズ, 2003,『アメリカ時代の終わり』（上・下）(坪内淳訳, NHK ブックス).
ケーガン, ロバート, 2003,『ネオコンの論理―アメリカ新保守主義の世界戦略』（山岡洋一訳, 光文社).
坂本義和, 2004,『国際政治と保守思想』岩波書店.
佐々木寛, 2005,「新しい安全保障研究に向けて―現代「安全保障」概念の位相」（五十嵐暁郎・高原明生・佐々木寛編『安全保障論の新展開―グローバル化するアジアの現実に対応して（仮）』明石書店).
ジョクス, アラン, 2003,『〈帝国〉と〈共和国〉』（逸見龍生訳, 青土社).
ゾンマー, テオ, 2000,『不死身のヨーロッパ―過去・現在・未来』(加藤幹雄訳, 岩波書店).
高橋進, 2002,「岐路に立つヨーロッパ―グローバリゼーションとポスト9・11」(『神奈川大学評論』第43号：31-37).

高柳先男, 1987,『ヨーロッパの精神と現実』勁草書房.
———, 1991,『パワー・ポリティクス―その原型と変容』(増補改訂版) 有信堂.
———, 2000,『戦争を知るための平和学入門』筑摩書房.
谷川稔, 2003,『歴史としてのヨーロッパ・アイデンティティ』山川出版社.
デイヴィス, ノーマン, 2000,『ヨーロッパ』(1・2・3・4)(別宮貞徳訳 共同通信社).
土佐弘之, 2003,『安全保障という逆説』青土社.
トッド, エマニュエル, 2002,「多様性としてのヨーロッパ」(『別冊「環」』⑤ ヨーロッパとは何か』藤原書店: 52-73).
———, 2003,『帝国以後―アメリカ・システムの崩壊』(石崎晴己訳, 藤原書店).
トドロフ, ツヴェタン, 2004,『イラク戦争と明日の世界』(大谷尚文訳, 法政大学出版局).
ナイ, ジョセフ, 2004,『ソフト・パワー―21世紀国際政治を制する見えざる力』(山岡洋一訳, 日本経済新聞社).
中西寬, 2001,「安全保障概念の歴史的再検討」(赤根谷達雄・落合浩太郎『「新しい安全保障」論の視座』亜紀書房: 19-67).
羽場久浘子, 2004,『拡大ヨーロッパの挑戦―アメリカに並ぶ多元的パワーとなるか』中央公論社.
ハーバーマス, ユルゲン=デリダ, ジャック, 2003,「戦後復興―ヨーロッパの再生」(瀬尾育生訳『世界』岩波書店, 717号: 86-93).
ハーバーマス, ユルゲン, 2004,「『世界無秩序』克服への道」上下 (瀬尾育生訳 『世界』岩波書店, 725・726号: 175-187, 208-217).
古矢旬, 2002,『アメリカニズム―「普遍国家」のナショナリズム』(東京大学出版会).
ベック, ウルリッヒ, 1998,『危険社会―新しい近代への道』(東 廉・伊藤美登里訳 法政大学出版局).
ヘルド, デヴィッド, 2002,『デモクラシーと世界秩序』(佐々木寛・遠藤誠治・小林誠・土井美徳・山田竜作訳, NTT出版).
ホフマン, スタンリー, 2001,「この「戦争」について―私たちアメリカ人の課題」杉浦茂樹訳(『みすず』第488号, みすず書房, 2001年: 2-10).
———, 2002a,「なぜ米国は嫌われるのか」相良剛訳 (『世界』2002年4月号: 144-152).
———, 2002b,「グローバル化の衝突」(『論座』第88号, 朝日新聞社, 2002年: 212-223).
———, 2002c,「対テロ戦争について」清水奈名子訳 (藤原帰一『テロ後―世界はどう変わったか』岩波書店: 189-205).
ポミアン, クシシトフ, 1993,『ヨーロッパとは何か―分裂と統合の1500年』(松村剛訳

平凡社).
ミクニフ, アダム, 2004,「『裏切り者』呼ばわりはもうたくさんだ—ブッシュの対テロ戦争を支持する」(『アスティオン』第60号: 181-185).
南山淳, 2004, 『国際安全保障の系譜学—現代国際関係理論と権力／知』 国際書院.
ミラー, スチュアート, 1993, 『ヨーロッパ人とアメリカ人』(池田栄一訳, 法政大学出版局).
モーゲンソー, H. J., 1986, 『国際政治』(現代平和研究会訳, 福村出版, 第24章「安全保障」: 433).
リラ, マーク, 2004,「分裂する欧州知識人—イラク戦争をめぐる二つの深い亀裂」(『アスティオン』第60号: 192-198).
蠟山道雄・中村雅治, 1999, 『新しいヨーロッパ像をもとめて』同文舘.
渡辺啓貴, 2003,「フランスのアンチアメリカニズム—イラク戦争をめぐるフランス外交の背景」(『アスティオン』第59号: 33-53).

Buzan, B., 1991, *People, States and Fear: An Agenda for International Security Studies in the Post-Cold War Era*, Lynne Rienner Publishers.
Campbell, D., 1998, *Writing Security: United States Foreign Policy and the Politics of Identity*, Manchester University Press.
Der Derian, J., 1995, "The Value of Security: Hobbes, Marx, Nietzsche and Baudrillard," in R. D. Lipschuts, ed., *ibid.* pp. 24-45.
Eden, D, ed., 2000, *Europe and the Atlantic Relationship: Issues of Identity, Security, and Power*, Macmillan.
Gordon, P. H. / Shapiro, J., 2004, *Allies at War: America, Europe, and the Crisis over Iraq*, McGraw Hill.
Grudzinski, Przemyslaw/Van Ham, Peter, 1999, *A Critical Approach to European Security: Identity and Institutions*, Pinter.
Herz, J., 1951, *Political Realism and Political Idealism*, The University of Chicago Press.
Hoffmann, Stanley, 1998, *World Disorders: Troubled Peace in the Post-Cold War Era*, Rowman & Littlefield.
——, 2001, "The US and International Organizations," in R. J. Lieber ed., *Eagle Rules ?*, Prentice-Hall, pp. 342-352.
——, 2003, "America Goes Backward," in *The New York Review of Books*, Vol. 50. No. 10.
——, web-site "America Alone in the World,"(http://www.prospect.org./print/V13/17/hoffmann-s.html).
Huntington, Samuel, 1999, "The Lonely Superpower", *Foreign Affairs*, March/April, pp.

35-49.
Jones, R. W., 1999, *Security, Strategy, and Critical Theory*, Lynne Rienner Publishers.
Kagan, R., 2004, "America's Crisis of Legitimacy," *Foreign Affairs*, March/April, pp. 65-87.
Mearsheimer, J. J., 1994/1995, "The False Promise of International Institutions," *International Security* No. 19. Vol. 3., pp. 5-49.
―――, 2003, *The Tragedy of Great Power Politics*, W W Norton & Co Inc.
Nye Jr., Joseph S., 2004, "America must regain its soft power," *International Herald Tribune* 5. 19.
Tunander, O. /Baev, P. /Einagel, V. I., eds., 1997, *Geopolitics in Post-Wall Euripe : Securuty, Territory and Identity*, Sage Publications.
Rummel, R. J., 1994, *Death by Government*, Transaction Publishers.
Waever, Ole, 1993, "Societal Security : The Concept," in O. Waever, B. Buzan, M. Kelstrup, and P. Lemaitre, *Identity, Migration, and the New Security Agenda in Europe*, Pinter Publishers.
―――, 1995, "Securitization and Desecuritization", in R. D. Lipschuts, ed., *On Security*, Columbia University Press, pp. 46-86.
―――, 1997, "Imperial Metaphors : Emerging European Analogies to Pre-Nation-State Imperial Systems," in Tunander, O./Baev, P./Einagel, V. I., eds., *idid.* pp. 59-93.
Windass, Stan/Grove, Eric, 1988, *The Crucible of Peace : Common Security in Europe*, Brassey's Inc.
Wolfers, A., 1962, *Discord and Collaboration*, The Johns Hopkins University Press.

著者・訳者紹介（執筆順）

古城 利明（ふるき としあき）	中央大学法学部教授
宮島 直機（みやじま なおき）	中央大学法学部教授
若松 隆（わかまつ たかし）	中央大学法学部教授
染木 布充（そめき のぶみつ）	中央大学社会科学研究所客員研究員
宮本 太郎（みやもと たろう）	北海道大学大学院法学研究科教授
中島 康予（なかじま やすよ）	中央大学法学部教授
浪岡 新太郎（なみおか しんたろう）	立教大学法学部助手
グレン・D. フック	シェフィールド大学大学院東アジア研究科委員長
栗林 大（くりばやし おおき）	中央大学大学院法学研究科博士後期課程
内田 みどり（うちだ みどり）	和歌山大学教育学部助教授
黒田 俊郎（くろだ としろう）	県立新潟女子短期大学国際教養学科助教授
佐々木 寛（ささき ひろし）	新潟国際情報大学情報文化学部助教授

世界システムとヨーロッパ
中央大学法学部政治学科50周年記念論集 III

2005年3月5日　発行

編著者　　古城　利明
発行者　　中央大学出版部
代表者　　辰川　弘敬

東京都八王子市東中野742-1
発行所　中央大学出版部
電話 0426(74)2351　FAX 0426(74)2354

© 2005　　　　　　　　大森印刷・法令印刷

ISBN4-8057-1133-7